企业道德治理体系

刘荣春　周悦◎著

The Governance System of Business Ethics

经济管理出版社
ECONOMY & MANAGEMENT PUBLISHING HOUSE

图书在版编目（CIP）数据

企业道德治理体系／刘荣春，周悦著. —北京：经济管理出版社，2021.7
ISBN 978-7-5096-8126-8

Ⅰ.①企… Ⅱ.①刘… ②周… Ⅲ.①企业伦理—研究—中国 Ⅳ.①F270-05

中国版本图书馆 CIP 数据核字（2021）第 136637 号

组稿编辑：丁慧敏
责任编辑：丁慧敏　吴　倩
责任印制：黄章平
责任校对：王淑卿

出版发行：经济管理出版社
　　　　　（北京市海淀区北蜂窝 8 号中雅大厦 A 座 11 层　　100038）
网　　　址：www. E-mp. com. cn
电　　话：（010）51915602
印　　刷：唐山玺诚印务有限公司
经　　销：新华书店
开　　本：720mm×1000mm /16
印　　张：12.75
字　　数：210 千字
版　　次：2021 年 8 月第 1 版　　2021 年 8 月第 1 次印刷
书　　号：ISBN 978-7-5096-8126-8
定　　价：68.00 元

前 言
Preface

市场经济理论之父亚当·斯密在其构建市场经济理论体系的两部鸿篇巨制《道德情操论》（1759）和《国富论》（1776）中，表达了市场经济思想的核心要义：市场经济是经济理性与道德同情的有机结合。作为市场经济主体的企业，不仅是一个以盈利为目的的经济性组织，也是一个为满足社会需要、承担一定社会责任和道德义务的社会性组织。

企业道德体系建设既是一个重大的理论命题，也是现代企业治理体系的重要实践环节。本书在文献梳理的基础上形成了企业道德治理体系建设的理论基础，从企业道德和企业道德治理体系等基本范畴入手，以企业道德建设评价、企业道德委员会建设和企业道德审计三个维度构建现代企业道德治理体系。全书共分"企业与企业道德""企业道德建设模式""企业道德建设评价——以公益性国有企业为例""企业道德委员会建设——以国有大中型企业为例"和"企业道德责任审计——以上市企业为例"五章。全书大纲由刘荣春教授拟定统稿，作者分工如下：刘荣春负责撰写第一、第二章；周悦负责撰写第三、第四、第五章。

本书在撰写过程中参阅了大量国内外专家学者的相关研究成果，并尽最大可能在书中列出了参考文献，以表谢意和敬畏。但由于涉及文献较多，难免挂一漏万，在此表示深深的歉意！

衷心感谢经济管理出版社丁慧敏等老师的辛勤付出，她们严谨的工作态度给我留下了深刻的印象！

刘荣春
2021 年 6 月于南昌

目　录
contents

|第一章|
企业与企业道德

第一节　企业

一、企业的特征与作用

（一）企业的特征

企业是为满足社会需要并获取盈利，实行自主经营、自负盈亏、独立核算，具有法人资格，从事商品生产和经营的基本经济单位。从这一概念中我们可发现企业的四个特征：

1. 企业是一个经济性组织

人们把经济理解为"经世济民"，意思是要在有限的资源条件下，使用尽可能少的投入来创造尽可能多的社会财富，以满足社会日益增长的物质和文化生活需要。企业作为一个经济性组织，首先表明它是一个投入—产出系统，即从事经济性活动。具体表现为生产性和营销性等方面的活动，都是把资源按照用户的需要转变成为可被接受的产品与服务。其次表明它具有追求经济性的目标，即在经营企业的过程中实现投入的最小化、产出的最大化。具体而言，企业不同于行政事业部门和社会福利机构，它必须以获取最大盈利为目标。盈利是企业创造价值的重要体现，也是社会对企业所生产的产品和服务能否满足社会需要的认可。

在发育完善的市场体系下，企业所获得的利润报酬与其为社会所做的贡献成正比；而不获利或亏损的企业则可认为是在占用、浪费、损害社会资源，是不应让其继续存在的。企业的经济性或获利性还意味着政府的税收与国民的福利、公益事业的发展，以及企业自身的扩大再生产、职工生活水平的不断提高。对于当今绝大多数企业来说，经济性不仅是一种要求，也被认为是企业行动的最高且唯一的目的。

2. 企业是一个社会性单位

企业不仅是一个经济组织也是一个社会组织，在现代社会中，企业的社会性功能已不单纯从属于其经济性功能，不是简单地反映"取之于社会，用之于社会"的道义方面的要求。

现代企业已是一个向社会全面开放的系统，它所承担的社会责任与政治责任有时甚至会对其经济性行为产生决定性影响。所以，企业概念中的"为满足社会需要"的含义不仅指满足用户或者市场的需要，它还包括了满足企业股东和一切"利益相关者"的需要，这些相关者都在不同方面、不同程度上与企业发生着联系，影响、帮助或制约着企业的行为。这形成了企业经营的社会环境，企业不可能摆脱这种环境对其生产经营活动的影响和制约。应当注意到，企业社会性的责任与功能有时与其经济性的责任与目的之间会有矛盾，结果往往是经济目标让位于社会目标。企业的社会性要求其管理者不仅要有经济头脑，还必须会解决社会和政治问题。

3. 企业是一个独立法人

企业具有自己的独立财产与组织机构，能以自己的名义进行民事活动并承担相应的责任，享有相应的民事权利与义务。

企业的法人特点规定了它必须依照法定程序建立组织，如必须在政府部门登记注册，应有专门的名称、固定的工作地点与组织章程，具有独立的财产，实行独立核算、自主经营等；同时，作为法人，企业也只对"有限"的自己负法律责任，如企业的行为并不殃及其员工，企业资产的清算仅对法人的注册资本与负债有效，并不涉及出资人的其他财产问题。因此，独立法人的特点决定了企业一定是自负盈亏、独立核算与自主经营的。企业的经理、厂长是法人代表，应该对自己的权利有充分的认识，同时也应对自己要负的责任有明确的了解。

4. 企业是一个自主经营系统

除了独立法人的自主权利与责任所要求的自主行动之外，由于企业是在市场中运作，面对的是各种各样的需求、稍纵即逝的机会、优胜劣汰的竞争，其经营决策除了需要有效性，还必须强调行动的高效率，这也要求企业对其生产经营活动有充分的自主性，不受其他方面的直接干预。同时对于企业经营者来说，自主经营除了行动的自主性之外，还意味着与自主经营所对应的"自觉"负责，包括自负盈亏、自我积累、自我发展和自我制约，这些都是所有权与经营权分离之后，企业经营管理所应当承担的义务。

为实现企业长期、稳定发展，企业管理者必须建立一套科学合理的企业生产经营系统，其中包括有效的企业组织与领导体制、高效率运作的经营决策机制等。

（二）企业的作用

（1）企业是市场经济活动的主要参加者。市场经济活动的顺利进行离不开企业的生产经营活动，离开了企业的生产经营活动，市场就成了无源之水、无本之木。企业的生产经营活动直接关系着整个市场经济的发展。

（2）企业是社会生产和流通的直接承担者。社会经济活动的主要过程即生产和流通，都是由企业来承担和完成的。离开了企业，社会经济活动就会中断或停止。企业的生产经营状况和经济效益直接影响着国家经济实力的增长、人民物质生活水平的提高。

（3）企业是社会经济技术进步的主要力量。企业通过生产和经营活动，在竞争中不仅创造和实现社会财富，而且也是先进技术和先进生产工具的积极采用者和制造者，这在客观上推动了整个社会经济技术的进步。企业是国民经济的细胞，国民经济体系就是由数以百万计的不同形式的企业组成的，千千万万个企业的生产经营活动，不仅决定着市场经济的发展状况，决定着社会经济活动的生机和活力，也在不断推动着整个社会的经济技术进步。

二、企业的产生与发展

（一）企业的产生

企业并不是生来就有的，它是商品需求的必然产物。随着社会的进步、物质产品的日益丰富，人们逐渐脱离了自给自足的生产模式，许多商品需要通过交换在市场上购买，这种需求催生了专门生产某项产品以满足市场需要的企业，生产力的发展是企业产生的前提条件，企业的产生也标志着生产力发展到一定水平。

在奴隶社会和封建社会中，主要的经济形态是自给自足的自然经济，家庭既是社会又是经济的基本单位，当时少数工业作坊的生产并不是为了交换，而主要是为了自身或满足奴隶主、封建主的消费，因此这种以家庭和手工业作坊为基础的自给自足的生产组织形式都不叫企业。只有商品交换发展到了一定程度，尤其是中间商介入到了生产与交换时，才开始产生了最原始的企业组织：简单协作生产制。这种生产形式的核心是由中间商来控制家庭或作坊的生产，原料的购进、销售的环节都与生产相脱节，尽管生产工具和劳动力还主要以家庭或作坊为主，但生产者已经在向雇佣劳动过渡，生产也不再以个人或家庭消费为主，生产的组织也正在向着社会化协作的方式演变。随着工业革命和大机器生产的推行，掌握着市场、原料和大量流动资本的中间商开始直接进行生产性投资。可以想象在机器应用于生产的年代，会发生的肯定不再是机器走入家庭，而是家庭作为经济细胞的彻底破裂，生产者彻底地变成雇工和无产者，这时的企业就是以第一次工业革命为基础的工厂生产制企业。

企业自诞生那天起就背负着"希望与罪恶"，它既代表着新的生产方式，是社会化生产的开始，意味着生产效率与管理效率的无止境提高，创新、创造活动的空前活跃；同时，企业的功利取向又使经营者能够在方法合理性外衣的掩盖下，牟取暴利、采取一切手段达到目的，并使之成为一种职业规范。

（二）企业的发展阶段

随着生产力的发展、社会的进步，企业形式也得到不断的发展与完善。企业的发展主要经历了三个阶段。

1. 工场手工业时期

这一时期是从封建社会的家庭手工业到资本主义初期的工场手工业时期。16世纪到17世纪，欧洲一些国家的封建社会制度向资本主义制度转变，资本原始积累加快，大规模地剥夺农民的土地，使家庭手工业急剧瓦解，社会生产方式开始向资本主义工场制转变。工场手工业是企业的雏形。

2. 工厂制时期

18世纪，西方各国相继开展了工业革命，大机器的普遍使用，为工厂制的建立奠定了基础。1771年，英国人理查德·阿克赖特创立了第一家棉纱工厂。19世纪三四十年代工厂制在英、德等欧洲国家普遍建立。工厂制的主要特征是：实行大规模的集中劳动；采用大机器提高生产效率；实行雇佣劳动制度；劳动分工深化，生产走向社会化。

3. 现代企业时期

19世纪末20世纪初，随着自由资本主义向垄断资本主义过渡，工厂自身发生了复杂而深刻的变化，不断采用新技术，使生产迅速发展；生产规模不断扩大，竞争加剧，产生了大规模的垄断企业；经营权与所有权的分离，形成了职业化的管理阶层；普遍建立了科学的管理制度，形成了一系列的科学管理理论，从而使企业走向成熟，成为现代企业。

三、企业的类型

现代企业组织一般可分为六种：业主所有者、合伙制企业、不公开招股公司、公开招股公司、金融互助社和非营利组织。从法律的角度来讲，最后一种不是严格意义上的企业，从契约的含义来理解企业，最后两种组织分类难以认定为经济组织。因此，通常我们理解企业的主要形式有三种。第一，业主所有者（个人独资企业）。这类企业的剩余索取权和最终决策权为同一主体，该类企业的成员是个人，主要为附近的居民提供一些简单的生产生活资料，是费用最低的企业组织形式。第二，合伙制企业。合伙制企业指的是几个人（两个人以上）将各自的资源集中起来，每个人根据自己的出资额的多少分享收益和承担风险。这种企业有利于增加初始规模，但是共有企业产权，导致后期合伙人"搭便车"的行为难以克服。第三，公司（有限责任公司、股份有限公司）。企业在概念范畴上包含了公司，企业是组织众多个人开展经济活动的一种方式，而公司是企业的组织形式。公司以独立的法人经济实体，享受自然人法律权力，同时公司经营管理权与所有权分离，有限的责任与易于转让所有权、永续经营等特点使得公司更加容易筹得资金，但存在创办手续复杂和面临双重扣税的缺点。

在现代社会中，具有共同属性的企业，其形态也是多种多样，在管理方式方法等方面具有较大区别。按照不同的标准，企业可划分为多种类型。①根据企业所属经济部门，企业可以划分为农业、工业、建筑安装业、运输业、商业、物资、邮电、旅游、金融、服务企业等。②根据企业生产要素所占比例，企业可以划分为劳动密集型企业、技术密集型企业和知识密集型企业。③根据生产资料所有制的不同，企业可以划分为全民所有制企业、集体所有制企业、私营企业、合资企业以及外资企业。④根据企业规模和企业的生产能力、机器设备数量、固定资产、职工人数等多种指标，企业可以划分为特大型企业、大型企业、中型企业、小型企业、微型企业。⑤根据社会化组织形式，企业可以划分为单厂企业、多厂企业和集团企业。⑥根据财产的组织形式和承担的法律责任，企业可以划分为独资企业、合伙企业和公司制企业。

四、国有企业

（一）国有企业的含义与分类

1. 国有企业的含义

在国际惯例中国有企业仅指一个国家的中央政府或联邦政府投资或参与控制的企业。在中国，国有企业还包括由地方政府投资或参与控制的企业。政府的意志和利益决定了国有企业的行为。国有企业作为一种生产经营组织形式同时具有营利法人和公益法人的特点。其营利性体现为追求国有资产的保值和增值。其公益性体现为国有企业的设立通常是为了实现国家调节经济的目标，起着调和国民经济各个方面发展的作用。

2. 国有企业的分类

根据出资情况，国有企业一般分为四类：

（1）特殊法人企业。由政府全额出资并明确其法人地位，由国家通过专门的法规和政策来规范，不受公司法规范。这类国有企业被赋予强制性社会公共目标，没有经济性目标，也就是说，它们的作用是直接提供公共服务。像国防设施、城市公交、城市绿化、水利等，应该归入这类企业。这类企业需要由公共财政给予补贴才能维持其正常运行。

（2）国有独资公司。由政府全额出资，受公司法规范。这类企业以社会公共目标为主，经济目标居次。这类企业主要是典型的自然垄断企业和资源类企业，如铁路、自来水、天然气、电力、机场等。从经济学角度，这类企业的产品或服务应该按边际成本或平均成本定价，以此来实现社会福利的最大化，而不是谋求从消费者那里攫取更多的剩余。

（3）国有控股公司。由政府出资控股，受公司法规范。这类企业兼具社会公共目标和经济目标，以经济目标支撑社会公共目标。这类企业主要是准自然垄断企业和国民经济发展的支柱产业，如电子、汽车、医药等。需要注意的是，这类企业不直接提供公共服务，而是通过向国家财政上交股息和红利，间接提供公共服务。如果由于特殊环境，这类企业不得不履行一些公共职能，则由此造成的损失，由国家财政给予补偿。不过，在补偿以后，股息和红利不能免除。当然，通过约定和核算，二者可以相抵。

（4）国有参股公司。严格来说应该称之为"国家参股公司"或"政府参股公司"，不是国有企业，政府只是普通参股者，受到公司法规范。这类企业与一般竞争性企业无疑，没有强制性社会公共目标，经济目标居主导。如果它们也提供公共服务，那是它们自觉履行社会责任的行为，应该予以鼓励和支持。对于这类企业，政府参股只是为了壮大国有经济的实力，除此之外，政府对这类企业没有任何其他附加的义务。

为了保证各类国有企业尽最大可能发挥各自的作用，应该完善两种作用的评价指标体系，并赋予不同权重。公共作用采用公共绩效指标，经济作用采用财务绩效，同时辅之以其他绩效指标。公共绩效的核心指标是社会贡献率，财务绩效的核心指标是国有资产增值率，其他绩效指标主要包括客户满意度、企业运营效率、企业创新能力等。

（二）国有企业的产生与发展

1. 国外国有企业的产生与发展

无论是从理论上还是从各国经济发展的历史看，国有企业在经济发展的不同阶段都会发挥不同的作用，其在国民经济和社会生活中的地位也不尽相同。

尽管早期古典经济学家将政府的作用限定为"守夜人"，但在资本主义产生初期就有了国有企业的存在，尽管当时的国有企业数量极少，仅限于兵工厂、邮政系统、国营铁路等。

在西方，国有企业的普遍出现始于第二次世界大战以后。随着一般垄断资本主义转变为国家垄断资本主义，资本主义国家开始对经济生活进行全面的干预和调节。同时，在新科技革命的浪潮推动下，企业生产规模日益扩大，纯粹靠自由竞争维系的市场经济造成了社会的不稳定性。在这种情况下，资本主义国家开始承担起对生产的领导职责。自1945年开始，英国将一系列基础工业和英格兰银行收归国有，法国将能源部门、保险部门、金融部门和一些大公司改为国家接管。与此同时，日本政府设立的国有企业从"二战"结束的7个迅速增加到20世纪70年代中期的114个；美国政府也创办了一些国有企业。这些国有企业主要集中于能源部门、基础设施部门、提供公共产品部门和科技开发部门。

第二次世界大战以后，广大发展中国家为了振兴民族经济，推动本国工业化，掀起了两次国有化高潮。

第一次在 20 世纪 50 年代后期到 60 年代中期，它是紧随民族解放运动的高涨而出现的，主要矛头对着殖民企业和殖民地的经济管理企业，包括海关、银行、税务机构，以及原殖民者拥有的足以垄断或操纵国计民生的大企业。这次国有化高潮实际上是民族解放运动在经济领域的继续。

第二次在 20 世纪 70 年代，这是在中东产油国收回石油资源主权的斗争取得胜利的鼓舞下，发展中国家掀起了收回自然资源主权的潮流。在这一潮流中，一些国家把实际操纵本国经济关键部门的外资企业收归国有，并使一些矿山资源和农渔业资源回到本国手中。发展中国家国有经济的发展对于维护国家主权、争取经济独立、奠定国民经济发展的基础和建立较完整的市场机制、维护社会经济正常运行、促进区域经济平衡发展、带动其他经济成分的发展、推动技术进步，都起到了巨大的作用。同时，国有经济在实践中也逐渐暴露出高度垄断、产权不清、政企不分、管理混乱等多种弊端。20 世纪 70 年代中期以来，许多发展中国家针对本国具体情况，采用各种各样的措施，对国有经济进行整顿和改造，取得了很大的成效。

2. 我国国有企业的产生与发展

我国国有企业的演变过程是一个由高度集中的计划经济体制的经营主体逐步向市场经济体制的经营主体演变的过程。这个过程经历了四个阶段，呈现出国有企业曲折发展的轨迹。

第一阶段是指全国解放前的革命根据地和解放区的公营企业，或称之为供给制企业。

公营企业是按照马克思和列宁有关社会主义是个辛迪加、大企业的论述，为支持民主主义革命时期革命根据地、解放区的革命战争和改善人民生活而建立的。这批企业数量不多，规模较小，但却是我国最早的具有社会主义性质的企业。

由于革命根据地和解放区长期处于被敌人分割、包围的状态中，这种公营企业具有自给自足、各自为战的特点。它只适合于战争时期的需要，对于传统计划经济也不适应。

第二阶段（1950~1978 年）是在高度集中的计划经济体制下的国营企业，或称之为计划型国营企业。

计划型国营企业是按照苏联模式以及革命根据地和解放区的供给制经验而建立起来的。它由国家直接经营和管理，具有如下特点：一是经营决策高度集中于国家机构手中，企业的一切经营活动听命于上级政府机构；二是经济活动的调节主要依靠直接的行政手段，企业按照国家的指令性计划进行生产；三是经济利益分配平均主义；四是所有权与经营权合一，企业经济组织政企合一。

计划型国营企业，曾对促进国民经济的发展和改善人民生活等方面起过重要作用。但是，由于经济体制的僵化，它至少有如下严重缺陷：一是企业没有主动权；二是不能充分调动职工的积极性；三是政企不分；四是效益低下。计划型国营企业无法把经济搞上去，危及国有经济的生存。

第三阶段（1978～1992年）是在有计划商品经济体制下的国有企业。这段时间主要是实行由传统的计划经济向市场经济的过渡和转轨。因此，也称之为转轨型国有企业。

转轨型国有企业是在有计划商品经济体制下形成的。党的十二届三中全会提出的社会主义经济是公有制基础上的有计划的商品经济的理论是转轨型国有企业建立的理论依据。这一阶段经历了放权让利（1979～1987年）、承包经营责任制和股份制（1987～1992年）两次系统改革过程。国有企业经过这两次改革，具有不同于计划经济体制下的一些特点：一是所有权和经营权适当有所分离；二是大多数企业开始面向市场，组织生产、生产要素的获取和生产的销售大都通过市场解决；三是企业自主经营权有较大的扩大；四是企业经营基本上是以盈利为主要目标；五是企业的分配与企业的经营状况、职工的利益联系起来；并且，有些企业通过参与市场竞争、联合和兼并活动，获得较大发展。上述特点具有明显的转轨型特征。但是，转轨型国有企业也有明显的弊端：一是没有突破传统计划经济体制下政府直接管理企业的框框；二是对产权制度重视不够，企业没有法人财产权；三是改革的配套性较差，一些重要方面的改革有不同程度的滞后。由于存在这些弊端，国有企业特别是大中型国有企业低效率状况未能根本扭转。因此，要真正实现国有企业经营机制的转轨，还必须进一步深化改革。

第四阶段（1992年以后）是在社会主义市场经济体制下的公司法人企业，或称之为市场型国有企业。

公司法人企业，也就是我们所说的现代企业制度，是在社会主义市场经济体制下开始组建的。基本特征概括为四点：一是产权清晰；二是责权明确；三是政企分开；四是管理科学。这四点是相互联系、相互统一的有机整体，缺一不可，不能只强调某一方面而忽略其他方面。建立现代企业制度是我国国有企业改革十几年来的经验总结和理论发展，是我们必须坚持的企业改革的目标和正确方向。

（三）社会主义国有企业的基本功能

社会主义国家的国有企业与资本主义国家的国有企业的根本不同在于，其不仅是社会主义制度的重要物质载体，而且是实现社会主义优越性的重要手段，也是社会主义国家发展经济的最重要的依靠力量。社会主义国有企业具有鲜明的制度功能、社会功能和经济功能。

1. 制度功能

从马克思主义政治经济学视角分析，区别社会主义制度与资本主义制度最根本的因素就是生产资料的占有方式，国有企业是生产资料社会主义公有制的物质载体和主要且重要的实现形式，是生产资料社会主义公有制表象与实质的统一体。我国宪法明确规定社会主义制度是中华人民共和国的根本制度，社会主义经济制度的基础是生产资料公有制。因此，国有企业的存在，是我国社会主义制度本质的内在反映和必然选择。

党的十八届三中全会指出："公有制为主体，多种所有制经济共同发展的基本经济制度，是中国特色社会主义制度的重要支柱，也是社会主义市场经济体制的根基。"公有制为主体表明，一是国有企业的量上要占优势，这种量既反映在国有企业单位数量上的多数，也反映在国有企业资产价值量上的多数；二是国有企业质上的主动，这种质既体现在国民经济的支柱、主体、主导作用中，也体现在竞争领域与其他所有制企业的平等竞争及社会的引领作用中。

2. 社会功能

从社会功能来看，国有企业是实现社会主义制度优越性的重要手段。破解资源分配利用与人类需求多样性之间的矛盾问题，归根结底是能否有效解决公平公正性问题。生产资料占有方式的不同，解决问题的方式也不同。私有制决定了生产资料占有者与非占有者之间存在着内生的天然不平等，决定了资本主义社会是不可能从根本上有效解决资源利用分配的公平公正性。与之不同的是，生产资料公有制是在倡导整体利益最大化的前提下，尊重个体利益，满足个体利益，张扬集体法权与个人法权结合下的普遍公平。只有在生产资料最初占有处于相对平等的条件下，资源的利用分配才具有实质上公平公正的意义，才能真正实现"人的自由全面发展"。

作为公有制最主要实现形式的国有企业，其在我国的存在和发展：一是表明社会主义的经济基础是社会主义公有制。二是为实现人人享有平等劳动权和发展权，为人的个体发展提供了广阔的舞台，让全体人民共享劳动成果。三是从事生产经营的根本目的是为了满足广大人民的物质和文化生活需求，提高人民的福祉。

国有企业所承担的社会功能是社会主义制度的必然要求，其不仅表现为现代市场经济条件下任何一个企业作为社会主体应具有的一定社会责任，而且表现为不同于私有制企业的先进性，更能够彰显社会主义制度的优越性，最大限度地满足人的劳动需求和发展需求，实现共同富裕。

3. 经济功能

从经济功能看，国有企业是实现我国经济发展的最重要的依靠力量。当前，社会主义国家仍然需要全面提高和发展生产力，仍然需要遵循基本经济规律进行生产经营活动，实现国家物质财富的积聚和积累，满足人的生存和发展需求。物质生产仍然是社会活动的基础，企业仍然是社会生产的基本单位。生产资料公有制决定了国有企业是社会主义国家发展经济、进行物质生产活动应采取的基本方式。

国有企业的经济功能表明：一是国有企业应具有企业的基本属性——营利性。国有企业与其他类型的企业一样，是一个经济和法律意义上的商品生产经营组织，具有相应的法律权利和经济属性。国有企业是生产资料公有制下从事商品生产和经营活动的基本单位。二是国有企业是国家经济发展的主力军。国有企业在关系国家安全、国民经济命脉和重要国计民生领域占据主导地位，不仅是市场经济条件下国家实施宏观调控的需要，更是巩固社会主义制度、促进地区发展平衡、保证国家政治经济正确的发展方向、维护国家安全的必然选择。

第二节　企业道德

一、道德与道德责任

（一）道德的含义及特征

道德是一种社会意识形态，是人们共同生活及其行为的准则与规范。

顺理则为善，违理则为恶，以善恶为判断标准，不以个人的意志为转移。道德往往代表着社会的正面价值取向，起判断行为正当与否的作用。道德是指以善恶为标准，通过社会舆论、内心信念和传统习惯来评价人的行为，调整人与人之间以及个人与社会之间相互关系的行动规范的总和。道德作用的发挥有待于道德功能的全面实施。道德具有调节、认识、教育、导向等功能，与政治、法律、艺术等意识形态有密切的关系。

在汉语中"道德"可追溯到先秦思想家老子所著的《道德经》一书，老子说道："道生之，德畜之，物形之，势成之。是以万物莫不尊道而贵德。道之尊，德之贵，夫莫之命而常自然。"其中"道"指自然运行与人世共通的真理；而"德"是指人世的德性、品行、王道。德的本意实为遵循道的规律而自身发展变化的事物。在当时道与德是两个概念，并无道德一词。"道德"一词连用始于荀子《劝学》篇中："故学至乎礼而止矣，夫是之谓道德之极。"这句话是在说，学习到了明礼的程度才停止，这就是道德的极致，荀子将学习的功能与价值归结为提高人的道德品质，并把"学至乎礼而止"视为"道德之极"。

道德的特征有以下几个方面：一是道德内容的广泛性。道德作为调节人与人、个人与社会的各种利益关系的行为规范，其作用贯穿于人类的各个社会形态，广泛地存在于社会关系的各个领域。道德作为独立的意识形态，所涉及的范围比政治、法律、宗教等更为广泛。道德作用的广泛性，要求人人都要讲道德，自觉遵守道德规范。二是道德内容的阶级性。在阶级社会里，由于人们所处的经济地位不同，阶级利益也必然不同。这就形成了不同的甚至完全对立的道德观念、道德原则和规范，以及不同的道德评价标准等。三是道德形态的继存性。道德作为一种相对独立的意识形态，有着自身的发展过程。人类对于道德标准的认识，经历了曲折的过程。阶级社会中各阶级的道德除了具有鲜明的阶级性内容之外，还具有某些一致及相似之处，即人们必须普遍遵循的共同行为准则。四是道德原则的民族性。民族性是一个民族区别于其他民族的个性特征，包括民族的精神、气质、心理、感情、性格、语言、风俗、习惯、趣味、理想、传统，以及生活方式和理解事物的方式等诸多方面。不同民族间道德的原则标准亦有所不同。五是道德遵循的自律性。道德主体借助于对客观世界的认识、对现实生活条件的认识，自愿地认同社会道德规范，并结合个人的实际情况践行道德规范，从而把被动的服从变为主动的律己，把外部的道德要求变为自身内在的自主行为。

（二）道德责任与道德义务

1. 道德责任与道德义务的含义

道德责任是人们对自己行为的过失及其不良后果在道义上所承担的责任。在西方伦理学史上，道德责任与人的意志有无自由的问题密切联系。宿命论和机械论否定人的意志自由，认为人的活动是由神、上帝预先安排的，或者在一切场合下都是由环境决定的，个人完全无能为力，从而否认人的道德责任。在现代西方，存在主义者萨特从承认主体有着不受限制的绝对自由出发，把人的道德责任绝对化，提出"人要为自己所做的一切承担责任"。马克思主义认为，人的行为虽然受到客观必然性和社会历史条件的制约，但是人又具有主观能动性，有辨别是非、善恶的能力，对自己的行为具有一定的选择自由，必须承担相应的道德责任。

在自然层面中，人类作为道德维护者，享有心智的高度自由及生存的优越条件，故担负有维护生存秩序及道德不被破坏和协调运转的责任。非人动物由于智力即分析能力及判断能力不能完全享有，因此不承担道德责任，但是仍旧享有不可剥夺的自然权利，如生存权利等一切人类所享有的非局限条件类的权利。在社会生活中，人们对自己的行为具有一定的选择自由，因此必须承担相应的道德责任。肯定人的行为的道德责任是进行道德评价的前提。道德责任是人们在一定的社会关系及自然关系中所应该选择的道德行为和对自然或社会或他人所承担的道德义务。

在人类的道德生活中，道德义务是指一定经济社会关系所产生的道德要求。这种要求既表现在人们相互间的各种关系中，也表现在个人对民族、国家、阶级或团体的关系中。一个社会或阶级，为了一定的利益和需要，总是向社会成员提出和规定各方面的道德责任，用以调整人和人之间的道德关系。不管人们是否意识到，客观上都必然要求每个人履行他对社会、国家和他人所应负的道德责任。对社会每个成员来说，在一般正常情况下，主观上都要认真地选择自己行为的动机，考虑行为的后果。道德责任，反映了社会发展客观规律和道德原则规范。自觉遵守和履行自己在各方面所承担的道德责任，是每个人应具有的品质。履行道德责任，要靠内心信念和高度的道德责任感。

2. 道德责任与道德义务的关系

从概念的界定来看，道德责任与道德义务之间有某些共同之处：它们都以特定社会的客观道德准则为参照系统和衡量标准，体现或维系社会道德准则，因而具有客观的社会制约性，但二者尚存在一些微妙的甚至是决定性的区别。

首先，从约束力的性质来看，道德义务在本质上是他律的，而道德责任则是在履行义务、遵从他律道德基础上的自律。道德责任在道德规范的整个体系中，是处于最高层次的道德规范，是在理性的氛围下不断巩固的外在要求和内心志愿的结合、外在强制和内在强制的结合。这种责任性对于人就是一种主体的意志自律性，即理性的自我主宰、自我约束、自我克制。

其次，就两者涵盖的范围而言，道德责任比道德义务的涵盖面要广。道德责任是在履行道德义务中发生的，但并不是直接等同于道德义务；道德责任还能涵盖人由于某种原因未能履行自己所应承担的分内事而应对自己的行为后果在道义上的承担，而道德义务则没有这一规定，这也是道德责任与道德义务的主要区别所在。

二、企业道德与企业道德责任

（一）企业道德的含义及特征

企业道德是指在企业这一特定的社会经济组织中，依靠社会舆论、传统习惯和内心信念来维持的，以善恶评价为标准的道德原则、道德规范和道德活动的综合。按照道德活动主体的不同，可分为企业的组织道德和员工个人的职业道德。企业道德既是社会道德体系的重要组成部分，也是社会道德原则在企业中的具体体现。它是人格化了的企业，在生产经营活动中，在社会交往中，所应遵循的旨在调节企业与国家、企业与他企业、企业与他单位、企业与竞争对手、企业与服务对象以及企业内部各方面关系的行为规范总和。我们所用的"道德"这个概念，主要是指一定社会或阶段用以调整人和人之间、个人和社会之间关系的道德规范的总和。它是依靠社会舆论、传统习惯，特别是通过人们的内心信念而起作用的。

企业道德是企业及员工对共同道德标准统一的认可，它有功利性、群体性、实践性、继承性和时代性五个方面的特征。企业道德具有功利性是由企业以盈利为目的的基本性质所决定的。在企业与市场以及社会的各方面关系中，道德因素之所以成为必要和被看重，就是因为企业道德的完善能够直接或间接地给企业带来利益和发展，企业道德不仅是企业的责任更是企业增强竞争力的武器之一。群体性也是企业道德的一个重要特征，企业道德属于一种群体道德，群体的自我约束越健全，其道德形象就越完美。从职业道德方面来看，企业道德约束的对象是企业的全体员工，同时也是一个群体，只有这个群体的总体道德水平提高了，我们才能说企业道德水平在改善。道德作为人类把握世界的一种特殊方式，本质上讲，是一种实践精神。道德的实践精神本性决定企业道德也必然具有实践性的特点。企业道德蕴藏在企业一切生产经营活动之中，而企业的任何生产经营活动都是具体的行为，具有讲求实践的特性。此外，企业道德也不是无本之木，它是在继承历史上有关经济活动方面的道德因素的基础上产生的，当然，企业道德产生之后也不是一成不变的，而是要随着时间的推移有所变化的，即企业道德所具有的时代性特征。

企业作为市场的细胞，其直接目的是追求经济利润的最大化，而作为社会的一分子，企业在追求经济利益的同时，又必须使自身的获利过程同时也成为有益于社会进步和促进人的全面发展的过程，即必须注重企业道德。

（二）企业道德责任

企业道德责任是较高层次的社会责任，分为内、外两个方面：从企业内部来讲，主要包括善待员工，关注职工生命安全和身体健康，改善工作环境，保障职工合法权益，注重职工事业成长，让职工分享企业发展的成果；从企业外部来讲，包括遵守商业道德、平等交易、诚实守信，以及尊重自然、保护环境、珍惜节约资源能源等。

企业道德责任的含义大体有广义和狭义两个方面，从较为广泛和普遍的意义上来说，企业的道德责任是体现在企业的经济责任、法律责任和精神文化责任之中的，同时又是同企业伦理建设密切相关的诸种责任的有机统一。而从狭义的视角来看，企业的道德责任是企业所肩负的对自己、对同道和对社会的道德义务的自觉承担和精神担当，它在其精神实质上可以用"敬业求精、贵和乐群"来概括。企业道德责任的内化即为企业良心。企业良心就是企业道德责任的自我意识和自我评价。它由企业爱心、企业诚心和企业义心或公正之心所构成。

企业道德责任的依据和理由主要可从以下几个方面来理解：首先，企业是一个追求利益并因此而形成利益相关者的经济组织。在企业所从事的以盈利为目的的经营活动中，必然要与内部和外部各种利益主体发生关系。利益相关者是指企业行为对他们带来严重影响或者是要承担危险后果的那些个人和社会组织，包括员工、股东、顾客、用户、供货商、经销商、债权人、政府、社区等。在企业内部和外部的各种利益关系中，必然形成企业道德义务和责任的依据。其次，企业是人们因社会契约而缔结起来的法人组织。企业法人是指按照法律规定程序设立，有一定的组织机构和独立的财产，并能以自己的名义享有民事权利、承担民事义务的企业组织。企业法人类似于自然人，它是根据企业自身的意志来行动的独立的行为主体。企业所具有的独立法人地位，是企业承担道德责任的前提。国外一些经济伦理学家用企业社会契约论来对企业的道德责任加以解说，认为现实或现存的社会契约是构成企业道德责任的重要源泉。最后，企业还是自由意志和行为选择的伦理主体。在伦理学理论中，责任的探讨和归咎是同人的行为能力、意志自由密切地联系在一起的。没有一定的行为能力是无法承担起一定的责任的，没有一定的意志自由，也很难要他承担一定的责任。企业是由大多数有行为能力和意志自由的人所建立起来的经济共同体，理应承担自己所应负的道德责任。作为具有独立意志和行为选择自由的伦理主体，企业应具有自身的道德责任意识和伦理精神。就像有道德的人是自己改造自己、自己发展和完善自己一样，有道德的企业也同样体现着主体自身的道德追求，是一群有道德的人的行为的整体化体现。

企业道德责任的内化即为企业良心。企业道德责任与企业良心是密切相关的两个范畴。一般来说，良心是一种意识到的责任感和自我评价能力。企业良心就是企业道德责任的自我意识和自我评价。企业良心以企业道德责任为具体内容，企业道德责任以企业良心为精神或心理依托。或者可以说，企业责任是外在的企业良心，企业良心是内在的企业责任，企业责任的内化即为企业良心，企业良心的外化即为企业责任。企业良心的有无主要是以企业是否意识到企业责任为判断依据，因此说企业良心是企业伦理中一种强烈的社会责任感和道德使命感，是企业全体员工在现实生活中由于自觉意识到应有的使命、职责和任务而产生的对他人、集体和社会应尽义务的强烈而持久的愿望。企业良心是把企业责任转化为企业集体和个人内在的企业道德需要并使之成为企业道德评价的内在尺度，是企业人群行为选择和善恶评价的内在机制。因此，可以说企业良心是企业责任的心理依托和精神保障，强化企业责任重在培育企业良心。

　　企业须承担三种道德责任：对消费者的关心、对环境的关心和对最低工作条件的关心。企业的这三种道德责任视为企业活动最低限度的核心道德责任，首先企业有义务承担最基本的道德责任，即为消费者提供安全而又性能良好的商品和服务。其次企业应当关心环境和减少资源消耗。最后一个层次的道德责任指的是企业作为共同体的责任。企业组织的这三种核心的道德责任，目的是为了保证最低水平的道德状况。最低的道德要求意味着企业应为公众提供高质量的产品和服务，而不危及基本的公共福利和共同的未来。赚钱与接受一定限度的道德要求是可以结合起来的。从较为广泛和普遍的意义上界定企业的道德责任，企业的道德责任是体现在企业的经济责任、法律责任和精神文化责任之中的，同时又是同企业伦理建设密切相关的诸种责任的有机统一。

三、企业道德建设的意义与必要性

（一）企业道德建设的意义

1. 加强道德建设有利于提高企业层次

　　企业道德蕴含着企业是各种权利和义务的道德实体，企业的行为必须是负责任的，即企业的行为要顾及到消费者和其他社会成员的权利。随着消费水平和消费观念的变化，人们对企业的要求越来越高，不仅满足于企业提供优良的产品和服务，而且希望企业能承担一定的社会责任，如环境保护，对员工、竞争对手、所在社区负责等。这些都要求企业要加强道德建设，提高自身层次，这样才能适应环境变化，把握市场竞争的主动权。一个优秀的企业，除了先进的技术、严格的管理、新颖的创新意识、崭新的人才观念外，无一例外，都拥有企业自身的道德行为规范，而且都对企业道德建设和实施非常重视。加强道德建设不仅是企业环境变化的要求，也是现代企业制度的内在要求。

2. 加强道德建设有利于提高企业控制的有效性

　　企业作为市场主体和社会经济实体，必须以生产经营为中心任务，即要追求经济和利润的最大化。为了实现企业目标，需要对员工在生产经营活动中的行为进行约束。企业制度以其强制性、严格性对人的心理产生震慑作用，影响员工的行为。但如果仅以制度进行约束，势必造成生产经营和资源配置的扭曲、僵化，使企业走上畸形的发展道路。而企业道德具有柔性，能在企业制度触及不到的地方发挥作用，调节不同成员在企业活动中的非正式关系，影响员工的行为。所以，道德建设能弥补制度控制的不足，提高控制的有效性。事实上，道德建设也是一种事前控制的手段。由于环境的变化，企业的层级之间、工作团队之间的关系要发生相应的变化，企业不可能对每个工作单元、每一时刻进行全面控制。在这种情况下，员工的行为在一定程度上取决于个人道德素质的高低，加强道德建设有利于提高员工的个人道德素质，可以起到事前控制的作用。

3. 加强道德建设有利于提高企业的竞争力

对于企业竞争力，我们经常提到的是企业核心技术、内部管理、营销能力、企业文化等，这些都是企业的外在竞争力，而支撑这些外在竞争力的往往是企业的道德。企业规模发展越大，道德对外在竞争力的影响越大。一个没有道德的企业，它的外在竞争力也不会持久。究其根本原因：一方面，企业竞争最终是对消费者的竞争。消费者不仅对产品质量、适用性很注重，而且更愿意购买那些诚实经营、有社会责任感的企业生产的产品和服务，加强道德建设可以为企业赢得更多的消费者。另一方面，企业员工在充满信任、责任感和远大抱负的环境中能够取得最富创造性的成果，而这样的环境只有在诚实、信赖、公平、尊重价值观的基础上才能建成，加强道德建设有利于开发企业的潜能，增强企业对社会的供给能力。从某种程度上说，企业的竞争就是道德的竞争。

（二）企业道德建设的必要性

1. 道德建设是企业持续发展的重要因素

企业作为社会经济组织，是社会关系的重要组成部分，在社会整体中，企业的存在与发展都将受到社会关系的影响和制约。随着经济的快速发展，企业道德失范行为频发，部分企业因为缺乏道德导致企业形象受损，这不仅对企业造成致命打击，同时危害到社会有序健康发展。只有积极地承担道德责任，企业自身和社会才能稳定发展。企业作为经济组织，追逐利益无可厚非，可是在企业追逐利益的过程中，制造假冒伪劣产品、破坏自然资源环境、钻法律法规漏洞等急功近利的失德行为层出不穷，在市场经济环境下，这是企业恶性竞争的自然结果。随着市场的不断扩大，市场经济的逐步完善，经济活动将逐步迈向国际市场，企业是否承担道德责任将直接关系到企业的命运，道德成为企业顺利运行而不能回避的问题。主动承担道德责任，培养企业社会责任感，是提升企业竞争力、谋求企业向前发展的必经之路。企业积极承担道德责任是企业本身、企业与企业之间以及企业与社会建立良好、多赢关系的基础。在社会不断发展的过程中，企业和社会都必然面对各种困境，失德悖德、急功近利的行为不但会伤害企业自身，还会给本行业甚至社会带来损失，结果导致整个社会都要为这一行为付出成本，企业的道德建设不仅关系到企业自身发展以及本行业发展，更是市场发展的必由之路。

在优胜劣汰的市场经济规则下，企业要想得到长久发展，不仅需要过硬的物质资本，更需要良好的道德资本。企业生产的产品或服务得到市场的认可，并且健康持续地发展下去都离不开企业对道德的投资。市场经济越发达，企业之间的竞争就越激烈，对企业投入道德资本的要求就越高。不断发展的企业规模，逐步提高的社会生产力，要求企业承担的道德资本也越来越高。企业必须在积累物质资本的同时，主动积累道德资本，使企业发展和社会发展有机统一。企业协调好经济、社会、自然这三方面的关系，才能持续健康地发展下去。企业道德的建设为企业塑造良好形象，为提高企业软实力提供有效途径。在全球化与信息化的今天，企业的行为无时无刻不受到社会的关注，企业履行道德的行为成为消费者信任企业、为企业投资的重要依据。企业要以道德为前提，时刻保持危机感，才能不断发展下去。

2. 道德建设是企业利润稳步增长的长效机制

经济效益是指人们在经济实践活动中的劳动成果与劳动消耗之比，即所得与所费之比。提高经济效益是企业生存与发展的关键所在，企业道德作为提高企业经济效益的内在驱动力，主要体现在三个方面：一是提高企业经济效益需要众多要素支持，人是这其中极其重要的生产因素，作为产品生产销售的组织者、市场信息的分析者、财务的管理者，企业要提高经济效益，就必须重视广大员工的作用，要激发企业员工的积极性和创造性，培养广大员工的思想觉悟，把员工的力量聚在一起为企业所用。二是企业道德在降低成本方面也发挥着重要的作用，在企业管理过程中，企业道德所提倡的原则和规范能够加强企业员工、企业部门之间的合作，价值观念与理想信念的一致将会降低企业的合作成本。企业道德所要求的诚实守信原则能够降低契约成本。对企业之间的合作，诚实守信原则可以降低收集与鉴别信息方面的成本，减少这方面所需的时间和精力。企业以良好的形象被社会和消费者认可，能够获得消费者和社会的支持，从而减少广告投入的成本。三是企业道德能为企业提供商机。在实际的生产经营活动中，企业重视道德还会带来意想不到的收益，获得新的商机。

3. 道德建设是企业加强外部合作的有力保障

现代企业的本质归根结底是长期契约的集合，要想实现资源价值，很大程度上取决于利益相关者之间的相互合作，企业之间能否长久地合作，除了必要的资金与技术支持，还需要依靠企业的德行，拥有良好口碑的企业更容易得到合作者的信任，从而使企业得到长远发展；同时，企业对道德责任的履行过程，也是向社会向市场展示实力的过程，从而得到社会的认同，使企业在融资、吸纳人才方面展现更大的优势，积极承担道德责任有助于企业在市场环境中获得竞争优势。随着经济的发展，消费者和投资者不仅关注企业的产品与服务，也越来越注重企业的信誉和道德水平。企业与雇员、股东、供应商和消费者等利益相关者有良好的合作关系，对企业解决经营性问题有很大作用，企业坚持以德兴企，兼顾利益相关者的利益，可以加强企业与利益相关者形成长期共生的链条，实现企业和利益相关者优势互补，发展规模经济。企业与利益相关者的相互尊重和互惠互利的意识是实现有效合作的精神前提，企业的道德自律是实现有效合作的必要条件。如果利益相关者认为自己没有得到公平的待遇，他们就不会以饱满的热情来支持企业；如果企业能秉持道德准则，使内部人际关系融洽，外部获得利益相关者的信任和支持，将极大地推动企业的各种资源实现优化整合，尤其是人力资源的整合。

第三节　企业道德治理的理论基础

一、利益相关者理论

（一）利益相关者理论的基本内容

利益相关者包括企业的股东、债权人、雇员、消费者、供应商等交易伙伴，也包括政府部门、本地居民、本地社区、媒体、环保主义等的压力集团，甚至包括自然环境、人类后代等受到企业经营活动直接或间接影响的客体。这些利益相关者与企业的生存和发展密切相关，他们有的分担了企业的经营风险，有的为企业的经营活动付出了代价，有的对企业进行监督和制约，企业的经营决策必须要考虑他们的利益或接受他们的约束。从这个意义上讲，企业是一种智力和管理专业化投资的制度安排，企业的生存和发展依赖于企业对各利益相关者利益要求的回应的质量，而不仅仅取决于股东。这一企业管理思想从理论上阐述了企业绩效评价和管理的中心，为其后的绩效评价理论奠定了基础。

"利益相关者"一词最早被提出可以追溯到1984年，弗里曼（Freeman）出版的《战略管理：利益相关者管理的分析方法》一书中明确提出了利益相关者管理理论。利益相关者管理理论是指企业的经营管理者为综合平衡各个利益相关者的利益要求而进行的管理活动。与传统的股东至上主义相比，该理论认为任何一个公司的发展都离不开各利益相关者的投入或参与，企业追求的是利益相关者的整体利益，而不仅仅是某些主体的利益。Penrose在1959年出版的《企业成长理论》中提出了"企业是人力资产和人际关系的集合"的观念，从而为利益相关者理论构建奠定了基石。直到1963年，斯坦福大学研究所才明确地提出了利益相关者的定义："利益相关者是这样一些团体，没有其支持，组织就不可能生存。"这个定义在今天看来，是不全面的，它只考虑到利益相关者对企业单方面的影响，并且利益相关者的范围仅限于影响企业生存的一小部分。但是，它让人们认识到，除了股东以外，企业周围还存在其他的一些影响其生存的群体。随后，瑞安曼（Eric Rhenman）提出了比较全面的定义："利益相关者依靠企业来实现其个人目标，而企业也依靠他们来维持生存。"这一定义使利益相关者理论成为一个独立的理论分支。在此后的30年间，对利益相关者的定义达30多种，学者们从不同的角度对利益相关者进行定义。其中，以弗里曼的观点最具代表性，他在《战略管理：一种利益相关者的方法》一书中提出："利益相关者是能够影响一个组织目标的实现，或者受到一个组织实现其目标过程影响的所有个体和群体。"弗里曼的定义，大大丰富了利益相关者的内容，使其更加完善。显然，弗里曼界定的是广义上的利益相关者，他笼统地将所有利益相关者放在同一层面进行整体研究，给后来的实证研究和实践操作带来了很大的局限性。克拉克森认为："利益相关者以及在企业中投入了一些实物资本、人力资本、财务资本或一些有价值的东西，并由此而承担了某些形式的风险；或者说，他们因企业活动而承受风险。"克拉克森的定义引入了专用性投资的概念，使利益相关者的定义更加具体。国内学者综合了上述几种观点，认为"利益相关者是指那些在企业的生产活动中进行了一定的专用性投资，并承担了一定风险的个体和群体，其活动能够影响或者改变企业的目标，或者受到企业实现其目标过程的影响"。这一定义既强调了投资的专用性，又将企业与利益相关者的相互影响包括进来，应该说是比较全面和具有代表性的。

（二）利益相关者的分类

国际比较通用的利益相关者分类方法是多锥细分法和米切尔评分法。

（1）多锥细分法。企业的生存和繁荣离不开利益相关者的支持，但利益相关者可以从多个角度进行细分，不同类型的利益相关者对于企业管理决策的影响以及被企业活动影响的程度是不一样的。20世纪90年代中期，国内外很多专家和学者采用多锥细分法对利益相关者从不同角度进行了划分。

Freeman（1984）认为，利益相关者由于所拥有的资源不同，对企业产生不同影响。他从三个方面对利益相关者进行了细分：①持有公司股票的一类人，如董事会成员、经理人员等，称为所有权利益相关者；②与公司有经济往来的相关群体，如员工、债权人、内部服务机构、雇员、消费者、供应商、竞争者、地方社区、管理机构等称为经济依赖性利益相关者；③与公司在社会利益上有关系的利益相关者，如政府机关、媒体以及特殊群体，称为社会利益相关者。

Frederick（1988）从利益相关者对企业产生影响的方式来划分，将其分为直接的利益相关者和间接的利益相关者。直接的利益相关者就是直接与企业发生市场交易关系的利益相关者，主要包括：股东、企业员工、债权人、供应商、零售商、消费商、竞争者等；间接的利益相关者是与企业发生非市场关系的利益相关者，如中央政府、地方政府、外国政府、社会活动团体、媒体、一般公众等。Charkham（1992）按照相关群体是否与企业存在合同关系，将利益相关者分为契约型和公众型利益相关者两种。

Wheeler（1998）从相关群体是否具备社会性以及与企业的关系是否直接由真实的人来建立两个角度，比较全面地将利益相关者分为四类：①主要的社会性利益相关者，他们具备社会性和直接参与性两个特征；②次要的社会利益相关者，他们通过社会性的活动与企业形成间接关系，如政府、社会团体、竞争对手等；③主要的非社会利益相关者，他们对企业有直接的影响，但却不作用于具体的人，如自然环境等；④次要的非社会利益相关者，他们不与企业有直接的联系，也不作用于具体的人，如环境压力集团、动物利益集团，等等。

（2）米切尔评分法。米切尔评分法是由美国学者 Mitchell 和 Wood 于1997 年提出来的，它将利益相关者的界定与分类结合起来。首先认为，企业所有的利益相关者必须具备以下三个属性中的一种：合法性、权利性以及紧迫性。他们从这三个方面对利益相关者进行评分，根据分值来将企业的利益相关者分为三种类型：①确定型利益相关者，同时拥有合法性、权力性和紧迫性。它是企业首要关注和密切联系的对象，包括股东、雇员和顾客。②预期型利益相关者，同时具备三种属性中的两种。同时拥有合法性和权利性，如投资者、雇员和政府部门等；同时拥有合法性和紧急性的群体，如媒体、社会组织等；同时拥有紧急性和权力性的群体，却没有合法性的群体，例如，一些政治和宗教的极端主义者、激进的社会分子，他们往往会通过一些比较暴力的手段来达到目的。③潜在型利益相关者，他们只具备三种属性中的其中一种。米切尔评分法，能够用于判断和界定企业的利益相关者，操作起来比较简单，是利益相关者理论的一大进步。

国内一些学者也从利益相关者的其他属性对其进行了界定和划分。万建华（1998）、李心合（2001）从利益相关者的合作性与威胁性两个方面入手，将利益相关者分为支持型利益相关者、混合型利益相关者、不支持型利益相关者以及边缘型利益相关者。陈宏辉（2003）则从利益相关者的主动性、重要性和紧急性三个方面，将利益相关者分为核心利益相关者、蛰伏利益相关者和边缘利益相关者三种类型。

（三）利益相关者理论存在的缺陷和不足

（1）传统的企业理论认为，企业的唯一目标就是"实现经济利润最大化"。利益相关者理论的出现，分散了企业的经营目标，除了经济上的目标以外，企业也必须承担社会的、政治上的责任。这很可能会导致企业陷入"企业办社会"的僵局。一旦利益相关者理论被大众所接受，企业的行为势必受到框架限制，企业无形中被套上公益色彩，结果很可能会导致企业经济利润上的损失。更有可能让企业陷入一种顾此失彼的境地，例如，企业实现了经济利润的最大化，却又照顾不到社会责任；若过多地考虑到社会责任，又会让对手有可乘之机，丧失经济上的优势。

（2）利益相关者的界定过于宽泛，利益相关者的边界到底在哪里？虽然国内外很多专家和学者都对利益相关者的界定和划分阐述了自己的看法，但大部分只是停留在探讨和假设阶段。从涉及的十几种利益相关者来看，孰轻孰重，也不得而知。还找不到一种理论和方法能够定量的衡量众多利益相关者的权重。

（3）如何将利益相关者理论运用于实践？国内很多学者从多方面对利益相关者的可行性进行了分析和探讨，从理论上证明利益相关性理论可行。不过，由于利益相关性理论本身的不完善，实在是很难实践。例如，理论中所涉及的利益相关者太多太杂，仅顾客这一项，要想把他们集中起来采取行动是不可能的。很多学者提出了利益相关者参与公司治理这一想法，但不具备可操作性。

二、委托代理理论

（一）委托代理理论的产生

委托代理理论产生于20世纪30年代，美国经济学家伯利和米恩斯因为洞悉企业所有者兼具经营者的做法存在着极大的弊端，于是提出"委托代理理论"，倡导所有权和经营权分离，企业所有者保留剩余索取权，而将经营权利让渡。"委托代理理论"早已成为现代公司治理的逻辑起点。委托代理理论的中心任务是研究在利益相冲突和信息不对称的环境下，委托人如何设计最优契约激励代理人。委托代理理论是建立在非对称信息博弈论的基础上的。非对称信息指的是某些参与人拥有但另一些参与人不拥有的信息。信息的非对称性，从以下两个角度进行划分：一是非对称发生的时间；二是非对称信息的内容。从非对称发生的时间看，非对称性可能发生在当事人签约之前，也可能发生在签约之后，分别称为事前非对称和事后非对称。研究事前非对称信息博弈的模型称为逆向选择模型，研究事后非对称信息的模型称为道德风险模型。从非对称信息的内容看，非对称信息可能是指某些参与人的行为，研究此类问题的，我们称为隐藏行为模型；也可能是指某些参与人隐藏的信息，研究此类问题的模型我们称为隐藏信息模型。

（二）委托代理理论的主要内容

委托代理理论是制度经济学契约理论的主要内容之一，主要研究的委托代理关系是指一个或多个行为主体根据一种明示或隐含的契约，指定、雇佣另一些行为主体为其服务，同时授予后者一定的决策权利，并根据后者提供的服务数量和质量对其支付相应的报酬。授权者就是委托人，被授权者就是代理人。

委托代理理论的主要观点认为：委托代理关系是随着生产力大发展和规模化大生产的出现而产生的。其原因一方面是生产力发展使得分工进一步细化，权利的所有者由于知识、能力和精力的原因不能行使所有的权利；另一方面专业化分工产生了一大批具有专业知识的代理人，他们有精力、有能力代理行使好被委托的权利。但在委托代理的关系当中，由于委托人与代理人的效用函数不一样，委托人追求的是自己的财富更大，而代理人追求自己的工资津贴收入、奢侈消费和闲暇时间最大化，这必然导致两者的利益冲突，形成所谓的"委托代理矛盾"。在没有有效的制度安排下，代理人的行为很可能会最终损害委托人的利益。

（三）委托代理理论的基本模型

1. 委托代理理论的模型方法

近20多年来，委托代理理论的模型方法发展迅速。主要有三种：第一种是由威尔逊（Wilson，1969）、斯宾塞·泽克豪森（Spenceand Zeckhauser，1971）和罗斯（Ross，1973）最初使用的"状态空间模型化方法"。其主要的优点是每种技术关系都很自然地表现出来。但是，此方法无法得到经济上有信息的解。第二种是由莫里斯（Mirrlees，1974，1976）最初使用，霍姆斯特姆（Holmstrom，1979）进一步发展的"分布函数的参数化方法"（Parameterized Distribution for Mulation），这种方法可以说已成为标准化方法。第三种是"一般分布方法"（General Distribution for Mulation），这种方法最抽象，它虽然对代理人的行动及发生的成本没有很清晰的解释，但它让我们得到了非常简练的一般化模型。

在对称信息情况下，代理人的行为是可以被观察到的。委托人可以根据观测到的代理人行为对其实行奖惩。此时，帕累托最优风险分担和帕累托最优努力水平都可以达到。

在非对称信息情况下，委托人不能观测到代理人的行为，只能观测到相关变量，这些变量由代理人的行动和其他外生的随机因素共同决定。因而，委托人不能使用"强制合同"来迫使代理人选择委托人希望的行动，激励兼容约束是起作用的。于是委托人的问题是选择满足代理人参与约束和激励兼容约束的激励合同以最大化自己的期望效用。当信息不对称时，最优分担原则应满足莫里斯—霍姆斯特姆条件，这是由莫里斯（1974，1976）提出，由霍姆斯特姆进一步解释的。非对称信息情况与对称信息时的最优合同不同。代理人的收入随似然率的变化而变化。似然率度量了代理人选择偷懒时，特定可观测变量发生的概率与给定代理人选择勤奋工作时，此观测变量发生的概率的比率，它告诉我们，对于一确定观测变量，有多大程度是由于偷懒导致。较高的似然率意味着产出有较大的可能性来自偷懒的行为；相反，较低的似然率告诉我们产出更有可能来自努力的行动。分配原则对似然率是单调的，因此，使用此原则的前提是似然率对产出是单调的，这就是统计中著名的概念：单调似然率，它是由米尔格罗姆（Milgrom，1981）引入经济学的。莫里斯（Mirrlees，1974）和霍姆斯特姆（Holmstrom，1979）引入了"一阶条件方法"证明了代理人行为是一个一维连续变量时，信息非对称时的最优合同，其结论与非连续变量情况相似。由于一阶条件方法存在不能保证最优解的唯一性的问题，格鲁斯曼和哈特（Grossman and Hart，1983）及罗杰森（Rogerson，1985）导出了保证一阶条件有效的条件——分布函数满足 MLRP 和凸性条件。

2. 委托代理理论的模型种类

（1）动态模型。把基本的模型扩展到动态的模型有两个原因：第一，在静态模型中，委托人为了激励代理人选择委托人所希望的行动，必须根据可观测的结果来奖惩代理人。这样的激励机制成为"显性激励机制"。问题是：多次的委托代理关系是否能在没有显性激励机制的情况下，用"时间"本身无成本地解决代理问题。第二，把动态分析引入基本模型是否可以得出关于委托代理理论更多的结论。

（2）代理模型。最早研究委托代理动态模型的是伦德纳（Radner，1981）和罗宾斯泰英（Rubbinstein，1979）。他们使用重复博弈模型证明，如果委托人和代理人保持长期的关系，贴现因子足够大（双方有足够的信心），那么，帕累托一阶最优风险分担和激励是可以实现的。也就是说，在长期的关系中，其一，由于大数定理，外生不确定可以剔除，委托人可以相对准确地从观测到的变量中推断代理人的努力水平，代理人不可能用偷懒的办法提高自己的福利。其二，长期合同部分上向代理人提供了"个人保险"，委托人可以免除代理人的风险。即使合同不具备法律上的可执行性，出于声誉的考虑，合同双方都会各尽义务。在他们的研究中，以及后来罗杰森（Rogerson，1985）和 Lambert（1983）以及 Roberts（1982）

和 Townsend（1982）的研究中，都想说明长期的关系可以更有效地处理激励问题，最优长期合同与一系列的短期合同不同。但是，弗得伯格（Fudenberg）等（1990）证明，如果代理人可以在与委托人同样的利率条件下进入资本市场，长期合同可以被一系列的短期合同所取代。然而，对委托代理人长期的关系的关注和研究，启发人们从其他的角度来分析长期委托代理关系的优势。

（3）声誉模型。当代理人的行为很难甚至无法证实，显性激励机制很难实施时，长期的委托代理关系就有很大的优势，长期关系可以利用"声誉效应"（Reputation Effects）。伦德纳（Radner，1981）和罗宾斯泰英（Rubbinstein，1979）的模型很好地解释了这种情况。但明确提出声誉问题的是法玛（Fama，1980）。法玛认为，激励问题在委托代理文献中被夸大了。在现实中，由于代理人市场对代理人的约束作用，"时间"可以解问题。他与伦德纳和罗宾斯泰英的解释不同，法玛强调代理人市场对代理人行为的约束作用。他为经理人市场价值的自动机制创造了"事后清付"（Expost Settlingup）这一概念。他认为，在竞争的市场上，经理的市场价值取决于其过去的经营业绩，从长期来看，经理必须对自己的行为负责。因此，即使没有显性的激励合同，经理也有积极性努力工作，因为这样做可以改进自己在经理市场上的声誉，从而提高未来的收入。霍姆斯特姆（Holmstrom，1982）模型化了法玛的思想。虽然该模型是在一些特殊情况（经理人是风险中性，不存在未来收益贴现）下建立起来的，但它证明了声誉效应在一定程度上可以解决代理人问题。并且，它还说明努力随年龄的增长而递减，因为随年龄的增长努力的声誉效应越小。这就解释了为什么越是年轻的经理越是努力。声誉模型告诉我们，隐性激励机制可以达到显性激励机制同样的效果。

（4）效应模型。"棘轮效应"一词最初来源于对苏联式计划经济制度的研究（魏茨曼，1980）。在计划体制下，企业的年度生产指标根据上年的实际生产不断调整，好的表现反而因此受到惩罚，于是"聪明"的人隐瞒生产能力来对付计划当局。在中国，类似的现象被称为"鞭打快牛"。当然，这种现象在西方同样存在。委托人将同一代理人过去的业绩作为标准，因为过去的业绩包含着有用的信息。问题是，过去的业绩与经理人的主观努力相关。代理人越是努力，好的业绩可能性越大，自己给自己的"标准"也越高。当他意识到努力带来的结果是"标准"的提高，代理人努力的积极性就会降低。这种标准业绩上升的倾向被称为"棘轮效应"。霍姆斯特姆和 Ricart-Costa（1986）研究了相关的问题。在他们的模型里，经理和股东之间风险分担存在着不一致性。原因是经理把投资结果看成是其能力的反映，而股东把投资结果看成是其金融资产的回报。人力资本回报和资本回报的不完全一致性，使股东在高收益时，认为是资本的生产率高，从而在下期提高对经理的要求。当经理认识到自己努力带来的高收益的结果是提高自己的标准时，其努力的积极性就会降低。因此，同样是在长期的过程中，棘轮效应会弱化激励机制。

（5）退休模型。关于"强制退休"的模型，莱瑟尔（Lazear，1979）证明在长期的雇佣关系中，"工龄工资"可以遏制偷懒的行为。雇员在早期阶段的工资低于其边际生产率，二者的差距等于一种"保证金"。当偷懒被发现时，雇员被开除，损失了保证金。因此，偷懒的成本提高，努力的积极性提高。该模型解释了强制退休：到了一定的年龄，雇员的工资将大于其边际生产率，当然不会有人愿意退休，因此，必须强制退休。

（6）任务模型。在简单的委托代理模型中，我们仅考虑了代理人仅从事单项工作的情况。在现实生活中，许多情况下代理人被委托的工作不止一项，即使是一项，也有多个维度。因此，同一代理人在不同工作之间分配精力是有冲突的。而委托人对不同工作的监督能力是不同的，有些工作是不容易被监督的。如生产线上工人的产品数量是容易监督的，而产品的质量监督有难度。霍姆斯特姆和米尔格罗姆（Holmstrom and Milgrom，1991）证明，当代理人从事多项工作时，从简单的委托代理模型得出的结论是不适用的。在有些情况下，固定工资合同可能优于根据可观测的变量奖惩代理人的激励合同。霍姆斯特姆和米尔格罗姆模型的基本结论是：当一个代理人从事多项工作时，对任何给定工作的激励不仅取决于该工作本身的可观测性，而且还取决于其他工作的可观测性。特别地，如果委托人期待代理人在某项工作上花费一定的精力，而该项工作又不可观测，那么，激励工资也不应该用于其他任何工作。

（7）多个模型。简单的委托代理模型仅考虑了单个代理人的情况。但是在现实当中代理人一般有多个。阿尔钦和德莫塞茨（1972）、霍姆斯特姆（Holmstrom，1982）、麦克阿斐（McAfee，1991）、麦克米伦（McMillan，1991）以及伊藤（Itoh，1991）等经济学家都对多个代理人的情况进行了研究。所谓"团队"是指一组代理人，他们独立地选择努力水平，但创造一个共同的产出，每个代理人对产出的边际贡献依赖于其他代理人的努力，不可独立观测。阿尔钦、德莫塞茨（1972）的观点解释了古典资本主义企业的由来，他们认为，团队工作将导致个人的偷懒行为（Shirking），为了使监督者有积极性，监督者应该成为剩余的索取者（Residual Claimant）。

（8）预算模型。霍姆斯特姆（Holmstrom，1982）证明团队工作中的偷懒行为可以通过适当的激励机制来解决。委托人的作用并不是监督团队成员，而是打破预算平衡（Breaking Budget）使激励机制得以发挥作用。霍姆斯特姆的模型证明，满足预算平衡约束时的努力水平严格小于帕累托最优的努力水平。就是说，只要我们坚持预算平衡约束，帕累托最优是不可能达到的。其原因是我们所熟悉的"搭便车"问题。所以，霍姆斯特姆认为要引入索取剩余的委托人，目的是打破预算平衡。模型告诉我们，如果放弃预算平衡，帕累托最优是可以通过纳什均衡达到的。打破预算平衡的目的是使"团体惩罚"或"团体激励"，这足以消除代理人"搭便车"的行为。因为每个人都害怕受到惩罚也渴望得到奖金，每个人都不得不选择帕累托最优努力水平。这解释了古典资本主义的雇佣制代替合伙制的缘由。但是，通过纳什均衡达到帕累托最优是有前提条件的，即代理人的初始财富足够大。霍姆斯特姆认为，委托人的监督只有在团队规模很大、代理人和委托人都面临初始财富约束和代理人是风险规避的时候才是重要的。

（9）选择模型。在麦克阿斐和麦克米伦（McAfee and McMillan，1991）的模型中不仅考虑了团队工作中的道德风险，而且考虑了其中的逆向选择问题。他们证明不论委托人是观测团队产出，还是每个人的贡献，均衡结果都是一样的。个人贡献的不可观测性并不一定会带来"搭便车"问题，监督并不是消除偷懒的必要手段。重要的是，他们认为监督的作用是约束委托人自己，而不是代理人。根据建立在总产出上的最优合同，委托人在事前收取代理人一定的保证金。委托人有动机故意破坏生产使代理人只能达到较低的产量，以获取保证金。解决这种委托人道德风险的办法是，让委托人监督代理人，而不是收取代理人的保证金。因为在监督的情况下，代理人的产出越高，委托人的剩余越多。委托人就没有破坏生产的动机。

（10）合作模型。从团队工作的"优势"方面考虑的经济学家是伊藤（Itoh，1991），在他的模型里，委托人要考虑的问题是，是否应该诱使每个代理人除了在自己的工作上努力外，也花一定的精力来帮助同伴。伊藤证明，如果代理人自己工作的努力和帮助同伴付出的努力在成本函数上是独立的，但在工作上是互补的，那么用激励机制诱使"团队工作"是最优的。即使代理人对来自别人的帮助的最优反应是减少自己的努力（"战略替代性"），所导致的努力下降大大地降低了努力水平的效用成本，诱使"团队工作"却仍然是最优的。委托人诱使专业化的激励机制使每个人的工资只依赖于自己的工作业绩，诱使高度团队工作的激励机制使每个人的工资主要依赖于团队产出。决定团队工作是否最优的两个主要因素是代理人之间战略的依存（互补还是替代）和他们对工作的态度。

（11）评估模型。如果几个代理人从事相关的工作，即一个代理人的工作能够提供另一个代理人工作的信息。那么，代理人的工资不仅要依赖自己的产出，还要考虑其他代理人的产出。这就是"相对业绩评估"。目的是排除外生的不确定性，让代理人的努力程度表现得更为直观。相对业绩评估很普遍，特别是在组织内部有关奖励方面的问题（如内部提拔）。事实上，在劳动力市场上，相对评估直接或间接地起着很重要的作用。相对业绩评估一个很重要的方法是"锦标制度"。在锦标制度下，每个代理人的所得依赖于他在所有代理人中的排名，与他的绝对表现没有关系。它最早由莱瑟尔（Lazear）和 Rosen（1981）提出，并由 Green 和 Stokey（1983）进一步发展。人们发现，用锦标制度作为工资的基础在基本的委托代理模型中不是最优的，但它有自己的优势：其一，锦标制度很易操作；其二，锦标制度可以解决委托人的道德风险问题。

（12）风险模型。在委托代理人的模型中，我们讨论较多的是代理人道德风险的问题。实际上，委托人也同样存在道德风险。在许多委托代理关系中，有关代理人业绩的信息是非对称的，其度量存在很大的主观随意性，代理人可能无法观测到委托人观测到的东西。在这种情况下，就存在委托人的道德风险问题：根据合同，当观测到的产出高时，委托人应该支付给代理人高的报酬，但委托人可以谎称产出不高而逃避责任，把本应支付给代理人的收入占为己有。而如果代理人观测到委托人可能要耍赖，就不会有积极性努力工作。

（13）监督模型。存在委托代理关系就无法避免监督问题。事实上，在非对称信息的情况下，委托人对代理人信息的了解程度可以由委托人自己选择。例如，通过雇佣监工或花更多的时间和精力，委托人可以在一定程度上更多地了解代理人的信息，从而加强对代理人的激励和监督。但信息的获取又是有成本的，于是，委托人面临着选择最优监督力度的问题。

（14）安排模型。在标准的委托代理模型中，委托人、代理人都是给定的。但张维迎（1994，1995）提出了委托代理关系中更为基本的问题：在一个特定组织中，谁应是委托人，谁应是代理人？或者说，委托权应该如何在不同成员之间分配？在现实的组织中，信息不对称是相互的。以企业为例，企业中有直接的生产者，也有制定生产决策的经营者。经营者不易完全观测生产者的行为，工人更不易观测经营者的行为。张维迎证明，最优委托权安排的决定因素是：企业成员在生产中的相对重要性和监督上的相对有效性。如果经营者在生产上更为重要，如果经营者监督生产者比生产者监督经营者更容易，则将委托权分配给经营者是最优的。这一模型对古典资本主义企业及合伙制企业的委托权安排都做出了合理的解释。在古典资本主义企业里，不确定的环境使经营者的决策相当重要，而且经营者的行为也很难监督，于是经营者拥有委托权；合伙企业当中，两个或更多成员，他们都同等重要，因此，采用合伙制是最优的。

三、企业公民理论

（一）公民与企业公民

"公民"这一概念源自西方，自 20 世纪 90 年代起，受到越来越多的学术研究者、企业和社会活动家的"青睐"，逐渐进入社会公众的视野。众所周知，"公民"一词来源于古希腊，原指在城邦内，可以享有平等的权利和义务的自由人，后来逐渐引申到在某个主权国家，享有法律上的权利和义务的公民。因此，公民是指一个有所属的、享有权利和义务的个体，这个个体不是一个孤立的个体。而所谓的企业公民，即是有意识地、自觉地把自身归属于社会团体、社会共同体以及人类共同体的企业。企业公民是指把社会基本价值与日常商业实践，包括运营和政策有机整合起来的企业。一个"好"的"企业公民"与企业利益相关者紧密关联，这些利益相关者存在于整个商业生态网络中，包括股东、客户、员工、社区、环境资源以及合作伙伴等。企业必须通过与所有的利益相关者建立起无界限的沟通和连接，打造相互之间的信任链条，通过这些利益相关者获得更多的回报、收入以及利润，任何一环都非常关键，缺一不可，只有通过建立一个健康、和谐的商业生态系统，企业才有可能获得好处，实现企业运营的盈余。

（二）企业公民思想的诞生

最早在企业层面上较为完整地提出企业应该成为一个公民，把成为好公民作为价值追求和伦理驱动管理目标的代表性企业是美国强生公司（Johnson & Johnson）。1979年，该公司在"我们的信条"中说："我们应做个好公民——支持好的事情和慈善事业，并且依法纳税。我们应促进社会进步和医疗与教育的改良。我们应爱护我们有权使用的财产，保护环境和自然资源。"这一信条反映了企业对自身价值的重新定位，企业从一个单纯的经济体向一个具有"公民"特征的主体转变并参与社会发展，显示出企业浓烈的人本色彩和公民社会意识。随后一些先锋企业也提出了企业公民的理念，这些理念突出地提到了企业与社区的良好关系，如麦道公司提出"公司的各项事务应遵守公正和道德原则……努力成为好的公司公民，鼓励员工为所在社区服务"。沃尔玛公司则将企业公民社会责任计划重点放在妇女经济自立、回馈社区、营养与健康、环境可持续发展、支持教育及救助灾区六个方面。概括来讲，企业公民是指按照法律和道德的要求享有经营谋利的权利，同时履行对利益相关者和社会责任的企业。企业公民理论的兴起还与政府的积极推动密不可分，如1996年在美国乔治敦大学召开的"企业公民会议"和随后设立的"企业公民总统奖"就是很好的例子，政府对企业公民实践与理论研究的重视可见一斑。1989年，美国加州大学伯克利分校的爱泼斯坦在《企业伦理学刊》上发表《企业伦理、企业好公民和企业社会政策过程：美国的观点》理论文章，预示着企业公民成为企业管理与伦理学领域一个新型研究方向。2001年，《企业公民》杂志创刊，成为一本专门致力于研究企业公民的期刊，专门从事企业公民研究的机构也从美国遍及全球。企业公民的出现之所以引起人们的关注，主要在于企业公民理论更进一步地密切了企业与社会的关系，使企业能够在社会中准确地定位，积极融入社会，使企业应当具有的权利与理所承担的义务明晰化，避免企业与社会发展和公众期待对立。正如范·卢杰克认为，企业界之所以会启用企业公民这个新名词，是因为企业界从来就不是很喜欢企业管理伦理的一些用语，无论是"企业道德"还是"企业社会责任"，都暗含着企业缺乏"道德"或是反对"责任"。这些词常常被用来提醒企业应该甚至必须去做一些额外的事情。相反"企业公民"对企业来说却有不同的含义。它让企业看到或是重新意识到企业在社会中的正确位置，它们在社会中与其他公民相邻，企业与这些公民一起组成了社区。企业公民概念借助公民语境清晰的含义，对企业与社会关系重新定位，使之参照个人公民的表现符合社会要求。

企业公民理论的生成克服了企业的职责就是经营而无关伦理道德的偏见，填补了企业及其企业人员并不直接关注伦理道德的缺陷，是对伦理与企业经营截然分开所产生的企业不愿意主动承担社会责任而产生不良后果的深刻反思。它试图从公民社会成员身份的角度把企业经营权利与伦理义务结合起来，应该说是企业发展史上的重要里程碑，是企业管理伦理现代转向的重要标志。

（三）企业公民与企业社会责任

企业社会责任思想是基于企业作为经济组织在谋利的同时要承担必要的社会补偿而提出的。1960 年，戴维斯在理论上较早提出企业社会责任的概念，他认为企业社会责任是指企业"至少是部分地超出了企业的经济和技术利益，为了某些理由而做出的决定和采取的行动"。企业社会责任概括地说就是企业在创造利润、对股东利益负责的同时，还要承担对员工、消费者、社区和环境的责任。企业社会责任思想克服了长期以来企业只追求经济利益最大化而忽视社会责任的不足，但是这种责任承担是被动的，在实际经营活动中，受利益最大化的驱使，很少有企业真正主动担负社会责任，层出不穷的产品质量问题，缺乏诚信经营行为等都是企业缺乏自主社会责任意识的表现。企业社会责任思想虽然弥补了企业只作为经营者的弊端，但并未从主体上、伦理道德上提出企业应该主动承担的社会道德义务，也就是说未能将企业的社会道德义务内化为企业经营管理的伦理要求。这种情况下，企业履行社会责任显然是缺乏内生动力的，也不可能将企业应当承担的道德义务内化为管理机制。企业公民以一种"拟公民"的身份更强调"公民权"，使企业履行社会责任有了合法性，内在调动了企业履行社会责任的积极性、主动性。企业公民的拟人化特征赋予企业以公民人格，这就活化了企业，使企业因获得生命而与社会中的其他公民一样具有平等的地位。关于企业公民与企业社会责任的关系，西方学界有分说、等同说、超越说三种观点。从企业公民理论的形成与演进来看，应该说企业公民是对企业社会责任的扬弃和再吸收，它源于企业社会责任，而又有所超越，促使新的道德性企业经营观念在企业核心伦理价值观中得到体现，并通过管理机制实现。道德是整个社会，自然也是企业经营活动的润滑油与黏合剂，企业公民理论突出了企业的伦理道德责任感，"公民"思想的运用使企业和社会由原来的对立关系转变为一种部分与整体的关系，企业不仅是一个营利组织，同时也是社会的公民。企业只有遵守商业伦理或价值观，才能维持企业与社会的良好互动关系。企业公民较之于企业社会责任思想更强调企业的主体性，突出权利与义务的统一性，强化了企业履行社会责任的内在要求，促使企业把自觉承担社会责任的伦理要求内化为自身的管理目标。

（四）企业公民的本质与理论意蕴

1. 企业公民的本质

试图以一种观点解开企业公民的本质并不现实，但这并不妨碍我们对各种观点进行对比、分析，找出其中的共通点，勾画企业公民本质的一般特征。在西方，对企业公民本质有不同的理解，如美国波士顿大学企业公民研究中心认为企业公民是指一个公司将社会基本价值与日常商业实践、动作和政策相整合的行为方式。英国企业公民公司认为企业公民的本质在于企业是社会的一个主要部分，是国家的公民之一，企业有权利，也有责任，应该为社会的发展做出贡献。2003 年全球 CEO 世界经济论坛则认为企业公民的本质有四个关键导向：一是好的公司治理和道德价值，二是对人的责任，三是对环境的责任，四是对社会发展的广义贡献。相应地形成了"企业是公民""企业像公民""企业管理公民权"三个不同的流派。我国学者姜丽群指出企业公民的本质是建立在公民身份认同基础上的企业社会责任观。龚天平教授的观点较好地揭示了企业公民本质的一般特征，更具可取性，他指出："企业公民就是指按照法律和道德的要求享有经营谋利的权利，同时履行对利益相关者和社会的责任的企业。它应当遵守法律和企业管理伦理并认真、忠实地承担社会责任。"

2. 企业公民的理论意蕴

对于企业公民的理论意蕴，可以从公民及企业公民的联系与区别、企业公民维度、企业公民成长阶段方面做进一步理解。公民的实质是公民身份，那么什么是公民身份呢？托马斯·亚诺斯基说"公民身份是个人在一个民族国家中，在特定平等水平上，具有一定普遍性权利与义务的被动及主动的成员身份"。在我国，公民身份一般是指具有国籍，并根据宪法和法律规定，享受权利和承担义务的自然人。企业公民与自然人意义上的公民不能画等号，但彼此联系密切。"作为企业公民的公民虽然与作为自然人的公民在内涵上不尽相同。但企业公民既然沿用了公民这一概念，它就在某些方面具有了公民所指称的内涵、理念及品德。"这种关联也折射在企业公民要素和核心原则与价值规范中，如美国波士顿学院"企业公民中心"提出了企业公民要素的三个核心原则，即危害最小化、利益最大化、关心利益相关者和对利益相关者负责；三个价值命题，即理解、整合和强化企业价值观，将这些平衡的、整合的价值观融汇到企业的核心策略中，形成支持体系以强化这些价值观，并付诸行动。龚天平教授认为二者不同之处在于企业是群体性的概念，企业公民是一种组织性、群体性的公民，而不是个体性的公民。其联系之处在于作为企业公民的公民与作为自然人的公民，虽然各自的权利与义务的内容不尽相同，但都是权利与义务的主体。企业公民的实质就是企业要把谋利与社会责任有机统一起来，求得两者的和谐一致。企业公民的维度和成长阶段进一步反映了企业公民的理论模型，当然这种划分并不是绝对的，而是相对和动态的。Mirvis 和 Googins（2006）基于格雷纳的企业成长模型，将企业公民分为七大维度，即公民概念、战略意图、领导、结构、问题管理、利益相关者关系和透明度。同时提出了企业公民发展的五阶段模型：初始阶段，企业公民活动是短暂的，且公民项目未被关注和开发；参与阶段，高层管理者开始觉醒，对其企业在社会中的作用采用一种新的观点，即认为公司不光是守法，而且需要赢得公众的信任；创新阶段，通过对公民概念更加深刻的理解来扩大公司的议事日程，高层管理者采用更多服务者角色来深化企业公民思想的渗透；整合阶段，对企业公民理论在整个企业加以制度化，在董事会辖公民委员会，并采取有效措施在日常经营活动中推进公民项目；转型阶段，企业的战略意图是通过公民理念与经营的整合而创造新的市场。

完整的企业公民理论还包括在全球化已经成为基本事实的情况下，对全球企业公民的关注，国外学者 James E. Post（2002）认为，"全球企业公民是一个识别、分析和对公司的社会、政治、经济责任做出响应的过程，可以从法规、国家政策、相关利益者期望、企业价值和经营战略等方面来加以定义"。世界经济论坛创始人、主席 K. Schwab（2008）指出了公司作为全球企业公民的五个领域：公司治理、公司慈善活动、公司社会责任、公司社会企业家精神和全球企业公司。企业公民理论还涉及企业公民发挥作用的环境因素、企业公民与经营绩效、企业公民实践与文化背景、企业公民与组织规范等，这些内容与企业公民的本质与内涵共同构成企业公民理论体系，并且在实践中不断拓展、完善。

四、企业社会责任理论

（一）企业社会责任的概念

企业社会责任的概念，自20世纪初期在美国提出以来，出现了各种不同的定义，其内涵和外延随着企业的经营环境的变迁而不断发展。

企业社会责任概念在欧美国家的演进过程，按照社会关注的范围和程度，大致可以划分为三个阶段。

1. 萌芽期（20世纪60年代以前）

这个阶段是企业社会责任概念的提出阶段。1923年，英国学者欧利文·谢尔顿提出了企业社会责任的概念，他把企业社会责任与企业满足产业内外人们需要的责任相联系，认为企业社会责任含有道德因素。但由于经济大萧条以及第二次世界大战，冲淡了人们对此的关注。"二战"后的经济重建使企业的经济职责尤为重要，即企业只是经营实体，其责任是提供社会所需要的产品，实现利润最大化。这也使得企业社会责任概念只能处于边缘化的地位。

2. 形成期（20世纪70年代至20世纪末）

这个阶段是企业社会责任概念的初步界定和认可阶段。"二战"后经济逐渐复苏并繁荣，随之也带来了日益严重的环境等社会问题，企业社会责任真正进入人们的视野。自20世纪70年代开始，"企业的社会责任就是追求利润最大化"的观点逐步失去了统治地位，陆续提出了"三个同心圆""金字塔""三重底线"等比较有代表性的概念。"三个同心圆"理论中内圆是指企业履行经济功能的基本责任，即为投资者提供回报、为社会提供产品、为员工提供就业、促进经济增长；中间圆是指企业履行经济功能要与社会价值观和关注重大社会问题相结合，如保护环境、合理对待员工、回应顾客期望等；外圆是企业更广泛地促进社会进步的其他无形责任，如消除社会贫困、防止城市衰败等。卡罗尔的"金字塔"理论认为企业社会责任是指社会期望企业在经济、法律、伦理和自愿决定（慈善）方面履行的义务。企业社会责任是指企业的经济责任、法律责任、伦理责任和自愿责任（慈善责任）之和。经济责任是指公司股东要求投资的合理收益，员工要求稳定且收入相当的工作，客户要求产品质量好且价格公道等，经济责任是企业作为经济单位生存与发展的根本理由与原因，也是履行其他责任的基础；法律责任要求企业遵守法律规定，"遵循游戏规则"是企业必须履行的责任；伦理责任要求企业行为正确、公正和合理，符合社会准则、规范和价值观；慈善责任包括慈善捐助，为员工及家属提供生活设施，支持当地学校，支持文化体育活动等。英国学者约翰·埃尔金顿提出"三重底线"理论，认为企业行为要满足经济底线、社会底线与环境底线。满足三重底线，不仅是衡量和报告企业的经济、社会和环境业绩，而且包括一系列的价值观、问题和过程，企业要考虑利益相关方与社会的期望，控制业务活动对社会和环境可能产生的不良影响，追求经济、社会和环境价值的基本平衡。"三重底线"理论提出之后，逐渐成为理解企业社会责任概念的共同基础，即从企业与社会的关系出发，企业要承担最基本的经济责任、社会责任和环境责任。企业不仅要对股东负责，追求利润目标，而且要对社会负责，追求经济、社会和环境的综合价值。

在企业社会责任问题得到社会的广泛关注后，还有众多学者对企业社会责任进行了深入研究，提出了各自的定义。

3. 发展期（20世纪末至今）

进入21世纪以来，经济全球化趋势深入发展，履行社会责任日益成为全球企业的共同义务、挑战和追求。包括联合国在内的众多国际组织，分别从不同角度对企业社会责任进行了定义。例如，在联合国"全球契约"（Global Compact）中，提出企业履行社会责任，应遵循"全球契约"十项原则，包括人权、劳工、环境和反贪污四个方面。世界银行认为，企业社会责任是企业与关键利益相关方的关系、价值观、遵纪守法以及尊重人、社区和环境有关的政策和实践的集合，是企业为改善利益相关方的生活质量而贡献于可持续发展的一种承诺。国际标准化组织认为企业社会责任是企业对运营的社会和环境影响采取负责任的行为，即行为要符合社会利益和可持续发展要求，以道德行为为基础，遵守法律和政府间契约，并全面融入企业的各项活动。

目前国际上普遍认同的"企业社会责任"的概念是指：企业在创造利润、对股东利益负责的同时，还要承担对利益相关方（消费者、员工、社会和环境等）的社会责任，包括遵守商业道德、生产安全、重视员工合法权益、保护环境和节约资源等。企业承担社会责任就是要满足这些关系密切的利益相关者的愿望和要求，实现利益相关者对企业的满意。

（二）企业社会责任的范围

企业社会责任对象所囊括的所有内容也就是企业的社会责任范围。企业应从以下三个层次确保履行企业社会责任，满足各利益相关方的愿望和要求。

（1）法律责任。自觉遵守法律规范，是企业生存与发展的基础与前提，是企业必须履行的基本的社会责任。

（2）经济责任。企业不仅为股东和投资者创造价值，实现盈利，提供投资回报，而且为员工、用户、伙伴、社区等其他利益相关方创造价值，为消费者提供优质的产品和服务，与用户、商业伙伴、社区等共同发展、合作共赢。

（3）道德责任。企业自愿遵循更高的商业伦理标准，激发员工创造活力，凝聚利益相关各方力量，提升企业核心竞争力的内在要求。

五、人本管理理论

（一）人本管理的内涵

人本管理是一种把"人"作为管理活动的核心和组织最重要的资源，把组织全体成员作为管理的主体，围绕如何充分利用和开发组织的人力资源，服务于组织内外的利益相关者，从而同时实现组织目标和组织成员个人目标的管理理论和管理实践活动的总称。一般认为，人本管理是一系列以人为中心的管理理论与管理实践活动的总称，它是与"以物为中心"的管理思想相对应的概念。有的学者将人本管理概括为"3P"管理，即 of the people（企业最重要的资源是人和人才）；by the people（企业依靠人进行生产经营活动）；for the people（企业是为了满足人的需要而存在）。基于这一理论，提出现代企业管理的三大任务是创造顾客、培养人才和满足员工需要，人自始至终处于企业经营管理的核心地位。

有的学者将人本管理划分为五个层次，即情感管理、民主管理、自主管理、人才管理和文化管理。这种理论承认企业目标和员工目标的一致性，因此在企业内部采取职工参股、目标管理、质量管理小组、划小核算单位、分权制、公司内部市场化、合理化建议、成立工作团队等管理措施。

　　有的学者将人本管理划分为两个层次，认为第一层次含义的人本管理是"首先确立人在管理过程中的主导地位，继而围绕着调动企业人的主动性、积极性和创造性去展开企业的一切管理活动"；第二层次含义的人本管理是"通过以人为本的企业管理活动和以尽可能少的消耗获取尽可能多的产出的实践，来锻炼人的意志、脑力、智力和体力，通过竞争性的生产经营活动，达到完善人的意志和品格，提高人的智力，增强人的体力，使人获得超越受缚于生存需要的更为全面的自由发展"。

　　（二）人本管理的内容

　　人本管理是一种把人作为管理活动的核心的管理理论和方法，它的具体内容的发展又分为三个层次，每个层次的人本管理内容都包含思想理论、制度设计、管理方法三个方面的内容。人本管理的内涵还有狭义和广义之分，狭义上的人本管理主要考虑的是企业物质资本所有者（传统意义上的所有者）和人力资本所有者（企业内部员工）的利益，而广义上的人本管理还必须考虑到企业的社会责任，体现着对企业外部主体的人文关怀。

　　第一层次的人本管理理论的主要内容包括：①重视人在企业中的地位与作用，把人作为管理的核心和企业最重要的资源来开展经营管理活动；②对人的本质和心理活动的重新认识，如人性假设理论、激励理论；③采取有效的制度设计和企业管理活动来最大限度地调动员工的主动性、积极性和创造性。第一层次人本管理的主要特点可以用"识人""用人"来概括，其本质上是一种"手段人"的功利主义思想，企业进行人本管理活动的目的还是服从于企业物质资本所有者的利益，服从于企业利润最大化目标。这是早期人本管理理论（如人际关系学派、行为科学理论）研究的主要内容。

　　第二层次的人本管理理论已经从"手段人"的功利主义思想提高到"目的人"的层次。其主要内容除了涵盖第一层次的内容外，还包括：①实行参与管理、民主管理，使全体员工既成为管理的客体，也同时成为管理的主体；②重视人才的选拔、培养和保护，加大企业人力资源开发和人力资本投资的力度，员工本身也成为管理活动的服务对象；③创造良好的企业文化氛围，铸造员工的共同行为模式；④为适应复杂多变的环境，开展团队的合作和学习，进行组织修炼，建立学习型组织。第二层次的人本管理思想已经从单纯的"用人"上升到"育人""服务于人"，企业的全体员工都可能成为管理活动的主体，企业开始关注员工和企业的同步发展，这是个巨大的进步。"目的人"层次上的人本管理理论是在企业人力资本所有者地位上升，管理活动的目标多元化的背景下产生的，相关的理论主要有现代人力资源开发与管理理论、人力资本投资理论、企业文化理论、团队理论和学习型组织理论。

第三层次的人本管理理论使管理活动的服务对象从企业的"内部人"扩展到企业的"外部人"，其主要内容除了涵盖上述两个层次的内容外，还有以下新的内容：①企业的目标是争取合理的利润，企业发展的最终目的是为社会提供尽可能多、尽可能好的产品和服务；②除了追求企业内部利益外，还要关注企业的社会责任，为社区建设、环境保护、文化发展做出自己的贡献。现代物质文明的发展和技术进步在为人类创造了巨大的物质文明的同时，也导致了环境污染、生态失衡、人类的生存条件恶化，造成人的价值的失落，一些企业唯利是图的行为给社会、给企业自身带来了很大的危害，追求广义上的人本管理目标，对于追求社会的可持续发展、弘扬人性的价值具有重大的现实意义。

三个层次的人本管理理论构成一个同心圆，位于圆心的是"人"，从圆心往外，依次是三个层次的人本管理内容，它们构成一个连续统一、不可分割的发展体。其中，第一层次和第二层次的人本管理理论主要是服务于企业的所有者和内部人，我们把它称为狭义上的人本管理理论，包括第三层次的人本管理理论将管理活动的服务对象扩大到企业之外的利益相关者，关注到企业的社会责任，我们把它称为广义上的人本管理理论。

可见，人本管理理论是由众多相关理论组成的一个理论体系，该理论在实践中的应用就是人本管理活动。企业的人本管理活动既可以是企业内部的制度设计，也可以是具体的管理行为，只要这些制度设计和管理行为把人作为管理活动的中心，都属于人本管理实践活动的范畴。

（三）人本管理的基本特征

（1）人本管理的核心是人，它把人置于组织中最重要的资源地位。这是人本管理与以"物"为中心的管理的最大区别，它意味着企业的一切管理活动都围绕如何识人、选人、用人、育人、留人而展开。人成为企业最核心的资源和竞争力的源泉，而企业的其他资源（如资金、技术、土地）都围绕着如何充分利用"人"这一核心资源，如何服务于人而展开。

（2）人本管理的主体是企业的全体员工。人本管理是一种全员参与的管理，在实行人本管理的企业中，每位员工都是真正主人，不只是做"该做"的事，还要做"该做"以外"应做"的事，管理人员和普通员工之间是一种合作分工关系。在工作秩序上不是由上到下的控制导向的传统管理模式，而是鼓励全体员工都对工作进行策略思考，形成上下双向交流的自主工作秩序。企业管理者的工作重点是在组织结构重整之后，搞好授权与激励，让每位员工都能享受权利、信息、知识和酬劳，从而使人人都有授权赋能的感受。

（3）人本管理实现组织目标的主要方式是利用和开发组织的人力资源。由于人才成为企业竞争力的源泉，成为决定企业兴衰成败的决定性因素，所以企业要想在竞争中取得优势，唯一的途径只有利用和开发本企业的人力资源。同时因为知识的更新速度不断加快，企业需要不断追加对员工的人力资本投资。

（4）人本管理活动的服务对象是组织内外的利益相关者。传统意义上的企业形态是一种所有者的企业，更确切地说，是一种资本所有者的企业，这种企业形态是和工业化中前期的生产力水平相适应的。在当时，产品的知识含量不高，资本成为最稀缺的生产要素，资本所有者取得了企业的控制权和企业的剩余索取权，古典企业中资本所有者和企业经营者合一的现象强化了这一现象。但是在后工业社会，首先是"经理革命"的出现，独立的职业企业经理阶层逐渐取代资本所有者掌握了企业的控制权；而后是新技术革命的兴起，企业产品的劳动复杂程度和知识含量不断提高，员工已经不单纯是早期那些简单劳动力，而成为拥有一定人力资本的知识型员工了。现代新制度经济学把企业定义为物质资本所有者和人力资本所有者的一种契约，赋予企业的全体员工（包括经理阶层和一般员工）人力资本所有者的地位，从而使他们和企业物质资本所有者一样拥有控制企业、分享剩余的权力。人本管理正是以这一理论作为开展企业管理活动的基础，既然企业的全体员工是企业的所有者之一，就应该都是管理活动的服务对象。随着社会的发展进步，企业组织的目标更加趋于多元化，它除了要实现经济目标、对股东负责以及实现员工的个人发展目标之外，还必须关心顾客的利益、遵守国家的法规政策、关心社区的公益事业、保护资源和环境，把企业自身的经济目标和社区的发展规划、国家的发展目标结合起来。只有这样，企业才能树立良好的形象，得到公众的普遍支持，从而取得更大的发展。时下国外企业流行的"绿色管理"所采用的一些做法，如尽量减少企业生产过程中的环境污染、使用可回收的材料做包装、生产绿色的天然食品等，都反映了这种广义上的人本管理精神。

（5）人本管理成功的标志是组织的目标与组织成员的个人目标都能得以实现。传统意义上的企业是一个经济组织，企业的控制权和剩余索取权归股东所有，企业的经理阶层代理股东行使管理权力，并对股东大会负责。企业管理是否成功的衡量指标是看企业的经济效益状况如何，它直接表现为短期内的经济指标如企业的利润率情况，或者长期经济指标如企业股票市值的高低，这实际上反映的是企业资本所有者的利益。但是，在施行人本管理的企业中，全体员工都成为管理活动的主体和服务的对象，管理活动成功的标志不但要看原有的组织经济目标（反映的主要是物质资本所有者的利益）是否实现，还要看组织成员的个人目标是否实现。只有将组织目标和员工的个人目标有效地结合，才能增强企业的凝聚力，充分发挥全体员工的主动性、积极性、创造性，使企业获得长久的发展。所以，很多实行人本管理的企业都帮助员工制定职业生涯发展规划，以求企业发展和员工个人发展的协调统一。

（6）人本管理是一种思想理论体系和管理实践活动的综合概念。它是一系列关于如何识人、选人、用人、育人、留人的思想理论的综合。组织在上述理论指导下自发或自觉地开展的管理实践活动，我们通常也称为人本管理。

第四节　企业道德治理体系

一、公司治理结构

目前，关于企业道德治理体系研究较少，可以借鉴经济体系的公司治理结构，构建企业道德治理体系。

（一）公司治理结构的内涵

公司治理结构，一般我们也称之为公司法人治理结构，公司被法律赋予了人格，成为了公司法人。公司法人人格的提出使公司法人永久存续下去，克服了自然人生命的局限性，公司法人的存在不依赖其成员的生命，在理论上达到永久存在。同时，法人的人格性质统一对外，有效排除了交易障碍，使团体获得对外的统一形式，从而为法人独立进行对外交往提供便利。这样的组织需要有相适应的体制和管理机构，使之具有决策能力、管理能力，行使权力，承担责任。这种体制和管理机构被称之为公司法人治理结构，也可以称之为公司内部管理体制。这种结构使公司法人能有效地活动起来，是公司制度的核心，是现代企业制度中最重要的组织架构。狭义的公司治理主要是指公司内部股东、董事、监事及经理层之间的关系，广义的公司治理还包括与利益相关者（如员工、客户、存款人和社会公众等）之间的关系。研究公司法人治理结构，必须明确其目的和意义。首先，公司法人治理结构有利于建立一个符合社会主义经济制度的、符合中国国情的公司制。公司制是产生于西方经济制度下的一种商业组织形式，由于它是在资本主义制度条件下产生并发展起来的，所以难以完全适用于中国的经济发展模式。而要使之符合具有中国特色的社会主义国情，就必须对公司制有深入的了解。其次，公司法人治理结构有利于解决现在已经出现的公司治理结构不合理的问题。如在产权问题中，特别是国有企业改制为公司法人之后造成的产权不清、权责不明等；中小股东的权利难以得到保护；董事会内部机构不合理，存在权力过大或偏小；独立董事制度尚需完善，监事会处境尴尬等问题。

（二）西方国家公司治理结构的发展

西方国家公司治理结构是随着公司法的演进而不断发展的。要深入了解西方国家公司法人治理结构的发展，有必要回顾西方国家公司法发展的历史进程。

公司法孕育于西方特殊的经济社会土壤，在漫长的历史进程中演变出各种不同的形态，并逐步为各国法律所认可，成为具有独特意义的法律形态。自古罗马时期开始至现代社会，自由商业实践所造就的各种公司法律形态在发展历程上表现出边缘的重合，每一个历史阶段都有其占主流地位的公司法形态，不同的公司法形态之间既具有关联性，又具有独立性。为了能够更为清晰地认识西方公司法形态的历史演变，我们以经济社会的历史进程和公司自身的发展特点为依据，大致将公司法律形态在西方的发展分为三个阶段。

第一阶段是从古罗马时期到 15 世纪。该时期是简单商品经济社会的早期，生产力水平低下，商品生产和经营建立在生产资料私有制和个体劳动基础之上，商品交换行为也是在个人之间进行。随着生产力的不断提高，社会分工进一步发展，出现了合伙组织形式的团体，形成了合伙契约的萌芽。商业阶层的出现，为乡村农业社会演化到城市的工业化社会奠定了基础，逐渐形成了行会组织、家庭企业、康曼达、所塞特等商业组织形式，成为公司形式的早期萌芽。

第二阶段是从 15 世纪至 19 世纪末。该时期西欧国家开始逐步开辟世界市场的"冒险"运动，致力于建立更为广阔的国际贸易关系。伴随经济贸易的高速发展，社会需要更加稳定的商业组织，使得个体与组织体的关系更为明晰，为满足稳定性社会需求的变化出现了无限责任公司的形式。法国颁布的《路上商事条例》首次规定了无限责任公司的组织形式。最早对股份有限公司进行立法确认的是《法国商法典》，对股份有限公司真正的产生，一般认为是东印度公司在发展过程中开启的。东印度公司建立了一个双层架构，凡是享有投票权的股东都可以参加股东大会，每日的管理工作则交给董事会负责，下设 7 个不同的委员会处理相应事务，这时已经出现了基本符合现代法人公司的治理结构。此时的公司管理结构已经表现出一些基本的优势：一是通过扩大股东范围以募集更多资本，并且实行资本统一运作；二是促使所有权与经营权相分离，满足不同投资者的不同需求；三是借助贸易损失按股本比例分摊设计，有效分散投资风险。资本主义经济的持续发展不仅需要股份有限公司这类大型商业组织，同时也需要中小型的企业组织形态。尽管股份有限公司的内部组织架构有利于保障股东的平等权利和公司经营效率，但公司设立程序极其烦琐，股东流动性大，经营状况又需要适时对外公开，这使股份有限公司难以符合中小企业稳定合作的需求。为了满足不同投资者的实际需要，扩大有限责任的适用范围，德国率先颁布《德国有限责任公司法》，创造设计有限责任公司，此立法迅速被许多国家效仿。一般来讲，有限责任公司股东人数较少，不对外公开发行股票，股东不得任意转让股份，全部股东均以出资额为限承担责任，因而其设立程序较为简便，内部组织结构也较为简单灵活，适合于中小规模的生产经营活动。尽管在股份转让方面受到更多限制，以至于股东事实上面临管理层决策失误等导致的风险，但相较于股份有限公司，有限责任公司简化了运作机制，排除了投资者资金约束和规模经济的两难困境，有限责任公司一经产生便在世界范围内迅速传播并被广泛接受。总的来说，与之前出现的公司法不同，有限责任公司更大程度上是法学家、经济学家等联合设计的产物，并非源于客观经济实践的需要而自发产生。这种有意识的公司制度设计使有限责任公司能够很好地适应资本主义经济的发展，逐步成为世界范围内数量最多的公司法律形态。

第三阶段是从 19 世纪至今。现代公司出现后并不断发展演变成为适应社会经济发展的公司组织形态。现代公司是在自由化过程中逐步建立起自己独特的行为制度与模式的商业组织形态。如果说新大陆的发现和新航线的开辟是近代公司形成的诱导因素，那么现代公司制度的确立与发展则得益于新技术革命。早在工业革命时期，资本主义生产完成了从工场手工业向机器大工业的过渡，生产力大幅度提升，公司的作用日益凸显，尤其是适合于社会化大生产方式的股份有限公司成为当时社会的主要公司形态，许多独资企业和合伙企业都改组为股份有限公司。但是，此阶段的公司规模较小，所有权与经营权只在很低的程度上相分离。到第二次技术革命后，重工业获得迅速发展并占据主导地位，技术的革新带动社会生产方式巨变，公司成为加速资本集中和垄断形成的有效工具。第三次科技革命进一步推动社会化生产，市场容量急剧增加，生产要素的相对重要性进一步从劳动力向资本转移，推动现代公司的规模化经营，许多公司不仅规模巨大，而且形成垄断集团，跨国公司也得以产生并快速发展。在经济社会历次革新的助推下，公司组织体随之发生重大的变革，逐步彰显现代性特征，主要体现在两个方面：其一，与资本主义经济由自由竞争走向垄断不同，公司设立是由垄断走向自由。近代公司存在的历史阶段是特许制盛行的时期，公司的设立通常采用国王或政府颁发特许状的形式，特许状赋予公司特定领域的垄断权，公司在一定范围内承担部分行政职能。但自 19 世纪以后，公司开始由特许设立向自由注册转变，政府不再赋予公司垄断特权，同时降低公司准入门槛，放宽对公司的限制。也就是说，投资者可以根据自身的投资偏好选择不同的公司组织形式进行登记注册，无须特定文件的批准，这一方面使不同的公司拥有平等的法律地位，另一方面使公司不再受政府管控，从而成为市场化的商业组织。其二，随着公司规模的扩大，公司所有权与经营权实现彻底分离。工业技术革命带来更多的递增收益机会，同时也需要更多的资本投入以提高产能，事实表明，资本主义国家政府角色的转变为公司创造了宽松的发展环境，通过赋予公司更多的自主权利促使其进一步改良，公司内部结构和外部结构均有实质性的变化，在国家政治经济生活中也发挥越来越重要的作用。由于客观因素发生有利改变，投资者不但可以根据自身的需要选择适合于获利的公司法律形态，而且可以在商业实践中创造新型公司形态并最终获得法律确认，公司法律形态因此呈现多元化的发展态势。

从西方国家公司立法的历史可以看到，在西方早期的公司立法中普遍注意规定公司中的股东权限，特别是体现股东意志的股东会的权力，"谁出钱，谁管理"的原则让位于"谁出钱，谁决策"的原则。形成了以股东为中心的公司治理结构，公司的成员就是股东，他们是公司的最终所有者，也是公司的最高权力机关。因为当时公司规模尚小，业务较为简单，股东持股比例较高，股东人数不多，易于参与公司管理和决策。但是，随着西方经济的快速发展，将股东大会作为公司核心机构的做法暴露出了许多问题，面对市场的激烈竞争，公司需要有高效的经营决策和经营机制，公司对于这些问题，不可能在一年一度的股东大会上解决，因此核心机构的做法，不能对公司发展方向有一个及时可靠的决策。出现了公司股东权限弱化、公司董事会权限强化，核心机关由股东大会逐渐向董事会转化的趋势，形成了以董事会为核心的中心主义。随着公司股份流转加快、股份日益分散，出现了由少数大股东和大量小股东共存的局面，小股东实力微弱并且缺乏应有知识、精力、时间和财力对公司进行管理和决策，大公司的控制权中心由股东会向董事会转移。公司董事会中心主义，赋予公司董事会的经营权力越来越大，其弊端日渐暴露，为弥补公司监督机制方面的缺陷与不足，应采取相应措施完善对股东与公司债权人的保护制度。

（三）我国公司治理结构的发展

我国公司法人治理结构组织形式产生发展较晚，从中华人民共和国成立以来对私营企业的社会主义改造，到允许存在国营集体企业，再到后来仿效苏联建立职业化生产的大、中、小型企业相结合的生产体制，都不是现代意义上的公司制，也就当然不存在公司法人治理结构的问题。这一阶段的法人治理结构是基于当时的计划经济而产生的，主要表现是：政企不分、权责不明、产权不清、管理不科学。我国公司法人治理结构这种组织形式，在党的十一届三中全会后，国家实行改革开放政策，逐渐建立起具有中国特色的社会主义市场经济，公司制才得以诞生。随着改革开放的进一步深入，公司的普遍建立，立法对公司进行规范就显得非常重要。1985年，有关部门开始了起草公司法的准备工作，在之后的两次公司大整顿中，总结出了不少经验并发现了一些问题，其问题是：资金不真实，政企不分、官商不分；公司组织形式混乱，公司法中的公司与企业法中的企业概念混淆，无法识别；公司内部管理和分配制度混乱，缺乏必要的监督约束机制，从而导致以权谋私、职权贪污现象的产生。1992年5月，国家体改委等单位发布了《股份制企业试点办法》《股份有限公司规范意见》《有限责任公司规范意见》三个文件，使中国公司法有了雏形，对法人治理结构也有了具体的规定。随着中国经济发展和改革开放的步伐进一步加快，政府机关对公司的越权管理与中国经济发展和改革开放的政策越来越不适宜。1992年8月，国务院正式向全国人大常委会提出公司法草案，之后全国人大法制工作委员会在国务院有关部门拟定的上述草案的基础上，调查研究了一些地方在开办公司中取得的成功经验，并参考吸收了世界经济发达国家公司法立法的优点，征得中央、地方、法律专家、经济专家的意见，起草了《中华人民共和国公司法》，并在第八届全国人大常委会第五次会议上通过，中华人民共和国第一部《公司法》诞生了。虽然中国在公司立法和公司法人治理结构方面落后于资本主义发达国家，但是在完善公司法人治理结构中还是取得了巨大的发展，从企业产权不清、政企不分、权责不明、一人决策到初步形成"三机构"相互制约和分权的结构，其进步是不可否认的。

（四）我国公司治理结构存在的主要弊端

当前我国公司治理结构存在一些明显的问题：首先，股东股权分布不均衡、过于集中。在有限责任公司中主要表现在"绝对控股人"的出现；而在股份有限公司中则存在"一股独大"现象，在部分国有企业改制过程中，国有企业改为公司制，其公司股份中的国有股比重过高。一些国有企业在改为公司制的过程中排斥其他股份的注入，忽视公司法中关于国有独资公司只能适用于国务院确定的生产特殊产品的公司或者属于特定行业的企业的规定，将本应该成为投资多元化的公司，改为国有独资公司。这样做的后果就是导致股权过于集中、分布不均衡。其次，部分股份有限公司的法人治理结构流于形式。在国有独资公司中，基本没有股东大会，而且其董事会成员和经理层人员都是由行政部门委派和任命的，其中的大型企业集团多是国家"授权经营"。由于国有资产管理体制改革还不到位，国有股东不明确，加之人事制度改革不配套，在董事、监事、经理任命的过程中没能引入竞争机制。没有形成完善的股东大会与董事会之间的独立和制衡关系，治理结构如无根之树。最后，《公司法》在治理结构方面的规定过于简单，在实践中缺乏可操作性。如对董事、监事、经理义务和责任的规定，股东之间的关系、股东与公司之间关系的规定均非常简陋，难以形成股东与股东、股东与公司经营管理层之间的制衡关系。存在以上问题可能导致的后果：一是董事权力过大，本应对董事进行制约的股东会徒有其名，其权力转移到了董事会，而监事会的处境则更为尴尬，成为了"花瓶"机构。二是大股东和小股东的分化日益明显，原有法律对股东的平等保护对小股东而言形同虚设，因此，现代公司对法人治理结构完善的一个重要方面就是要加强对股东之间关系的调整。

（五）我国公司治理结构的改善途径

根据我国公司治理结构存在的主要问题，其改善的核心要义为：通过加强董事的义务来限制董事的权力，以达到削弱董事会权力的目的，实现平衡董事会与股东会二者之间的关系，建立起完善的董事忠实义务机制。董事的忠实义务包含了对公司的诚实和善意的义务，以及不使个人义务与个人私利发生冲突，具体包含以下几个方面：第一，完善董事禁业制度，将"绝对义务"变为"相对义务"。我国《公司法》规定："董事、经理不得自营或者为他人经营与其所任职公司同类的营业或者从事损害本公司利益的活动。从事上述营业或者活动的，所得收入应当归公司所有。"由此可见，《公司法》对董事的禁业是有明文规定的。第二，禁止董事利用公司的机会谋取利益。所谓利用公司的机会谋取私利，是指董事利用从事职务行为时所获取的本应属于公司的商业机会为自己谋取私利。我国《公司法》规定："董事、监事、经理应当遵守公司章程，忠实履行职务，维护公司利益，不得利用在公司的地位和职权为自己谋取私利。"从该条规定的内容看，可以推导出禁止董事利用公司机会为自己谋取私利的规定，但也正是因为该条规定的不明确、过于简陋而使其不具有可操作性。其基本目的是要求董事会应当具有一定经营管理能力以及在经营管理中要尽心尽力。目前我国《公司法》对董事忠诚职守义务只字未提。《公司法》在此方面做出相应法律规定具有特殊的重要意义。国有企业通过股份制改造后，国家与企业的关系变成了股东与公司的关系，理论上国家通过行使股东权控制公司，实际上是通过选举董事会成员来控制公司，在这种情况下，根据股东权与公司法人权力之间的制衡关系，就应当全面、详细地规定董事的义务。

同时，通过实施累积投票制来提高小股东地位，通过限制表决权来削弱大股东的权力。具体做法如下：第一，实行累积投票制。累积投票制始创于美国，所谓累积投票制，是指公司在选举董事或监事时，股东所持有的每一股份都拥有与所应选举的董事或总人数相等的投票权的制度。据此，股东既可以将其所有的选票集中投向一人，也可以分散选举数人。通过股东大会选择管理者是股东实现其权力的重要内容，因而也体现了表决权的重要功能。在公司机构权力重心向董事会转移的现代公司中，这一点尤为明显。由于传统的一股一票和资本多数表决原则使公司董事会完全由大股东所控制，沦为大股东的附属物，人们开始采取累积投票制以遏制其弊端。与传统的资本多数表决原则相比，累积投票制使中小股东将选票局部集中，以此方式选出代表其利益的董事，从而在一定程度上平衡了大股东与小股东之间的利益冲突。第二，限制大股东表决权。随着经济的发展，在一些特殊情况下，实行绝对的一股一票表决权会造成表决权操纵，直接损害股东利益，从而违背一股一票表决原则所体现的平等精神。因此，现代公司法对这些特殊情况下的股份表决权进行限制，其结果是形成了两大类股份，一类是无表决权股，另一类是限制表决权股。

二、公司治理结构模式

世界各国的公司治理结构大致可以分为以美国为代表的英美法系国家普遍采用的英美模式；以德国为代表的大陆模式；以及以日本为代表的家族模式，该模式在大陆法的基础上吸纳了英美法中的某些规定，具备自身的特点。

（一）英美模式（市场主导型）

英美法系国家资本市场发育成熟，法律制度较为规范。以美国为典型，美国公司法主要由三个部分组成：一是各州立法机构通过的普通公司法；二是由美国国会通过的联邦法；三是美国各州及联邦法院在解释成文法的过程中，积累大量案例，形成各州及联邦法院的案例法。美国在公司法人治理结构上实行单一委员会制，其最大特点是股东大会之下只设董事会，不设监事会。根据各州公司的规定，公司设立股东大会，全部由公司股东组成，是公司的最高权力机构，行使州法授予的权力。由股东会选任董事组成董事会，公司战略决策全归董事行使，董事会聘用高级职员负责具体经营，董事会负责监督高级职员的经营活动。该模式主要依靠外部力量来约束经营者的行为，这些外部力量包括基金及保险公司、中介机构、金融机构等。这类外部主体的局限性表现为，首先，在公司中持股份额相当微小，加之股权结构不稳定，因而在公司中发言权非常有限，一般股东不可能对公司施加有效影响。当公司在缺乏市场约束的作用下，极易出现败德行为和财务舞弊，导致公司股价下跌，继而引起竞争对手的察觉，并通过暗箱操作促使并购或监管行为的发生。因此，这类不利行为的威胁会促使机构投资者为企业利益而努力工作。其次，美国健全的法律市场、发达的社会舆论、规范的监督机构都为上市公司经营者的行为提供了约束。通过立法、制定交易规则、面向公众披露企业年报、成立各种机构委员会等形式，致力于推动公司治理结构的科学性、民主性。对于员工严重损害企业利益的违法行为，给予行政处罚、开除、警告、名誉丧失等打击措施。这些内容都有效地约束了管理者的行为，降低了公司的经营风险。美国公司法治理结构中董事会中心主义在开始时表现激进，经过不断发展既体现了现代公司法人治理结构的发展趋势，又体现了对股东的"终极关怀"。

（二）大陆模式（内部治理模式）

大陆模式中以德国公司法人治理结构比较典型，同时，仿照政治上的立法、行政、司法三权分立的做法体现分权原则，将公司的决策、执行、监督三种权力分开，设置了股东大会、董事会、监事会分别作为公司的意思决定机关、业务执行机关和监督机关，这种双层制由监事会和董事会共同经营公司。其大陆模式中显著特征为法人持股比例过高的股权结构，且法律对法人持股的上限没有做出规定，导致交叉或循环持股的现象特别常见，在银行和金融机构中居多。法人相互持股有利于维护企业间关系的稳定性，防止恶意收购的发生，确保了商业关系。同时，银行和保险公司在公司治理中占据重要地位，企业向银行进行贷款获取资金，银行持有企业的大多数股份，保持绝对控制地位，监督企业的经营管理。在企业运营良好时，银行不进行干预；当企业业绩下降、面临财务危机时，银行可以通过允许企业延期还款、提供额外资金帮助企业渡过难关、向企业派驻代表等方式，参与到公司治理当中。由于银行和保险公司是企业投资者，对企业的决策拥有主导权，必要时在小股东没有明确反对的情况下，它们可以代表小股东行使表决权。银行主导的持股模式与传统公司治理模式相悖，在这种模式下，银行与企业的关系比较复杂，不仅是单纯的借贷关系，更是管理、投资等多重关系。银行强大的资金实力不利于企业的公平竞争，割裂了企业与外界的联系，封闭局面造成公司一味追求市场份额，资本流动性很慢，外部因素难以对公司业绩产生影响。

（三）家族模式

家族模式多出现于小型微利企业，在东南亚国家比较普遍。其主要特点为公司与家族合二为一，家族成员控股并主导企业经营决策，运作体系通过血缘关系维系。家族式企业在成立初期具有很高的凝聚力，同时以较低的成本完成了原始积累，也降低了代理人风险。但在企业扩张后期会涌现一系列问题，比如家族成员之间争权夺利、人员冗余、对外部人才的排斥不利于企业创新、管理方式落后等。这一模式的直接目标是维护家族利益，企业治理趋向家族化，核心位置由家族成员担任，个人决策的独断性、盲目的排外性、发展资源的有限性在很大程度上限制着企业的生命周期。虽然家族模式降低了人力成本和交易成本，工作环境和谐，但随着企业规模的扩大，弊端逐渐显露，如管理模式平庸、技术落后、成员权利和义务的模糊，都给公司的经营管理带来了巨大风险，单一的公司治理架构增加了其违背法律法规、操纵利润和财务舞弊的风险。家族企业发展到一定程度，必然会与企业现代化管理方式脱节，通过合并控股的方式实现产权的多元化，建立家族成员任职考核体系、处理好资源配置与优化问题，对于降低经营风险，实现可持续发展具有积极意义。

三、企业道德治理模式

（一）国外企业道德治理模式

1. 伦理组织

在古希腊时期柏拉图就提出过伦理组织设想，柏拉图在《理想国》中就对政府工作人员进行了理想设计，对其伦理方面提出了要求。伦理组织是指各种经济、政治、文化等组织体制基于伦理管理的需要而创造的一个以道德规范为主要内容和基础的，以符合人们达成"道德共识"作为评判标准的，规范组织内行为、规章、决策的专门机构。伦理组织的重要特征就是通过建立相应的道德规范，将组织内的道德管理制度化，实现道德管理。伦理组织作为一种道德监督和评价的组织机构，对行业内的道德规则和伦理运行有着重要意义，并被运用到各行各业。企业界的伦理组织随着市场经济的发展，一些商业诈骗、环境污染、侵害消费者权益等违法不道德现象多有发生，促进其不断发展。企业内部开始成立了独立的伦理机构，对企业的日常经营行为进行伦理监督，实现企业伦理管理机制运行。企业伦理组织的建立可以促使员工达成精神共识，建立共同信念，增强企业凝聚力，促使企业精神文明建设，发展企业文化软实力，增强企业综合竞争力。企业伦理组织将企业伦理贯彻到企业活动中，在企业运行过程中进行伦理咨询、评价、审查、监督、道德教育和培训，这就要求企业伦理组织成员，要代表不同群体利益和价值立场，同时具备一定的道德能力，以保证企业伦理组织合理有效运行。企业伦理组织是企业主动承担其社会责任，实现自身伦理管理的重要表现，伦理组织的建设和企业文明建设相辅相成、相互渗透。

2. 道德委员会

20 世纪 80 年代，由于当时国防事业的欺诈与浪费指控增加，美国总统里根任命特别小组专门负责管理控制国防事业中欺诈浪费等不道德问题，并提高国防事业商业行为伦理标准，要求定期举行商业伦理行为的讨论会并在公司内部设立道德委员会，来监督控制国防事业商业行为。典型的道德治理模式必然要说到世界银行道德委员会，世界银行道德委员会的成立起源于前世界银行行长沃尔福威茨涉嫌替他的女友大幅提薪事件，由世行理事会相关成员组成的道德伦理委员会就沃尔福威茨的此项行为进行调查，并最终根据调查结果进行公平裁决，他们认为沃尔福威茨的加薪行为触犯了企业根本利益，是有罪的行为。道德委员会这一机构在面对"掌门人"违反守则但不违法的情况下，对其进行监督，并根据相应情况认定其是否有罪，甚至是否应辞职这一执行职能，更是新颖的。作为诚实守信企业典范的世界银行，道德委员会的制度存在已经成为其必不可少的一部分，一旦企业在发展过程中出现问题，包括伦理问题、违规违纪问题，无论问题的大与小都会受到企业道德委员会的惩罚。简单说就是，即使走法律程序无法解决的问题，依旧有一个部门能够对出现的问题进行制约，道德委员会已经有了一定的权力约束。世界银行道德委员会是由 24 位董事会成员中的 7 位组成，其目的是对银行高级管理人员所做决策提供咨询建议并对其所做的决策进行审查和监督。主要表现为由董事会成员组成道德委员会对银行日常经营中所做的重大决策的正当性进行伦理审查，并为管理层提出建设性意见；对管理制度进行评审和监督，促使银行所执行的管理方法不只是符合组织的效益，也保证员工的合法权益，避免管理活动中不道德行为的发生；对银行其他利益相关者产生的分歧与纠纷提出符合道德规范的建议；对内部做出的各种决策方案进行审理监督，保证银行所做决策不是为了短期经济利益，而忽视公共效益造成其他社会损失；对高级管理人员所做决策的合理性与科学性进行审查，确保管理人员所做决策方案具有现实可行性，并充分考虑方案实施中是否会出现社会道义问题，并做出相应预防与应对措施。世界银行道德委员会已经相对成熟，在对企业精神文明建设、自身良好信誉与形象建立方面发挥了良好的作用。

从国外企业道德委员会建立的经验来看，首先，设置道德主管和道德委员会是企业道德治理的重要环节。在国外，大多数担任企业道德治理的主管都来自于企业的核心部门，比如监察管理部门、人事行政部门、企业秘书部门等。可以看出道德主管基本都是由公正的、值得信赖的、可靠的和谨慎持重的人来担任，在国外的企业道德主管不仅具有相对较高的行政级别，同时具有直接与企业上层管理者进行交流的权利，常常还会被赋予更多其他部门不具备的权利。道德治理主管人员会对企业的相关项目决策进行道德审查，指导企业管理人员进行决策判断，监督引导企业员工的企业行为，定期对企业员工进行道德培训活动，定期做相关报告，公布企业履行道德责任状况。其次，企业道德委员会依据其在企业中承担角色的职能与性质影响其企业道德治理过程。道德委员会具备较强的专业性，能够解决企业活动中的道德问题与指导相关决策，在一定程度上具有委托人性质与专家性质。最后，道德委员会成员的组成将影响企业道德治理的有效运营。成员大多数来自企业核心管理部门，在企业中具有高度的信任和尊重，能够与企业董事畅通沟通，并能够获得所需资源和支持机制来进行相关项目决策的评估、监督等。道德治理结构中建立道德委员会机构是为公司管理决策提供伦理监督和政策指导的，对那些真正关心企业道德的高层管理者来说，道德委员会还起到提出建设性意见的作用。企业道德委员会不仅是企业道德伦理方向的掌舵手，而且负责召集相关人员，讨论需要高层考虑处理的伦理问题。事实上，完善企业道德治理体系不仅是外部环境的驱使，也是企业发展过程中的内在要求。我们发现道德委员会的设立在实际中能够帮助企业解决在计划、组织、协调、控制等企业的管理活动中遇到的各种道德难题，为企业制定企业道德标准或规范，对可能涉及企业伦理问题的企业管理模式或是生产技术的使用以及企业与利益相关者之间出现的纠纷提出专业的指导建议，审查监督企业的决策目的以及企业的管理决策者、执行者的资格等，承担企业道德教育培训方面的工作。企业道德委员会使企业道德治理制度化，为企业进行道德治理提供了可行的制度方案，在现代企业发展中起到越来越重要的作用。

（二）我国企业道德治理模式的启示

相较于西方国家，我国在企业道德治理方面的研究和实践起步较晚，管理方法与制度建设都处于初步发展阶段。这种不足导致了各种问题的产生，由于缺乏人本管理理念导致企业员工利益受损；伦理制度缺乏导致企业重利轻义、唯利是图；道德组织建设不足导致企业行为忽视可持续发展，环境污染、资源破坏等。我们有必要总结国外企业道德治理实践经验，学习国外优良的伦理制度和科学管理理念，为我国企业道德治理体系建设提供实践基础。

1. 加强企业伦理道德组织建设

伦理道德组织是国外企业经营管理的必要手段。从国外道德建设的实践经验来看，企业伦理道德组织负责处理企业中各种伦理事务，解决企业经营管理活动中出现的各种难题。企业伦理组织可以有效避免由于管理者决策不当导致企业陷入道德困境，为企业发展提供更加稳定长久的动力支持，使得企业在激烈的市场竞争中保持持久竞争力。我国各类企业应尽快建立体现社会主义核心价值观、符合企业实际的伦理道德组织，科学合理构建企业伦理道德组织机构。第一，合理选聘企业伦理道德组织成员。企业伦理道德成员过多或过少都不利于企业道德管理工作的开展。一般而言，企业伦理道德组织机构成员为5~9人，成员必须具有良好道德素养，享有崇高声望，具有良好的分析、判断及处理企业道德问题的能力。企业道德委员会成员不仅要有从事道德管理工作的专门人员，还要有与企业经营项目相关的专业人才。第二，完善企业伦理道德组织机构。为完善我国企业道德治理体系，加强企业伦理道德组织作用发挥，必须从多方面加强和完善我国企业伦理道德组织建设。第三，企业伦理道德组织需合理设置。我国早期企业没有专门的企业伦理道德组织，而是企业经营或决策者在企业运营过程中，通过对自身的道德判断，自觉规避不道德行为，实现利益最大化。这将极大地考验决策者本身的道德素养，企业在经济利益的驱使下，常有违德现象的出现。企业伦理道德组织在不同发展阶段虽名称各不相同，但其基本的道德咨询、道德监督性质大体一致。企业伦理道德组织必须具有明确的道德原则，评价和指导企业在经营管理中遇到的道德问题。

2. 保证企业伦理道德组织权威

为了使企业伦理道德组织不受企业行政权力干预，有效发挥作用，在企业伦理道德组织建设中要明确两点：其一，企业伦理道德组织应是一个独立的权力部门，公司的行政权力不能直接干预其符合道德规范及法律制度的行为，以避免企业领导者在某些决策中与伦理道德部门发生冲突，避免企业领导者为了公司经济利益而迫使道德组织成员放弃对道德制度的维护。其二，企业伦理道德组织必须具有崇高的权威性。企业伦理道德组织的高权威性，能更好地实现其审查监督、教育培训及规则制定等工作的正常开展，避免其在行使自身权力时，因妨害相关部门的权益，而使其在实施过程中受到种种阻碍。

3. 董事会要对企业伦理道德组织提供特别关怀与大力支持

当企业产生道德危机时，能够及时拿出合理的解决方案，做出正确的应对措施，需要企业管理层对道德管理工作提供大力支持，并设置专门的道德主管对企业道德组织的运行进行监督。道德主管是对企业道德组织运行状况进行监察、管理的人员。企业对担任道德主管的人员要求很高，道德主管能得到企业高层管理人员的高度信任和尊重，与企业董事会或首席执行官之间的沟通机制畅通，能够获得所需要的资源和支持机制来对企业实施的项目进行道德评估与监督；企业道德主管能够有效地利用公共论坛、媒介和法律等手段，来实现对伦理管理工作的控制和完善。由于企业的道德准则是由企业高层管理人员制定的，所以企业高层管理人员的道德示范对企业员工的行为影响有着重要作用。企业管理者是企业道德准则、制度的传播者，他们的人格特质、价值取向、行为风格均对企业员工有着重要影响。

4. 强化引导与监督机制

企业道德建设和管理是一个相对复杂的过程，需要建立一定的管理程序，加强道德管理建设方案的落实与执行。不少企业积极进行道德建设，但取得的效果并不显著，反映了其在道德管理落实上的不足。企业伦理道德组织必须高度重视程序管理，良好的程序运作决定了道德管理结果的长久性和有效性，这也是实现社会公平正义的必要条件。企业伦理道德组织建设的完善，在一定程度上离不开政府政策的引导。政府及相关部门应加强对企业行为的引导，制定有效措施，鼓励和促进企业建立良好的道德体制。相应的法律法规建设以及严明的惩治措施，对引导企业建立良好的道德素养，有着重要作用。完善相关政策的引导机制，影响企业道德组织建设的因素很多，除了加强企业内部伦理道德管理机制的建设与完善，也应该加强企业的外部环境包括社会法规和政府政策的引导机制建设。我国正处于市场经济的转型期，良好的市场秩序对社会主义经济建设有着重要影响，而这些秩序建立离不开法律的引导和政策的支持。我国现阶段在规范企业法制建设时，应当通过建立一整套的法律法规体系鼓励企业进行伦理道德组织建设，通过这些法规的约束提升企业伦理道德组织建设意识，提高企业伦理道德组织建设的规范性。政府应制定相应的鼓励政策对建有伦理道德组织的企业给予一定的支持，通过政策上的支持使这些企业在伦理道德建设中有更大动力，提高企业伦理道德组织建设的积极性和创造性，为我国伦理道德组织建设增加新的活力。在我国社会主义市场经济条件下，法律规范体系的建立和完善对我国社会主义经济建设有着重要作用。我们可以采用法律规范的强制力约束，有效抑制企业的非道德行为。在我国市场经济法律体系初具规模的情况下，政府可以根据实际需要制定促使企业实现道德经营的法律、法规，推进信用体系的建立和完善。应当提高执法人员的执法水平，加大执法力度，对违反道德的行为做到及时惩戒，形成守信者受益、失信者承担相应责任的良好氛围，使不道德的经营者难以立足和生存，促使企业的行为趋向道德化，为企业实现道德经营营造一个良好的外部环境。我国是社会主义法治国家，要建立律法严明的社会主义市场经济，必然离不开相关法规的建立健全。与此同时，我们也应充分发挥政府的引导作用，建立相应的法规政策，鼓励企业和社会建设良好的道德制度，形成良好的道德风气，创造良好的企业道德环境。

| 第二章 |
企业道德建设模式

第一节　企业道德建设概述

一、企业道德的构成要素

企业道德是企业及其员工在其生产经营活动中应当遵循的行为规范的总和。从管理学的角度看，企业道德是企业文化的重要组成部分。企业文化就是企业长期以来受一定社会大文化影响而形成的，具有企业自身特点的经营理念、价值理念、道德规范、行为准则、管理风格及传统习惯的总和。企业文化包含三个层面：精神层面、物质层面及制度层面。而企业道德正是企业文化精神层面的核心。企业道德具备了企业文化的基本特征，属于企业文化的高层次意识体系，包含着以下要素：

1. 企业道德原则

企业道德原则是指导企业各部门、团队及个人处理好各种利益关系的根本性原理和准则。企业道德规范建立在企业道德原则的基础上，是各项道德原则的具体实现形式。每个企业都会制定本企业的道德原则，并将之渗透到企业及员工的日常工作中。如企业经常提倡的"质量第一""诚信服务""开拓创新"等便是企业道德原则，而由此制定的许多质量条款、服务规范等则是以上原则的具体化。企业道德原则一经确立，便成为一种稳定的、统一的意识长期指导着企业员工的思想。同时，企业道德原则直接决定了企业道德中各项具体规章制度的基本性质、内容和价值取向，而基于同样的道德原则基础上的各种规章制度在内涵上也必然是协调统一的。

2. 企业道德信念

信念是指人们对于自己生活中应遵循的原则和理想的信仰。企业道德信念是指企业职工对共同的生活和工作的理想、目标、观念和原则的确信、追求和奉守。优秀的企业往往具有明确的企业道德信念。每一个企业都应该从实际出发，用本企业职工容易理解和接受的形式、方法、语言以及途径来表明本企业的信念，并力图让员工信奉这些信念，充分发掘企业员工的智慧、创造力并调动企业员工的积极性。企业道德信念对企业及企业每个成员的行为都具有指导和导向作用。每个员工在制定任何决策及实施相应行为之前，必然以企业的道德信念作为一种分界线，衡量自己的行为哪些是可行的，哪些是不可行的。

3. 企业道德精神

企业道德精神是一种高度综合的道德文化精神和群体道德意识。企业道德精神在组成内容上也相应地具有综合性，包括基本价值观和道德观，还包括促进创新的企业思维方式和行为方式，以及企业精神风貌和生活观念等诸多内容。企业道德精神的这些组成部分，既是相互独立的，具有各自的特殊含义和独特功能，又是紧密联系、相互影响、相互制约的，并且被综合在以现代文化精神为内核的精神整体之中。企业道德精神，作为时代精神与企业个性特征相结合的群体意识，作为企业的优良传统与企业目标追求相结合的催人奋进的精神力量，既有人类精神的一般特性，又有企业精神自身独有的特性，即现代企业道德精神是一个高度开放的体系。任何企业道德精神的产生，都不是由企业中现实存在的某几种精神因素简单拼凑的结果，而是多方面文化精神高度综合的结晶。经过对各种优秀精神文化因素的有意识搜集、加工、概括、提炼和升华，就形成了具有本企业特色的优秀的企业道德精神。企业道德精神一经形成，就会成为企业的一种主导意识，制约和统御企业决策、运筹、经营、管理的全部活动。同时，作为企业整体中的一个单位，企业员工的精神、思想和行为就必然要受到企业精神的制约。优秀的企业精神，可以有效地提高企业员工的精神境界和思想道德水平，将他们各不相同的心理和思想统一到整体精神的基点上来，使之作为一种统一的群体心理和行为而发生作用，步调一致地为实现企业的战略目标和价值追求共同奋斗。

4. 企业道德哲学

企业道德哲学是以企业文化为主导的企业核心群体对于企业如何生存

和发展的哲理性思维，它是一种人本哲学，是企业解决如何在外部生存以及企业内部如何共同生活的哲学，是企业对内外部的一种辩证式的哲学思考，这种哲学思考又决定了企业对于各种事物的偏好。企业道德哲学同时也体现在企业所从事的生产经营活动中，包括企业在创造物质财富和精神财富的实施过程中的指导思想、发展战略、经营方式和管理方法等。但企业道德哲学又并非是通常所说的经营哲学或者管理哲学，因为它不仅关系到企业一般的经营理念，而且涉及企业对内和对外的一种生存的哲学思考，它关心的不仅是管理层面的因素，还有企业伦理等方面的内容，它是企业的辩证思维方式，是企业处理企业与社会、员工、顾客和相关利益群体各种矛盾的方法。企业道德哲学通常包含了三个层次的问题：第一层，即核心层是"企业为什么存在"。问题是解决企业存在的价值，即"我是谁"的问题，就是企业的使命（Mission）、企业生存的价值或者意义。它是与企业的发展阶段、企业家的精神密切相关的。这个结论跟马斯洛的需求层次理论是相吻合的。当一个企业刚刚成立时，要更多地考虑企业的生存问题，就是如何去赚钱，即需求层次中最底层的生存需要；随着企业规模的扩大，企业的生存价值也就慢慢提升，到了最高一层，自我价值的实现，就是我们这里所讲的企业的哲学境界了。企业道德哲学的第二层是"企业的发展目标"。就是"成为什么"，即远景的问题。一个公司的远景（Vision）是全体人员为之奋斗的目标，它必须是前瞻性的、挑战性的，而又必须是宏伟的，就是说它具有艰苦性又具备可操作性，也是激励人心的，有"气吞河山"的功效。企业道德哲学的第三层是"企业如何生存"，即经营理念的问题，这一层次涉及的内容最为广泛，它根据企业所处的行业、地域、关注点的不同而不同，大致可包括对市场、对客户、对员工、对产品、对管理意识等方面的内容。例如，在企业道德哲学中，最难解决的矛盾就是企业追求的目标是"利润"还是"道德理想"的问题。企业道德哲学用以解决企业在社会发展中的各种矛盾，即如何使矛盾转变成和谐，具体来说就是企业与社会、员工、顾客的各种关系如何和谐处理的问题。所以在一定意义上，企业文化就是在企业道德哲学指导下的企业共同价值观体系。企业道德哲学是指导企业经营管理的最高层次的思考模式，是处理企业矛盾的价值观及方法论。企业道德哲学是企业文化的核心和动力源泉，只有在有足够的能力处理企业发展的内外矛盾的前提下，企业才能确立其核心价值观以及围绕价值观的辩证方法论。核心价值观是处理企业各种矛盾的指导原则，是企业道德哲学思想的最集中体现。

二、国内外企业道德建设概况

工业革命让人们享受到了经济发达所带来的物质文明的果实，而接踵而至的便是精神领域所出现的种种问题。人们开始意识到，企业的发展不仅需要资金资源和技术创新，更加需要企业道德所提供的持久动力。中外企业都不再只局限于关注技术力量的创新发展，而转而开始重视企业的道德建设。然而，在企业道德建设的进程中，国内外企业呈现不同的特点，这与东西方经济的发达程度、工业传统以及历史文化均有着不可割裂的关系。

（一）国外企业道德建设概况

国外企业道德建设源于 20 世纪 70 年代的道德危机。西方前后三次工业革命为人类世界带来了空前的物质文明和经济繁荣。按照西方传统的经济学观念，只要经济增长了，物质财富增加了，就会使整个社会发展的目标得以实现。然而，实际的社会历史发展进程表明，这种空前繁荣的景象背后所蕴含的巨大危机却随着时间的推移不断地显示出来——单纯以经济增长为中心是无法获得社会的和谐、长期发展的。与此同时，人们在经济学领域关于可持续发展的探索也取得了新的突破。与传统的经济主义价值观不同，人们已经不再过度地追求物质财富而开始注重精神层面的超越，于是一系列试图超越经济主义价值观局限性的新价值观产生了。西方企业家意识到企业道德建设是企业经营发展中必不可少的一个环节，而企业所扮演的不仅是一个营利机构的角色，同时还扮演着重要的社会角色。20 世纪 80 年代"企业公民"概念应运而生，并在短短的几年内得到了全世界的认同。这种概念认为企业作为一个整体，是社会的一部分，也是国家的公民，有获利的权利，也有履行社会责任、为社会发展做贡献、回报社会的义务。

1997 年，社会责任国际组织联合其他国际组织制定了 SA8000《公司社会责任国际标准》（以下简称《标准》），在《标准》中要求企业在盈利的同时承担社会责任，比如遵纪守法、保护环境、保障人权、反对腐败等，也就是说企业行为要合乎社会道德规范，最终实现可持续发展；20 世纪 80 年代后，企业道德建设的概念逐渐深入人心，并逐步引起一场现代企业管理思想和方法上的革命。这是因为人们发现在激烈的市场竞争中，企业形象力完全可以同人力、物力、财力相提并论，称之为企业经营的第四种资源。市场经济的高度发展有力地促成了消费者消费观念的改变，在企业的形象竞争中，良好的企业社会效益能极大地提高企业形象的竞争力，并带来巨大的经济效益。而企业形象中最重要的便是道德形象。西方企业越来越注重企业自身的道德形象，并且把它放在与技术革新同样甚至更重要的地位。而 20 世纪 90 年代后，西方企业在进行道德建设的同时，更加注重将企业盈利发展需求与社会持续发展的需求相结合，将企业内部员工的物质心理需求与企业效益效率需求相结合。实践证明，这样的建设模式取得了一定的成效，因为它将国家、社会、企业、员工看作一个和谐存在的整体，在这个整体中，各自的利益是一致的。作为社会基本经济单位的企业应当承担相应的社会责任和社会义务，同时社会的繁荣进步、和谐安定也为企业获取自身发展提供沃土。

（二）国内企业道德建设概况

比较而言，我国企业的道德建设发展较为迟缓。中华人民共和国成立以后，我国所推行的是计划经济体制，而大多数企业在道德建设上沿用了当时盛极一时的苏联模式，即主要依托于传统的社会主义教育。这种模式的特征是政治色彩浓厚而人文色彩淡薄。在针对员工的企业道德教育中，往往将政治信念的确立作为第一要务，希望以此来达到提高员工思想认识和道德素质的目的。在这个阶段的道德建设中，企业过于强调国家、社会和企业利益的保护，而轻视个人利益的获取。随着时代的发展，我国从计划经济时代进入了市场经济时代。市场经济时代最显著的特征在于开始关注经济效益。这时候，我们的企业道德建设中政治教育成分开始减少，逐渐开始强调职业道德、质量观念等要素的教育。此外，改革开放后，许多国有企业及民营企业家们开始将企业管理的目光投向西方，引进了西方许多先进的管理理念，其中也包括企业道德建设的理论。在这一时期，国内的众多企业处于道德建设的探索时期，开始寻求适合本土文化、历史传统的有效模式。在这一时期，国内许多优秀的企业也将自己成功的道德建设理念和实践经验作为模式进行推广。由于不同企业在历史文化、行业背景、人员构成等方面的具体情况不尽相同，因此企业道德是具有个性特色的。但目前我国企业道德建设缺乏个性，国内企业在进行道德塑造时，总摆脱不了"以人为本、团结、拼搏、创新"这样的企业理念。企业道德受很多因素影响，包括创业者的个性、行业特点、企业历史、远景目标、发展战略等，企业道德应该是企业对自身成功经验与思想的总结和提升，因此，应该具有很强的独特性。此外，国内企业道德建设缺乏核心理念。有些公司在谈及企业道德时，从远景、使命、哲学、精神，到人才理念、营销理念、研发理念、竞争理念等一应俱全，缺乏核心价值观的提炼。我国企业道德所面临的基本问题是：如何引导企业员工正确认识和处理企业利益和个人利益的关系，如何构建一种完善的企业道德标准，使企业利益和个人利益、社会利益协调发展。

三、国内外企业道德建设发展历程

企业道德并非一朝一夕形成的，其形成及演变的过程充分反映了社会经济形态和社会意识形态的变更。在这种演进过程中，由于社会背景、文化基础、经济发达程度的不同，中国和西方的企业经历了不同的阶段。

（一）西方企业道德建设发展进程

西方发达国家进入市场经济较早，对于企业道德建设的认识也较为深刻。具体有以下几个阶段：

第一，行为科学理念渗透企业道德建设实践的阶段。西方工业化的脚步远远先于东方，然而在相当长的一段时间内，企业在管理上只是基于一种经验性的管理而缺乏科学理论的支撑。随着生产规模的日趋扩大化和复杂化，这种经验性管理的弊病日趋突出。此外，在西方企业的生产领域中，工人消极怠工的现象更是比比皆是。针对以上情况，古典管理理论之父泰罗提出了著名的科学管理理论。泰罗科学管理思想与经验性管理不同，着重强调管理的科学性、纪律性、合理性，强调生产过程在一种严格而有序的状态下进行，通过严明的计件工资制有效遏制怠工现象。但是泰罗制忽略了管理中人的因素和作用，将工人看作单纯追求个人利益的"经济人"。这种"经济人"的思想过多地强调了对人的严格管理、严密控制。但无可否认的是，员工的积极性对提高劳动生产率是具有影响和作用的。同时，员工的道德水平更是对其工作行为起指导作用。20世纪20年代，许多企业管理学者开始对企业道德建设中人的因素进行研究。最著名的莫过于美国哈佛大学心理学家梅奥等所进行的霍桑试验。霍桑试验的结果否定了传统管理理论对于人的假设，表明了工人不是被动的、孤立的个体，他们的行为不仅受工资的刺激，而且也受到自身所遵循的观念、价值标准、行为准则和道德规范的影响。如果管理人员只是根据效率逻辑来管理，而忽略了员工的情感，必然会引发冲突，影响企业生产率的提高和目标的实现。这种理论促进人们去研究人群关系，研究如何激励"士气"，如何创造心情舒畅的工作环境，以提高劳动生产率。这种理论最初被称为"人群关系论"，以后发展成为行为科学。

行为科学是研究人的行为规律的科学。其研究对象是人，是人的行为，是在组织环境中人们的行为特征和规律。行为科学所关注的问题有：①重视人的因素和挖掘人的潜能以及研究人的动机，认为人的管理是管理的核心，从而强调建立以人为中心的管理制度。②重视对人的需要的研究，并强调把满足职工需要与组织目标相结合，从需要研究行为，并把其分为物质、精神需要两大类。马斯洛的需求层次理论指出人们的需要是从低级向高级发展的，因而企业在调动员工的积极性方面也应为阶梯式递进的。③双因素理论把影响人的动机分为激励因素和保健因素，并提出"内在激励"与"外在激励"的方法。④重视对非正式团体的研究，主张通过引导，把非正式团体作用结合起来。⑤重视对群体规范、士气与凝聚力、群体压力与群众行为等社会心理现象的研究，重视信息反馈和意见的沟通。

行为管理理论引入后，西方企业道德建设取得了显著的成效。企业开始在生产管理中提出要关心人、尊重人、信任人，提出关心、尊重、信任员工的思想。同时企业注重发掘员工的内在潜能和价值，鼓励员工与企业的沟通交流。此外，企业开始关注员工的精神领域，如员工的心理健康、心理追求等，并千方百计让员工的心理满足度达到最高，以此来让员工获得极大的满足感和成就感，激励员工更加投入地为企业效力。

第二，团队精神的企业文化主导企业道德建设的阶段。20世纪中期，由于科学技术的发展，生产领域内的分工逐渐细化，许多企业开始倡导团队合作的精神。团队由企业员工组成，为达到共同的目的和绩效目标而协同努力，互担责任。团队协作与个人工作的本质区别在于，团队协作具有共同性与交互性。所谓共同性，是指团队由若干成员组成，每个成员或许有各自的目的，也要接受不同的考核，但作为一个整体，他们必须有共同的目的、共同的绩效目标，而且应发展出共同达到目的的手段。此外，共同目的高于成员的个人目的。正是在这个基础上，团队成员必须服从整体的道德原则，自觉约束自己的行为。而所谓交互性，则是指团队的成员在完成目标的过程中，每个人的责任、权利以及相对应的利益出现交叉联系的部分，也正因如此，团队的每一个成员在采取任何行动之前，必须慎重考虑。德姆塞茨提出了"团队生产"的理论，企业实质上是一种团队生产方式。团队生产的意义在于多项投入一起合作生产得出的产出要大于各项投入分别生产的产出之和，即实现"1+1"是否大于或者小于、等于2的功能。这是因为，当团队成员为自己是企业中的一分子而感到自豪和欣慰时，人的自我价值实现得到了体现，人人都愿意为自身及他人的发展付出。在这个阶段保持和引导团队内的人际关系和谐共处、相互依存，尊重个性、彼此宽容。这一时期的企业道德建设主要依靠团队的绩效目标来激励团队成员，为达成这个目标，团队成员之间建立相互的承诺，形成相互信任和相互承担义务的关系。在这种前提下，成员们形成一种合力，发挥出最大的工作效应。此外，企业在生产经营中所倡导的"团队精神"由于将团队成员的利益得失紧密联系在一起，能从根本上有效制约生产中的偷懒问题等道德风险，实现了"团队生产""联合劳动"的高效率。

第三，人本主义思想引导企业道德建设的阶段。人本主义心理学是20世纪五六十年代在美国兴起的一种思潮，其主要代表人物是马斯洛（A. Maslow）和罗杰斯（C. R. Rogers）。人本主义者认为，人是自然实体而非社会实体。人性来自自然，自然人性即人的本性。凡是有机体都具有一定的内在倾向，即以有助于维持和增强机体的方式来发展自我潜能，并强调人的基本需要是由人的潜在能量决定的。但是，他们也认为，自然的人性不同于动物的自然属性，人具有不同于动物本能的需要，并认为生理的、安全的、尊重的、归属的、自我价值的需要就是人类的本能，它们是天赋的基本需要。马斯洛提出的"需求层次理论"认为人具有追求自我价值实现、满足高层次需求的本能，如自我实现——员工都希望将自己的抱负付诸实现，并在实现的过程中自觉约束自己的行为；协同作用——对个人有益的事情应对企业其他成员乃至社会成员也有益，个人的成功不应牺牲他人的成功，应当整合个人与组织的目标。很显然，马斯洛的理论强调人的社会性、主动性、创造性与进取性，主张用引导、激励的方式调动人的积极性。人的需求的满足是企业人本管理的关键，不管是企业管理的主体和客体，人在管理中都处于核心地位。

20世纪70年代后，企业开始强调了解和满足人的需要，注重工作中的人际沟通和交互作用。企业对员工开展系列教育以改进和完善员工的心智模式，通过对工作环境、生活环境和文化氛围的塑造来改善人际关系。此外，企业还采取多种措施来提高员工生活质量，如工作轮换、工作扩大化及工作丰富化等。这些措施能够有效调动企业成员工作的主动性、积极性和创造性以及促进企业成员自由全面地发展。在这样的思想主导下，这一时期的企业道德建设较多地关注于员工的个性、期望和需求。企业认识到员工既可以能动地遵从企业制度、符合企业道德标准，但同样也可以拒绝、怠慢企业的种种道德制度。因此，企业道德环境的建设，必须将员工放在最主要、最重要的中心位置，从各个角度思考他们的心理诉求，这样的企业道德建设才是行之有效的。

（二）我国企业道德建设发展进程

与西方企业道德建设一样，我国企业道德建设经历了漫长的过程，受到了历史文化传统、现实经济政治体制、意识形态等诸多因素的影响和制约。可以说，我国企业道德建设从民族资本企业诞生起就存在了，这与中国传统伦理思想中重视道德修养的作用是分不开的。企业道德建设伴随着中国的历史命运和发展轨迹，经历了诸多变化，而每一种变化无不带有深刻的时代烙印。这里探讨的是中华人民共和国成立后我国企业道德建设所经历的阶段。

第一，弘扬爱国主义与自力更生的企业道德建设阶段。将弘扬爱国主义与自力更生作为企业道德建设的主要内容是由于1949年中华人民共和国成立之初，经过连年战争的社会主义新中国所面临的是生产力极其落后，人民生活贫困不堪的状况。更为严峻的是，中华人民共和国成立之初，就遭到了来自西方发达资本主义国家的经济封锁，整个国家处于孤立无援的境地。当时，国内企业的重大主题，也是一切具有民族意识的中国人所追求的理想——自力更生、艰苦创业。自力更生、艰苦创业这种思想和精神倾向集中反映到企业道德建设中来，因为企业本来就是建设物质文明和精神文明的主体，对于国弱民穷的中国企业来说，肩负的这种任务显得更加沉重。这种重大的时代和民族主题必然要反映到具有强烈民族意识的企业家头脑中来，这也是他们在培育企业精神的时候，特别重视结合新的实际，弘扬和确立爱国主义精神和自力更生精神的原因所在。

第二，重视领导率先垂范作用的企业道德建设阶段。企业的最高领导决策人成为企业道德建设的重点，这与我国历史文化中长期以来高度重视领导者作用有关。同时，一个优秀的企业领导确实能在企业的道德建设中起到示范作用——企业领导者作为企业政策的传达者和执行者，其言行举止对企业员工无疑具有榜样的作用。廉洁公正、勤奋敬业的领导往往能够让员工从内心产生钦佩感，从而力图在行为上模仿他，这同时也是一种思想教育从内化到外化的过程。这一时期企业道德建设强调的是企业领导应具有吃苦耐劳、艰苦奋斗的精神，而我们过去常常听到的"吃苦在前，享乐在后""以厂为家"便是对这一时期企业领导道德要求的生动写照。然而，这样的道德要求也折射出一个弊端，便是企业领导的选拔上重德不重才。在进入市场经济后，这种单纯以道德标准作为衡量企业领导优劣的做法是不完全的。在市场经济条件下，当代中国企业家的道德人格，应具有"企业家人格"的时代特征，即反映社会主义现代企业制度特质的"法人独立人格"的权力意识，改革、发展企业的强烈的责任意识，以及勇担风险的开拓创新精神。我们也可喜地看到，在我国的市场经济浪潮中涌现出了一大批优秀的企业家，他们不仅以强烈的文化意识和高瞻远瞩的眼光捕捉到既具有民族特色，又体现时代精神的现代企业道德建设目标，进行科学的提炼和概括，用简明生动的语言表述出来，大力提倡，而且还身体力行，带头贯彻这种企业道德。企业家优秀的道德人格对于整个企业的道德形象塑造和道德建设的影响是巨大的。广大员工从企业领导者的这种作用中可以看到企业道德的真谛，看到企业家塑造和培育优秀企业精神的真诚、决心和能力，以及优秀企业精神对于企业发展壮大的巨大作用，从而受到激励、鼓励，激发出追随企业家贯彻优秀企业道德的巨大热情。可以说，领导者的这种率先垂范作用，对现代企业道德建设起到了关键性的作用。

第三，倡导人性化管理思想的企业道德建设阶段。倡导人性化管理，重视提高人的精神境界和思想道德水平，是我国企业道德建设步入20世纪90年代后的一个新趋势，"发挥职工的主人翁精神"便是当时大多数企业强调的重点。这种重视人的因素的道德建设模式也与西方的人本主义思潮不谋而合。国内相当一部分企业开始改变对人的认识和看法，认为企业不单纯是一种经济组织，人不单纯是创造财富的工具，人是企业最大的资本和资产，人的创造力是企业竞争力的重要组成部分。在这种以人为本的企业道德建设模式下，人的作用得以肯定，人的价值得以发现，人性在这一过程中获得了充分发展。此外，许多企业还非常重视建立良好的企业心理环境和人际关系。因为企业是员工工作和生活的主要场所，是员工实现人生追求和自我价值的用武之地。因此，只有为员工创造一种充满温馨、相互信任、安全可靠、和谐融洽的心理环境和人际关系，才能使员工能够心情舒畅地投入企业的生产、经营和管理活动中。

第二节　企业道德建设模式

随着市场经济的发展，中外企业都纷纷达成这样的共识：在企业的经营发展中，有了企业道德的支撑和补充，会使企业的发展呈递进态势。因此，不同的企业开始寻求不同的模式来培养企业自身及员工的道德行为。模式意指从某种普遍出现的问题背景中或普遍进行的行为活动中抽象出来的规律及固定的解决方案。企业道德建设模式是企业在长期的道德建设实践活动中所形成的稳定的、规律性的方法、方案及机制。由于传统文化、历史背景和经济发达程度的不同，各国企业在经营管理实践中形成的企业道德建设模式也不尽相同。

一、国外企业道德建设模式

（一）尊重个人权利、个人价值的美国企业道德建设模式

美国是一个由众多移民组成的国家，建国历史只有 200 多年。但是，资本主义制度的发展速度却很快，社会文化流派甚多，强调个人价值和个人尊严的个人主义文化，构成了美国社会文化的核心。

20 世纪 70 年代末，美国管理专家、学者和企业界人士，开始研究企业文化和如何培育美国企业文化。进入 80 年代，企业文化成为理论界和企业界关注的热点。美国管理学家和社会学家在对企业文化的研究中意识到企业管理并不是"无价值观"的科学，而是一种社会文化活动。以德鲁克为首的一批人开始认真研究管理效果与文化传统及其他环境因素的关系。他们深入实际对美国企业和外国企业做了许多实际的调查。在调查中发现，美国许多成绩卓著的企业并不崇尚"理性主义"，他们更加重视与环境因素紧密结合的所谓的"非理性主义"。在这种理论影响下，美国企业

的道德建设逐渐重视人的心理和需求，重视人际关系和与社会环境的适应性。它着重研究企业文化塑造和道德建设对提高企业员工劳动热情、生产效率和增强企业市场占有率等方面的影响，探索如何重塑企业价值准则，增强企业活力和竞争力，以适应新的经济形势的要求和挑战。在这样的理念指导下，美国企业在激烈的竞争中所表现出的勃勃生机是有目共睹的。

概括地说，美国企业的道德建设中比较尊崇个人价值的实现和个人权利的保护，具体包括以下几点：第一，崇尚个人奋斗精神，具有个人奋斗和进取精神。美国人长期奉行以个人能力为第一主义，强调凭个人能力去工作、去奋斗，视为造就和培养企业家和企业优秀员工的最好方法。第二，私人财产神圣不可侵犯。企业保护员工的个人利益，认为员工通过工作所获得的正当利益都是值得保护与尊重的。第三，具有强烈的竞争意识。强调个人竞争、勇于进取是美国企业所倡导的经营意识。他们敢于制定高水平的战略目标，鼓励创造发明，依靠科技进步，重视新产品的开发，以求占领市场，在竞争中取胜。崇尚英雄主义与平等竞争是美国社会进步的动力之一。美国社会从奴隶社会直接进入资本主义社会，没有经过封建社会阶段，在个人事业成功的历史上，主要靠个人能力和奋斗精神，很少像英国和其他封建国家那样受家族血缘的荫护。这种倡导平等竞争的思想非常有利于企业内部建立一种公平公正的环境，有利于个人聪明才智的发挥。

基于以上几点，美国企业道德建设强调在生产管理中要关心人、尊重人、信任人。实际上，这是对传统"纪律约束型"管理实践的一种纠正，提出关心、尊重、信任工人的思想，是试图摆脱企业与工人的对立局面，构建一种和谐的企业环境，消除企业的"文化性内耗"。通常，美国企业都会建立完善的人本管理机制，在这套机制下，每一个员工不是处于被管的被动状态下，而是处于自动运转的主动状态，激励员工奋发向上、励精图治的精神。这些机制包括：①动力机制。使用人才激励手段形成员工内在追求的强大动力，在激励手段上充分采用精神与物质相结合的方法。②保证机制。运用企业的薪酬福利体系和社会保障体系来保障员工的利益。③选择机制。主要指企业与员工双向选择的机制，为员工提供更多的自主权。④环境机制。营造良好的企业人际关系网络、和谐的企业氛围，让员工能够愉快地投入工作。美国的这种尊重个人价值、个人权利的企业道德建设模式成功地体现在美国企业发展的历史上。需要说明的是，这种个人主义价值观与团队精神并不相悖。对这个问题可以从以下两个方面来看：首先，团队精神不是在限制个人的基础上提倡一体精神，相反地，正是在极大尊重个人的基础上来实现一体精神。它正是个人价值的实现，而非个人价值的淹没。其次，就整个社会来看，尽管在某些时候必须让个人爱好从属于团体和谐，让个人利益从属于整体利益，但只有人们自愿地把他们的自我利益服从于社会利益，个人自由才能存在。即使是最保守的美国人也承认，完全由自私自利的人组成的社会是大家互相斗争、没有自由的社会。由此可知，团队精神并不与美国社会传统价值观相悖。

（二）强调整体价值、个人恩耻的日本企业道德建设模式

20 世纪 70 年代中后期，世界经济史上最震撼人心的事情莫过于日本经济的迅速崛起。一个资源匮乏的国家，在经历了第二次世界大战的惨重失败以后，却出人意料地在短短不到 30 年时间内，迅速在战争废墟上异军突起，一跃成为当时的世界第三大工业国和经济强国。美国一直引以为荣的王牌工业（汽车业和钢铁业等）受到来自日本的强大冲击，贴着"索尼""松下""日立"标签的日本电器军团打得美国电器业溃不成军，整个西方国家乃至全世界都大为震惊。这股突如其来且异常强劲的"日本冲击波"迅速影响着全球几乎所有的市场，改变了世界经济竞争的大格局。日本经济崛起的秘密何在？企业发展的动力源于何处？众多经济学家和管理学家研究后发现，日本经济的发展离不开其企业所推行的优秀的企业道德。日本企业道德建设的形成与发展，始终体现着日本民族的特点：团队精神和家族意识。

由于日本的社会文化既受到中国儒家文化的熏陶，又受到西方文化的深刻影响，因而日本的企业道德建设模式汲取了东西方文化的精华。其企业道德的内涵往往以"企业使命""组织风土""社训""社风"等多种形式表现出来，与西方企业道德相比独具特色。这种特征大致可以从四个方面来说明：第一，道德建设依托于"三基色"文化。千姿百态的日本民族文化，其基础是中国儒学，由中国传入的佛教和日本民族原有的神道融合而成的。儒学、佛教和神道被称为日本文化的"三基色"。直到第二次世界大战的前后，西方文化才较多地传入日本。今天的日本企业，尤其是大型企业的经营理念仍有浓厚的儒学色彩。日本"近代工业之父"涩泽荣一首先将《论语》运用到企业管理，他开设了"《论语》讲习所"，倡导

"论语主义""道德经济合一说""义利两全说""论语加算盘说",认为"论语中有算盘,算盘中有论语",即讲道德、讲信用可以带来物质利益,而在牟利时要讲究道德、信用。提倡从天人合一、物我和谐的宇宙观出发,以人为核心,倡导道德、关怀、仁爱、合作。同时,在企业内部正确处理竞争与合作、个人与社会、人类与自然以及经济与资源、环境、生态的关系。在日本企业内很少提倡企业员工之间的竞争,他们认为如果提倡内部竞争,则不能相互帮助,不能发挥集体的作用。日本的竞争大多表现为企业之间的竞争和日本企业与外国企业的竞争;在日本企业内部,普遍提倡的是"患、仁、信、和",这是标准的儒家思想,对儒家思想"和"的吸收。所有的日本企业都依循"和"的观念行事,追求与他人的和谐相处。这种思想使日本企业具有其他国家企业难以看到的"内聚力"。此外,日本企业道德建设中对于"仁"的理解和运用也影响深远。仁学就是人学,是一种以人为本,关于处理好人际关系的学说,是一种以人为本的学说。第二,利用危机意识倡导勇于创新。日本国民教育的宗旨之一是要使每一个日本人都有危机意识:日本是一个国土狭小、自然资源贫乏、人口相对较多的岛国,日本人必须得到世界各国的资源支持,必须学习外国文化,包括科技和管理理念。这样的民族忧患意识使得日本企业在对员工进行道德教育的时候,要求员工具有锐意进取的意识,在面临困难困境的时候具有坚忍的意志,永不放弃,在面临顺境的时候,永不满足,敢于创新。20 世纪 70 年代以后,日本的经济得以复苏,甚至超过战前水平。而此刻深具危机意识的日本人并不满足,他们开始思考如何求变、如何开拓、如何创新。20 世纪 70 年代中后期,日本为了克服科技革命的停滞和经济的疲弱,从美国企业引进了创造发明设想建设制度,并将它进一步发展成为全民参加的"创造设想运动"(开始以产品创造、革新、改造为主)在全国推广。日本企业清楚地认识到,企业面对的是市场,市场变化无处不在、无时不有,企业必须顺应变化,以新视角、新思维、新理念、新科技、新办法来适应变化的需要,因此,创新是企业永恒的主题。持续的"创造设想运动",不仅强化了员工的创新意识,而且大大提高了创新能力。持续创新逐渐成为日本企业的管理特色,而且成为一种文化现象。应该说,这样的道德建设对于日本的经济发展起到了深远的影响。第三,整体价值高于一切。社团意识总能在日本企业的道德建设中恰到好处地体现出来。工作社团建立在职业群体的基础之上,是日本职业道德的框架,兼职工作的人和临时工不作为社团的一部分，只能根据合同工作，而得不到社团的全部权力，因此人们试图通过努力工作使自己融入社团当中，尽可能把自己和公司联系在一起。许多日本企业家认为，企业不仅是一种获得利润的经济实体，而且还是满足企业成员广泛需求的场所。因此，日本的企业管理十分强调员工对企业要有强烈的荣誉感和认同感，要与企业共存共荣。日本企业普遍推行的"年功序列工资制""终身雇佣制"，造就了员工对公司的归属感和家族意识。而"企业工会制度"成为协调劳资关系的有效措施，减少了劳资双方的矛盾和对抗，因而员工与企业结成了"命运共同体""利益共同体"和"生活共同体"。强调企业是一个大家庭，工人、雇员和上层领导之间有一种亲属式的团结感。这种以公司为家，对企业忠诚，敬业乐业的精神，是日本企业的支柱，是企业文化的源泉。"二战"后，日本企业在进行员工道德建设时更加强调"太阳中心"，意思是强调人与人之间的关系比个人更重要，但同时也要全面考虑一定的社会结构和家庭道德的崇尚。个人的荣辱成败与企业的兴衰相比，是微不足道的。第四，注重个人恩耻感的培养。在日本企业中，企业非常注重个人恩耻感的培养。企业尊重那些勤奋工作，同时也为企业带来收益的员工，赋予他们丰厚的荣誉和奖励。在日本，几乎每个企业都拥有一部分"精英"员工，他们成为所有员工的榜样、企业精神的化身。每个员工以他们为榜样，以为企业做出贡献而荣耀。相反，懒惰、不思进取的员工则无法赢得领导和同事的尊重，甚至为人所鄙弃，而由于自身行为对企业利益或名誉造成损害的员工，则将背负沉重的耻辱和负罪感。此外，由于日本企业所推行的"终身雇佣制"，员工的命运与企业的命运紧密联系在一起，企业的兴旺意味着员工的工作稳定、福利健全。企业在获益的同时也不忘嘉奖员工，在员工甚至员工家属遭受病痛或事故的时候能够承担责任，这样"家庭式"的氛围让每个员工产生强大的感恩心理，从而激发强烈的工作积极性。

（三）儒家传统文化与法制并重的新加坡企业道德建设模式

1965 年，一向以自由转口贸易为主要经济活动的新加坡脱离马来西亚而独立。建国初期，政府乃至企业所秉持的是一种"科技兴国"的路线，努力吸收西方先进科学技术和管理经验，鼓励个人在技术领域的创新突破，忽略了对人的精神领域的建设和引导。20 世纪 70 年代后，随着现代化进程的推进，道德沦丧、风气败坏、信用缺失等消极现象严重侵蚀着社会经济的各个领域，而新加坡的各个企业更是首当其冲。面对这样的局面，新加坡政府开始将目光从科技进步与经济发展转而投向人的精神世界，而企业也认识到要想立足长远、持续发展，就必须将道德建设作为第一要务来执行。如今，新加坡企业道德建设所取得的成就是有目共睹的，企业内部严明的纪律，员工普遍较高的道德意识都成为许多国家道德建设的典范。

新加坡的企业道德建设模式有两个显著特征：第一，道德建设带有浓厚的儒家传统文化色彩。具体表现为：①以民族精神作为企业道德建设的基本内容。民族精神是中华民族传统文化的核心，在中国历史上曾发挥过巨大的影响和作用。在新加坡的企业道德建设中，大力倡导"己欲立而立人，己欲达而达人""己所不欲，勿施于人"的仁爱精神，反对"为富不仁"的商业道德，提倡"天行健，君子自强不息"的进取精神。同时，企业教育员工，培养员工"人定胜天"的信心，以及"知之为知之，不知为不知""知耻近于勇"的无畏气概和敢于否定自己的精神。②以爱国主义作为企业道德建设的主旋律。爱国主义是儒家传统文化中的一贯思想，是爱国家、爱民族和爱人民的总称。新加坡企业在对员工进行思想教育的时候，根据历史的发展赋予了爱国主义更新、更加具有时代意义的内涵，即要求每个员工将爱祖国与爱企业、爱岗位结合起来，理解"国家、民族、集体、企业"的利益高于一切个人的私利。从而每个员工满怀爱国之心，报国之志，在管理上精益求精，在岗位上兢兢业业，无论身处何方，永远牢记自己是企业的一员，自己的前途与命运与企业的前途和命运息息相关。③坚持以"仁"为根本。"仁"是中华民族传统道德的中心和最高准则。"仁"德的核心是爱人，仁德的基本内容是：爱仁、孝悌、忠恕。新加坡企业很早就认识到，作为现代企业，要想在竞争中取胜，要想在国内外市场享有较高的声誉和知名度，在管理思想上，必须坚持以"仁"德为根本。这其中包含三层意思：一是以"仁"德爱员工，员工是社会和企业的主人，是企业生存发展之本，他们的劳动和创造，必须受到社会和企业的尊重。二是以"仁"德爱顾客，顾客是企业生存发展之源，诚信、友爱地对待顾客，企业才能获得长远发展，要加强对顾客的沟通、理解和联系。三是以"仁"德爱企业，要从企业的特色和顾客的厚望出发塑造企业形象，以良好的企业形象赢得社会和顾客，以良好的企业形象增加企业的无形资本，创造企业发展的潜力和动力。在商品经济高度发达，经济领域逐渐复杂的今天，企业道德建设如果只是依托传统文化，而缺乏法制法规的保证，是行不通的。新加坡企业深知法律在规范人们行为中的效力，国家、社会、企业只有实行法治，社会才有可能有健全的规章制度，才有可能有法可依、有法必依，才有可能实现公正和平等，才有可能形成井然的秩序。第二，道德建设将企业价值观、经营理念与企业制度相结合。具体表现在：①公司明确提出将企业核心价值观作为企业制度制定的指导思想，同时在制度执行的过程中，高度体现企业价值观。②依据已经确认的企业道德和行为准则，检查企业现行制度中有没有与道德理念相违背的内容，强化与企业道德相融合的制度，修正或废弃与企业道德不相容的制度。③以企业道德为基准，对企业制度进行经常性的检查，以适应变化和提升了的理念。通过组织和管理手段，防止刚性的制度对道德理念的侵蚀。④通过企业控制体系，在企业道德建设过程中，控制企业道德发展的基本走向，及时纠正偏差，并对价值观和经营理念的更新和发展提出建设性建议。⑤如果制度发生了基于企业道德的变化，而员工还是基于自身利益固守原来的想法，那么，管理层需要做的工作就是让员工更加明确地认识到自己在企业道德变革和制度变革中的位置，并力求让员工拥护新的制度，扮演新角色。新加坡企业通常都有完善的企业制度，这种制度首先建立在尊重人性、积极发挥职工创造性和积极性的基础上，却又不失制度的强制性与约束力，如质量管理制度、财务制度、销售制度、奖惩制度等。

（四）尊崇质量至上、协同合作的德国企业道德建设模式

"二战"以后，德国经济在一片废墟上以惊人的速度崛起，经济地位迅速提升，引起了经济学家和管理学家的注意。自20世纪80年代初期起，人们开始对德国经济发展模式、企业管理模式、企业道德建设模式进行研究。研究发现，德国制造业的质量精良很大程度上取决于德国所尊崇的质量至上、协同合作的企业道德建设模式。而德国的这种效率至上、协同合作的道德观念深深地渗入了德国举世闻名的职业教育中。德国"双元制"职业教育，经过几百年的演变发展至今，作为一种职业教育模式，已经成为德国职业教育的主体，形成了一套完整的职业教育体系，并具有一系列的法律、规章来保证其计划、措施严格得到实施，从而培养出大批高素质和从业能力强的技术工人。德国职业教育强调：①设计质量。设计阶段是达到最终质量水平的起点，低劣的设计可能导致产品难以生产和不能提供服务。②质量符合设计的要求。这受到设备的能力、工人的技能、培训和激励、生产过程和控制等因素的影响。③便于使用。使用户使用起来感到方便并提供用户使用指南。④售后服务。有许多原因可导致产品不能如希望的那样发挥功能或者顾客不能得到优良的服务，无论什么原因，从质量的观点来看，重要的是要给予补偿。

此外，德国企业非常重视培养职工之间相互协作的团队意识和团队精神。德国企业认为在现代技术如此发达的今天，劳动分工的细化已经达到极点。一件高品质、高精度的产品离开一个生产团队的协作努力是根本不可能的。这些企业在管理上极力让职工之间建立一种亲密合作的关系。

二、我国企业道德建设模式

（一）我国企业的类型

改革开放后，我国各大企业开始意识到，企业道德作为企业的规范文化，起着连接个人道德与社会道德的作用，企业的发展需要有道德的支撑力，现实要求我们重振企业道德。近年来，我国在企业道德建设方面虽然做了大量的工作，但成果不理想的状况始终没有从根本上得到改变。究其原因，是由于我国在企业道德建设上缺乏对不同类型企业的具体情况进行分析和对症下药。由于我国目前尚处于社会主义初级阶段，现阶段在所有制上所呈现的多样性决定了我国企业类型的多样。目前，从生产资料私有制角度，我国企业可分为以下几种形式：①国有企业。国有企业即全民所有制企业，是生产资料归全体劳动人民所有，依法自主经营、自负盈亏、独立核算的商品生产和经营单位，是独立享有民事权力和承担民事义务的企业法人。在计划经济体制时期，国企被称为"国营企业"，在有计划的商品经济体制时期，国企被称为"国有企业"，在市场经济体制时期，国企被称为"国有和国有控股企业"。从"国营"到"国有"，从"国有"到"国有和国有控股"，反映了我国经济体制改革的不断推进。②合资企业。外国公司、企业和其他经济组织或个人按照平等互利的原则，经中国政府批准，在中华人民共和国境内，同中国的公司、企业或其他经济组织共同举办的合营企业。③乡镇企业。是指农村集体经济组织或者以农民投资为主，在乡镇（包括所辖村）举办的承担支援农业义务的各类企业。④私营企业是指企业资产属于私人所有，雇工达到 8 人以上的经济组织。

我们从四种不同所有制企业入手，分析我国目前不同类型的企业道德建设模式和面临的问题。

（二）我国企业道德建设模式

1. 国有企业侧重思想教育的道德建设模式

国有企业是国民经济的支柱，转换国有企业经营机制，建立现代企业制度是发展社会化大生产和市场经济的必然要求。《中共中央关于建立社会主义市场经济体制若干问题的决定》指出：转换国有企业经营机制，建立现代企业制度，要加强企业道德建设，培养优良的职业道德，树立敬业爱厂，遵法守信，开拓创新的精神。

改革开放以来，我国国有企业的状况发生了很大变化，企业的政治干预因素在逐步减少，企业自主权在不断加强，职工的素质有了明显的提高，企业家经营战略思想主导化趋势也在逐步提高。这诸多因素，再加上社会主义市场经济建设的步伐逐步加大以及合资企业、乡镇企业及其他一些先进企业管理方式的影响，给我国国有企业道德建设的顺利发展带来了新的契机，使之更能适应体制转轨和国有企业改革的需要。

我国国有企业道德建设具有显著的特点，那就是重视职工的思想道德教育，这一点秉持了我国企业道德建设的历史传统。根据思想教育中的"灌输"理论，正确思想必须通过一定形式的灌输，才能为人们所接受并内化成为内心的道德信念。企业通过教育，使员工自觉地履行道德义务，遵循企业道德规范和企业目标的要求。企业道德教育是企业道德规范要求深入员工心灵的有效途径：它通过规范的宣传、榜样的塑造、问题的讨论、心灵的交流等方式启发、引导、激励、约束员工，使企业道德规范转化为职工内心的自觉要求和行为。提高道德认识是企业道德教育的出发点和基础环节。提高道德认识是指向员工解释企业道德发展的实际趋势和方向，阐释遵循企业道德规范要求的必要性，使员工理解企业道德的具体内涵。国有企业在进行思想教育的时候，经常采用多种具体导入方式，包括组织演讲报告，开展辩论讨论等。在我国传统的国有企业的道德教育中主张扬集体、贬个人，具有重义轻利的倾向。这种贬抑个人的因素不利于现代商品经济的发展。而这种伦理因素体现在企业中，则容易产生一种现象，即对员工个人的评价乃至企业的决策行为，往往不是以效益作为价值判断的标准，而是以道德是非和伦理标准作为衡量的准则，这是国有企业在进入市场经济后的道德建设中应该避免的。

进入市场经济后，国有企业作为国民经济主力，追求良好的经济效益当然是第一要务，员工的思想道德教育应该根据时代精神赋予新的内容。我国国有企业目前呈现的一个新趋势便是股份制改革。在当前企业改革的浪潮中，股份制已经成为许多国有企业选择的一种重要方式。这也是国有企业改革的一个方向。与传统的国有企业相比，股份制企业呈现以下文化特点，如企业自主性加强、公开度增加等。同时，股份制改革也会带来相应的弊端，如企业职工的价值观念不统一、对企业的认同感降低、群体意识薄弱等。针对这些弊端，国有企业在对员工进行思想道德建设的时候，采用了建立新的激励机制的办法，消除职工的劳动惰性心理，启发职工的自我意识，促进国有企业职工整体素质，特别是思想道德水平的提高。通过思想道德教育激发职工健康的群体意识和团队意识，激发劳动热情，从而达到提高国有企业的组织效率和劳动效率的目的。

2. 合资企业融合中西价值观的道德建设模式

合资企业是我国 20 世纪 80 年代末期出现的一种新兴经济形态，而合资企业的道德建设也是我们所面临的新问题。这是因为，企业道德建设的对象是员工，而中外合资企业内部员工的构成远较内资企业复杂，员工通常包括来自世界各国的外籍员工和中方员工。不同的生活背景和文化传统造就了员工之间价值取向和道德判断的差异和碰撞。由于企业的开放度越来越大，这种差异和碰撞也呈现出越来越强烈的趋势。此外，中西方长期采用的不同的管理方式的差异也为合资企业道德建设增加了一定难度，如中方长期采用的是激励教育等"软性"管理方式，而西方企业所采取的是绩效评估等"硬性"管理方式等。不同的管理方式对员工的思想道德素质都有着不同的要求。中西方企业精神的交融，员工间理念的彼此融和，共享企业的共同价值观成为了合资企业道德建设所追求的目标。

中西企业精神的激荡和融合，是一个错综复杂的过程。无论中方或西方的企业精神都是丰富多彩的，但它们的主导倾向又有明显区别的。他们相互激荡融合的方式也是多种多样的，体现在企业内部企业文化、企业形象、员工培训等方面。具体分析，它们主要是围绕以下方面的问题展开和深化的：①"硬化"与"软化"精神相结合的道德建设模式。企业道德本身是企业经营管理总系统中的"软"系统，然而，这种"软"系统在东方与西方的表现有着显著的差别。在西方，比较强调"硬化"的管理精神，尤其在早期，非常强调工作定额原理，即以标准的操作方法对全体工人进行训练，并据以制定较高的定额；强调标准化原理，即把工人要用的工具、材料以及作业环境加以标准化。此外，也比较突出经营策略、组织结构、管理制度等"硬性因素"的作用。而在东方，则比较突出企业精神中的"软性因素"，即理想、信念、信条、哲学和价值观念的培育和塑造。在初期阶段，东方与西方都按照各自的价值趋向进行实践。在实践中，都取得了各自的成功，但也暴露出各自的缺陷和弊端。西方"硬化"的企业精神比较符合现代化工业生产本身的规律性，有利于加强对生产过程本身的控制和管理，在一定的条件下有利于提高劳动生产率；然而它严重地忽略了企业员工参与生产活动的心理动机、精神因素和情绪反应，从根本上讲是不利于凝聚员工的，是不利于调动员工的积极性、主动性和创造性的。与此相反，东方"软化"的管理精神则比较注意员工的精神因素，但对管理科学则比较轻视，因而产生了与西方相反的结果。经过中西企业精神的相互激荡与融合，经过东方和西方企业家的相互借鉴和学习，合资企业都朝着"相互吸纳"与"兼容并蓄"的方向发展。②逐利精神与道德精神的激荡与融合。从一般意义上讲，企业作为一个经济实体，追逐利润是企业应有的价值目标，实现利润最大化是企业经营成功的标志。无论是西方企业还是东方企业，没有例外。问题在于，企业的逐利行为是在社会经济关系中进行的，而社会经济关系不仅是一种利益关系，而且还包含着伦理道德关系。因此，企业既要有逐利精神，又要有道德精神，并把两者很好地结合起来。正是在这一点上，西方与东方传统的企业精神的出发点是不一样的：西方企业的逐利精神强而道德精神弱，东方企业则恰好相反。按照西方传统的伦理精神，凡是能够产生功用的就是道德的，因而主张短期的、实在的物质利益去激发员工的劳动积极性。这种企业精神带有很强的功利主义色彩。东方的企业精神，受到传统文化"义利观"的影响，强调以义为先，存在重义轻利的倾向。在中国，合资企业的领导者逐渐开始意识到，企业道德建设必须将这两种不同的价值取向融合在一起，开始认识到：功利的目的虽然不如人文主义那么光彩照人，富有魅力，但确实是人类进步所必不可少，甚至必须为之付出代价的社会目标，否则，任何人文色彩的社会理想将是海市蜃楼。企业家如果脱离了功利的目的，或者轻视功利的手段，单纯追求高尚的人文精神，这只是一种不切实际的幻想，也不能进行有效的管理。只有以功利层面的价值追求和导向作为基础，而又不仅停留和局限于这一层面上，更多地考虑管理手段更加具有现代人文色彩，贯注进强烈的现代人文精神，这样，才能够使企业员工的思想和行为，更加有利于全面推进物质文明和精神文明建设。为此，合资企业必须自觉将功利目标和人文目标的结合作为企业的最终目的，努力把握功利与人文结合的管理伦理尺度。③个人奋斗精神与集体主义精神的激荡与融合。在西方企业中，崇尚个人的能力与价值，企业员工有着强烈的个人奋斗精神。尊重个人的作用、权力和价值，强调个人的努力和责任。按照这种价值观，企业让员工自己去控制自己的命运，让他们通过个人的奋斗取得成就，脱颖而出，得到更多的财富，西方传统的企业精神比较排斥集体主义的精神和价值观，认为它不利于调动个人的积极性，不利于发挥人的潜能。而在东方的企业中，则以集体主义的精神和价值观为主导，东方企业文化最大的特点，就是一种恩耻感的文化。东方人认为，如果有谁背叛了自己所属集团的规范，或是伤害自己所属集团的名誉，是一种很大的耻辱。这一点在日本的企业文化中表现得更为突出。合资企业在对员工进行道德教育的时候，应该将强调个人奋斗精神的价值观与集体主义精神相融合。④竞争精神与合作精神的激荡与融合。西方的企业非常提倡竞争精神。无论是在企业内部的人与人之间，部门与部门之间，还是在企业与企业之间，都讲求相互之间的竞争。在企业内部，人与人之间最主要的就是工作关系和竞争关系。人与人围绕着生产、经营和管理业绩，围绕着对企业贡献的大小，进行公开的竞争。为了使这种竞争精神在企业员工中生根，许多企业建立了员工绩效档案制度，用以激发大家强烈的竞争精神。这种竞争精神的发扬，有利于激发员工和企业的活力，促进生产、经营和管理水平的提高，促进整个社会生产力的提高。然而，如果这种竞争精神没有合作精神等的制约，会出现不规范的、无序、野蛮的恶性竞争，而这又是不利于企业与整个社会经济的长期健康有序发展的。在东方国家的企业中，则十分强调人伦关系的和谐相处和"爱人"的思想，强调人与人、部门与部门、企业与企业之间的合作，更多地提倡合作精神，"和"的精神。在一定的条件下，这种和谐精神、合作精神，能够推动企业领导者在内部爱护企业员工，注重内部团结，讲求组织内部人际关系的和谐与协调，使组织在生产、经营和管理活动中发挥应有的效能；在与其他企业的关系中，进行有效的经济交流、联系和合作，促进相关企业的共同发展。但在传统的东方企业精神中，往往把合作精神绝对化，否定或排斥竞争精神，企业与企业之间根本不保守机密，由此导致员工缺乏积极性，企业在市场竞争中遭到失败。合资企业在进行企业道德建设的时候，应该逐步形成一种新的企业道德，这就是渗透了现代竞争精神的合作精神，或者说以现代合作精神约束的竞争精神。这种融合竞争精神与合作精神于一体的新的企业精神，既弘扬了东方优秀的伦理道德传统，又在法律法规和经营伦理的双重约束下进行公开、公平、规范、有序的竞争。⑤求实精神与创新精神的融合与激荡。一般地讲，东方与西方的企业都存在求实精神与创新精神。但是，相比较而言，西方企业的创新精神更加强烈，而东方企业则更加重视求实精神。因此，在合资企业中，这两种精神也呈并存融合的趋势。中国等东方国家的企业，由于受到儒家实用理性精神的影响，造成了求实精神较强而创新精神不足的状况。从积极的方面看，"实用理性精神"使东方企业普遍形成了崇尚实干、鄙视空谈的企业精神和价值观。从消极的方面来讲，实用理性精神的影响造成了企业员工缺乏创新精神的局面。而与东方企业相比，西方企业的创新精神则要强得多。勇于进取、勇于创新的精神，是企业在对员工进行培训时的重要目标。合资企业在道德建设的时候，必须考虑两种精神的冲突与融合，寻求创建一种激励机制，使员工在踏实勤奋工作，讲求实效的同时，富于想象，勇于进取、勇于创新。

3. 乡镇企业紧密结合区域特点的道德建设模式。

乡镇企业是在社会主义公有制下培育出来的集体经济。我们在谈到乡镇企业的道德建设模式时，不得不考虑这种经济形态与特定地理环境的关系，以及与这个社区的社会结构、社会心理的关系。自 20 世纪 80 年代中期乡镇企业这种农村经济发展模式诞生后，一部分优秀的乡镇企业家们就从未停止过对各个地区发展的背景、条件、资源的研究，并在此基础上形成与其他地区相区别的发展模式。由于各地农民居住的地域不同，条件有别，所开辟的发展模式必定是多种多样的。不同的乡镇企业，在企业道德建设模式上也附带了浓厚的地域色彩，具有自己独有的侧重点，具体包括：①树立平等竞争观念。在中国农村某些地区仍旧存在着浓厚的亲族观念。这种亲族观念是指小生产者在处理自己与家庭内部成员以及其他成员之间的相互关系时所特有的善恶评价观念。由于小生产者在处理"圈内人"和"圈外人"的关系时所依据的道德价值观不同，因此，其善恶评价的标准也根本不同，甚至相互矛盾和根本对立。这种双重的道德观使得企业内部很难确立统一的价值取向，甚至在企业内部业绩的优劣与道德水平不是员工晋升和奖惩的标准，而是任人唯亲，长期如此，企业便缺乏公平竞争的土壤，员工的积极性和创造性得不到发挥。这便需要乡镇企业敢于消除这种亲族观念，在员工心中树立人人平等的观念，让员工理解在企业内部不存在亲疏之分，人人都是企业的成员，个人的利益都与企业利益息息相关，而每个员工都应齐心协力为企业的繁荣发展贡献力量。②提倡环保经营观念。我国素以农业为本，千百年来，土地凝聚着中国农民无尽的美好愿望和生计来源。农民对于土地有着深厚的依恋、依附之情。乡镇企业的发展使现代农民认识到土地不仅能够供人以衣食，而且还存在着巨大的潜力，能够为人们带来无尽的财富。用立体的眼光看待土地，使农民对土地的认识有了一定改观，然而传统的、延续了千百年的土地观念仍然不会得到彻底改变。乡镇企业在经营内容上仍然延续了农民过去"靠山吃山，靠水吃水"的传统观念，即依靠本地的自然资源进行生产。这使得乡镇企业从经营模式到企业文化，及至企业道德都带有一定的地域色彩。同时，这就要求乡镇企业在道德建设的时候必须向职工大力倡导社会责任、环境保护、可持续发展等观念。在企业道德建设中，就是要将环境保护和社会责任的观念融入企业的管理理论和实践中去，最大限度地减少和杜绝环境污染和资源浪费，将环境保护作为企业生存与发展的基础和企业迎接挑战、增强实力、降低成本、实现自身发展的有效手段。企业只有将自身的发展与生态保护和全社会的共同发展协调起来，才能为企业实施绿色管理奠定良好的社会基础，使绿色管理成为企业的自觉行为。所以，从传统理性管理理论中的经济主义价值观到当代价值观管理理论中的超经济主义价值观的转变，同当代社会发展理论从以经济增长为目标到提出可持续发展的战略目标具有深刻的同一性。③确立法制法规思想。乡镇企业员工大多来自农村，受传统的落后的生产方式的影响，员工大多缺乏组织纪律性，在思想上比较盲目愚昧，在行为上表现为自由懒散。而员工进入到企业之后，企业与员工之间就存在着一种相对稳固的"责任关系联盟"，这种联盟也是企业内聚力的基础。在这种联盟中，企业员工都彼此承担相应的责任义务，享受相应的权利。员工作为乡镇企业整体中的一员，是企业的行为主体，因而必然遵从企业的整套法制法规，如守时守信、严守公司机密、保护公司财产等。乡镇企业在执行公司规章制度的同时，必须注意保证制度的一致性与连续性，同时在贯彻时应加大力度，维护制度的权威性。

4. 私营企业强调诚信和质量的道德建设模式

私营企业是我国国民经济的重要组成部分。近年来，私营企业道德建设成为人们所关注的热点。从目前看，私营企业文化的建设在私营企业中仅处于萌芽状态，这与私营经济在我国起步较晚、企业基础条件较差、产品单一等因素的制约有关。所以，探索私营企业道德建设途径，对于引导私营企业发展，提高市场竞争力至关重要。近年来对国内私营企业道德的讨论主要关注于私营企业缺乏诚信的问题。这种现状存在的原因主要是由于我国由计划经济向市场经济转轨过程中，大多数私营企业更多地着眼于短期利益，这也是私营企业相对规模较小、基础薄弱所决定的。加之部分私营企业主将利润最大化视为企业最高目标，因而忽略了企业员工的道德教育。然而，近年来愈演愈烈的私营企业"诚信危机"已经促醒了一部分具有远见的企业家，他们开始着手企业员工的诚信教育，并将之作为企业道德建设的核心，具体措施包括：①让诚信成为每个员工恪守的道德规范。许多企业通过广泛地开展诚信道德教育，提高员工对诚信的认识，并通过营造诚信的氛围，有效构筑道德建设的坚强基石。②加大对企业诚信环境的综合建设与治理。冲破企业一贯秉持的"利益至上"的信条，规范企业管理人员的信用行为，维护企业信用秩序，使信用者得到褒奖，反信用者受到制裁，促进诚信环境的形成，从而全面提升整个企业的信用水平。③在员工心中树立市场经济就是"信用经济"的观念。社会主义市场经济必须建立在以诚信为核心的道德基础上，没有以诚信为核心的道德基础，市场经济体制的大厦就如建立在沙滩上，经不住市场的风吹雨打。④建立规范的企业信用体系与信用纪律约束。建立完善的企业信用体系是企业道德建设中义不容辞的职责，须借助企业的行政力量来构建与完善。企业自身必须建立完善成熟的信用体系与信用纪律，才能构建良性的信用社会。私营企业道德建设中另一个突出的问题就是质量文化建设问题。

第三节　企业道德建设的制约因素

企业道德建设是一个复杂的动态过程。企业在进行道德建设的时候，往往制定明确的可行性目标，采取各种适合于本企业的手段和途径，然而在建设成效上却出现很大的差别。这是因为，企业道德建设存在许多制约因素。要提高企业道德建设的实效，就不得不关注这些因素。

一、先进的经营理念

企业行为取决于企业经营理念，经营理念决定了企业为什么经营，如何经营，什么是正确的经营等根本性的问题。目前，我国企业管理的水平总体上处于有高有低的非均衡状态，少数企业重视"以人为本"的管理，而大多数尚停留在"以物为中心"甚至"以财为中心"的水平，以谋求企业利润最大化为最高目标。这种狭隘的理念导致了企业管理控制的片面性：业绩通过经济标准和经济结果来衡量；重视个人业绩的评价，而且更注重短期评价；过分强调定量评价，忽视定性评价等。这种控制的结果是管理者忽视企业的道德责任，往往急功近利，行为短期化，使企业长远利益及社会利益遭受损失。管理学家们早就批评了这种企业目标观，提出了企业创造顾客的目标观，即企业的将来以及成功的第一位的重要性，并不在于企业对自己生产的商品如何判断，而是由顾客判断其是否有价值。创造顾客这一最高目标是作为社会成员的企业应履行的任务，是企业把各种目标任务进行正当化、整合化的根据。企业经营应该追求短期成效和长期发展，是道德、价值观的问题。先进的企业经营观应该考虑社会道德责任，维系社会持续发展，维护生态环境的平衡等。

二、企业家的道德境界

我国企业的道德建设历来就非常重视企业家的道德培养，这与影响了我国几千年的儒学思想"修身、养性、齐家、治国、平天下"有关。而在中国，几千年来仍未脱离一种"人治"的传统，因而企业家个人的德行对于企业的管理风格、经营理念乃至道德水准都具有重大的影响。而在西方，法国经济学家萨伊第一次明确提出，企业家的职能是组织劳动、资本、土地各项生产要素实施生产，他还对企业家精神做了如下的描述：具有判断能力，坚韧不拔，掌握监督、指挥和管理的技巧以及拥有丰富的工商业和社会知识。就企业道德建设而言，从近代以来的中外企业史可以看出，所谓"企业精神"很大程度上就是企业家人格精神的延伸，企业凝聚力的强弱在很大程度上取决于企业家的道德人格魅力。道德人格是企业家素质的内在与轴心，决定着企业家的人格魅力。因此，企业家道德人格是其素质（包括知识、经验、能力、品质等）的内化。

企业家优秀道德人格的建构是现代企业管理的内在逻辑。从现代管理学的意义上讲，管理正在日益走向软化，即"软"管理在管理中的地位日益重要。行为科学更是强调企业领导者的角色要从过去的"说教者"变成今日的"谈心者"，要关心职工、尊重职工，要有人情味的领导，采用柔性管理法，实现民主管理，激发员工参与管理。企业家的道德人格往往能够释放出巨大的管理能量。知识经济的发展，信息社会的来临，企业组织的松散化与扁平化，劳动工时的弹性化，员工素质的高智能化，那种依靠强硬的规章制度来约束显然将会不合时宜，企业家利用自身优秀的道德人格来影响整个企业的道德水准，营造良好的道德环境，将不失为一种智慧的管理之道。当前，企业改革、经济发展、社会进步的实现，全社会道德风尚与企业伦理建设的根本还是寄托在培养与造就企业家队伍之中，一支宏大的、眼界高、具开放性、有很高素质，尤其是具有高尚道德人格的企业家队伍，将为建立全体企业所共同奉行的社会、企业伦理价值规范作出最终的努力。

三、良好的制度环境

一般而言，一个社会人们的道德处于什么状况，在很大程度上取决于社会为此做的制度安排。因此，企业道德建设的重要保障之一就是进行制度建设，并尽可能使其成为一种"可操作的制度"。离开制度保证的企业道德，必然是空泛而无效的。需要强调的是，单纯的制度约束不是企业道德建设的根本，而必须与思想教育相结合，从政策、法规和具体操作技术等层面上看，制度的约束力仍然是一种不可缺失的"硬性"力量，与思想教育这种"软性"力量相辅相成。制度建设侧重约束人的行为，而思想建设中的道德信用建设则是解决职工意识形态范畴的问题。只有两者有机结合下的企业道德建设，才是行之有效的。此外，由于企业制度是群体意志的凝聚，一经产生，便会对企业成员产生约束力，因而，企业的制度必须具有：①合理性。企业的制度制定必须从自身情况出发，符合社会风俗传统，人们的日常生活规范、企业历史背景、员工普遍心理，等等。同时，企业制度对于员工既应具有约束力，却又不应是遥不可及的，这样的制度才能称之为合理，才能为员工所接受。②健全性。健全的制度在制定的时候必须考虑社会、文化、物质等方面因素。健全的制度才能对员工的行为起到指导和约束的作用。③权威性。制度一经建立，就要推行，所针对的对象不是某个员工或一部分员工，而是所有的企业成员。制度只有通过坚决的执行才能维护其权威性，否则只是一纸空文。④一致性。各项制度之间应具有一致性，这种一致性体现在所有制度指向同一个目标，而不是相互矛盾。

四、市民社会的发展程度

对于市民社会的概念，不同的阶段有着不同的诠释。黑格尔认为市民社会是"个人私利的战场，是一切人反对一切人的战场"。其中既指出了市民社会的不自足性（个人的利己性、特殊性、差异性），又肯定了市民社会中自由的许多因素（经济自由、经济平等）。而马克思则对黑格尔市民社会的概念进行了批判和继承，提出市民社会是"自由人的联合体，真正的社会形式"，"一个具有许多关系和规定的丰富的总体"，认为市民社会既是一个充分自由、充分平等，又蕴含相应秩序规则的社会关系总体。在脱离计划经济模式后，我国正逐步形成一个世俗市民社会，道德与法制正是这一社会形态和生活模式的法律化。市民社会的根本特征是个人人格的平等化和利益的合理化，个人、社会与政府具有对等性。此外，这种对等表现为自由与责任的对等，即个人在具有自由性的同时，也必须具有自控性和相应的理性，同时为自己的行为承担相应的责任。因此，个人或企业对于利益的追求是无可厚非的，然而，个人利益的保障与追求并不否定社会利益和社会和谐的重要性与合理性，因为个人在追求自身利益的同时，也必须承担作为社会成员应承担的责任与义务。市民社会的发展为企业道德建设提供了主体条件，而企业的道德建设水平及发展程度常常被人们视为市民社会发展的重要内容和标准之一。这是因为企业道德是经济市场化和社会市民化的必然要求，它代表了人类社会模式演进中不可逾越的一个历史阶段。同样，作为社会的个体，企业无论何等独立平等，都必须依托于社会才能有所发展。面对市民社会的发展呼唤，作为社会成员的企业必然担负其应当承担的社会责任。在市场经济发展的初期阶段，许多企业为了追求短期利益，不惜违背市场道德，践踏信用机制，然而在经历了整个经济领域的道德滑坡后，企业发现吞食这种苦果的仍是自己。这同样也是在市场经济飞速发展的今天，我们更加强烈地呼唤道德建设的原因。可以说，我国市民社会的发展程度越高，社会要求企业所承担的道德义务也相应越多，而企业道德建设的任务也越重。

| 第三章 |
企业道德建设评价
——以公益性国有企业为例

第一节　文献综述及相关概念界定

一、国内外研究综述

（一）国外研究综述

1. 企业道德概念研究

关于企业道德的定义和内容，至今没有形成一个统一的认识，国外的许多学者对企业道德研究的角度各不相同，因此，对企业道德的定义也各不相同。主要有以下三种定义：①以利益相关者为出发点来定义企业道德。英国学者 Oliver Sheldon（2015）认为企业道德责任与企业经济活动过程所涉及的企业内部或外部各种利益相关者的责任密不可分；同时企业的道德责任范畴涵盖了企业的道德义务。Johnson（2016）提出一个真正可以充分承担社会道义和负责任的企业是能够正确处理好社会道德中各种相关利益者关系的组织，具体而言，真正可以履行道德责任的企业并不是仅仅以满足其股东权益最大化为目标，而是能够综合考虑各种层面和各利益相关者的权益。Megginson 和 Netter（2011）提出不管社会条件如何发达进步，企业在经营的最低水平内也应该履行：对消费者的关心，体现在童叟无欺，货真价实，安全有保障；对环境的关心，体现在企业在生产经营过程中将生态环境保护视为第一守则，真正实现绿色低碳发展；对员工最低工作条件的关心，体现在为员工的生活、住宿条件等方面加强人性化设备建设，坚持以人为本，尊重员工人格等行为标准。他认为企业道德责任并不仅是履行经济责任和法律责任，而且是应对整个道德负有超越前者范围之外的责任。②以"公司责任"来定义企业道德。Carroll（2011）认为企业的社会责任范围是随着社会公众的需求变化而变化的，社会公众不仅希望企业能够在经济发展过程中起到中流砥柱的作用，更希望企业能够尊重法律法规、重视伦理道德、履行公益活动，以利于提高社会公众的幸福指数，因此企业社会责任涵盖经济责任、法律责任、伦理责任与公益责任。Georges Enderle（2013）则提出企业社会责任应包括经济责任、社会责任、环境责任三方面，其着重强调了企业应重视环境责任，在企业生产活动过程中要大量减少不必要的资源消耗，循环使用资源，秉承企业绿色可持续发展理念，提高企业的环保意识责任。③从概念比较来定义企业道德。Robbins（2009）将社会责任与企业道德进行了对比，其研究发现，在社会责任这个层面内也涵盖了社会义务，具体而言，道德原则也是属于社会责任的，所以当企业认真履行了其法律所规定的经济责任时，也就相当于履行了其社会义务。正因如此，道德原则更进一步约束了企业做那些败德的决策行为，推动企业良性发展。Steiner（2008）则将企业道德与企业责任进行了对比分析，他提出了企业责任是由外部压力所导致的，外部压力主要是指企业战略或者社会公众对于企业发展所寄予的希望，是外部条件强加给企业的义务，并不是企业自身的意愿。而 Cooper（2011）在对道德责任与社会责任的研究中提出，实际上企业的道德责任比企业的社会责任所能给社会大众带来的社会效益更多，更加深刻地影响社会公众的思想意识和道德观念，最重要的是道德责任这个说法更加贴近社会大众的思想范畴，更容易被普通大众所接受，因此具有更强的约束力。Domingo Garcia-Marza（2010）认为企业道德本质上是企业各个利益相关者之间针对企业所应承担的责任进行商议、协调，达成一致的看法。

2. 企业道德责任研究

20 世纪 50 年代，伦理学研究得以发展，由于在一系列的商业活动中频繁出现垄断价格、不公平交易、收受贿赂等不道德行为。美国政府颁布了《关于企业伦理及相应行动的声明》，企业伦理学在美国快速发展。随后"企业社会责任"概念由欧利文·谢尔顿（Oliver Sheldon）提出，这是对企业道德责任研究可追溯的最早研究。20 世纪 50 年代，学者们开始意识到企业道德责任对企业与社会具有重要意义。倡导者认为企业社会责任是追求利润之外应负责任的概括性表达。但在早期，以弥尔顿·费里德曼（Milton Friedman，1982）为代表的学者存在不同看法，他们认为企业是由个体组成的经济组织，不能被认定为承担责任义务的个体人，企业可能具有"非自然"的责任，但不需要履行作为严格意义上的"人"所承担的道德责任。同时，他们认为企业为股东争取最大利益就是对社会最大的贡献，这就是企业的社会责任，否认企业应当承担道德责任。20世纪80年代，欧美发达国家开始逐渐意识到企业社会责任的重要性。"企业社会责任"运动得到了联合国的大力推进，并在全球推出了一系列协约与计划。1997年，由美国社会责任国际组织发起，联合众多国际组织和欧美等跨国企业，制定了具有一定可实践性的社会责任标准（SA8000），该标准为企业履行社会责任提供指导。经过多年研究，国际标准化组织（ISO）发布了适用于包括政府在内的所有社会组织的社会责任指南标准（ISO26000）。发布企业社会责任报告（CSR）已经成为上市企业发展的时代潮流，对公众和投资者获取企业非财务信息，了解企业业务对社会和环境的影响，实现价值投资具有重要意义。

随着经济的发展与研究的深入，美国经济开发委员会发表的一篇报告中涉及10个方面对企业社会责任的界定，并将其分为两个基本类别：一类是纯粹的自愿行为，由企业自主实施发挥主导作用；另一类是企业非自愿性行为，由政府引导或者法律监督与强制落实。20世纪90年代，以詹姆斯·J. 布默（James J. Bummer，1991）为代表的学者认为，企业在进行经济行为时，应负有经济、法律、道德、社会责任。其经济责任为固有的责任，而承担法律责任是在牺牲一定经济利润之上。美国大学教授阿尔奇·卡洛尔（Archie B. Carroll，1998）认为，社会寄希望于企业不仅能实现经济上的使命，而且能够遵守法律法规，他把企业社会责任分为经济、法律、伦理和慈善四种责任。其中社会的基本要求是其应承担的经济责任和法律责任，社会的较高期望是其应承担的道德责任，社会的最高愿望是企业的慈善责任。伦理与慈善属于道德范畴，有众多学者将伦理责任与道德责任交替使用，而卡洛尔提出的慈善责任实际上是一种更不具有约束力的道德责任。P. 普拉利（P. Prali）对企业道德责任的最低限度从三个方面进行了界定："一是对消费者的关心，如能否为消费者提供使用方便、安全的产品；二是对员工的关心，如提供员工基本的工作环境、合适的薪酬、安全健康的食宿；三是对环境的关心，是否造成环境污染，是否做到环保要求生产。"该研究有力地推动了企业道德责任发展，企业作为社会组成部分之一，应承担最基本的道德责任，关注员工的利益，减少职权滥用的可能性；要注重可持续发展，要关注生存环境，减少能源消耗；要提高优良产品，诚信经营，提供相应的服务。美国管理学家斯蒂芬·罗宾斯（1996）认为企业为谋求社会长久稳定利益的责任是企业道德责任所在，而不是社会要求企业履行的经济责任与法律责任。同时，哈罗德·孔茨进一步指出，企业道德责任应当是企业从道德层面思考自身活动对社会所造成的影响。

3. 企业伦理研究

对企业伦理的研究最早可追溯到 1759 年亚当·斯密在其旷世名著《道德情操论》中的相关论述，他指出："人在追求自身物质利益的同时也要受道德观念的约束，人既要利己，也要利他，道德及正义对于社会和市场经济的运行至关重要。"自 20 世纪 60 年代以后，企业伦理的概念才正式被提出。1968 年，在沃尔顿出版的《公司的社会责任》一书中明确倡导公司之间的竞争要以道德为基准，不能跨越道德这条基准，否则将会给社会造成恶劣的影响。80 年代，关于企业伦理的研究是基于企业的社会责任问题展开的，与此同时，关于企业伦理的课程也逐渐成为了企业管理学的必修课，在此之后，对于企业伦理的研究也得到了进一步发展与升华。

国外企业伦理研究的代表人物卡罗尔（1985）提出，企业道德伦理的关键问题在于解决：它是什么？它应该是什么？如何从是什么上升到应该是什么？商业动机又是什么？他将企业道德责任目标划分为利益相关者管理和社会关系的处理。利益相关者管理是指企业与其利益相关者建立良好的沟通渠道，建立良好的关系，提升企业的经济效益和社会声誉，这是企业自身独特的竞争优势，难以被其他竞争对手超越，使企业获得更多的资源与价值，形成企业内部的核心竞争力；而社会关系的处理则是承担与非利益相关者的责任，他认为这样不仅不会给企业带来额外的收益，反而会增加企业成本，降低企业经济绩效，削弱企业竞争力，其研究结果表明利益相关者管理与经济绩效显著相关，而与社会关系的处理则非显著相关。

随着对企业伦理的研究深入，国外学者逐渐将研究目光转移到企业伦理实践过程中。1981 年，Howard Bowen 在其著作《经营者的社会责任》一书中提出任何企业都必须承担社会责任，企业有责任去践行符合社会价值目标这一革命性观点。他进一步提出要将企业伦理作为宗旨融入企业文化，发挥中坚力量的作用，以道德的高度来规范企业的行为。随着经济的快速发展，企业的组织结构、管理结构也在发生重要的变化，而企业的自我意识还未达到道德的高度，企业的道德行为只有被企业的内在意识所认可才能够改变企业的不道德行为。Gael 和 Mc Donald（2006）提出为了能使企业的伦理决策行为得以更好地实现，可以在企业内部设立伦理官员或道德监察等部门，其主要职能是负责提供具有预防道德失范的建设性意见，提高伦理决策的质量。同样地，Ross（2006）等从企业日常制度的安排、设计等角度，对企业伦理制度方面进行了分析。他们认为，企业的道德伦理制度建设应以道德、正义及合理等问题为重点研究对象。

4. 企业社会责任评价指标研究

目前国外学者对企业道德评价指标的研究较少，对企业社会责任（Corporate Social Responsibility，CSR）开展的研究较多。其中比较具有代表性的是 Archie B. Carroll（1979）对 CSR 的评价方法做出的阐述，他认为 CSR 是企业在一段时间内获得了经济、法律、道德以及慈善的关注。具体包括经济责任、法律责任、道德责任和自愿责任四个方面，环境责任未包括在内。他从利益相关者的角度出发，设计了一套非常详细的企业社会责任评估指标，例如，针对客户分量表具体设置了产品质量、售后服务、价格调整、产品咨询、投诉处理、用户跟踪、渠道硬件设施等九大指标。Hopkins（1998）在名为 WOOD 的企业进行社会责任表现调查中，提出了一套名为 SRE 模型的操作化建设。SRE 模型与 Carroll 量表的提出都是以利益相关者理论为出发点，其各项量表的内容也非常细致。Hopkins 从社会责任基准、社会责任实践、社会责任结论三个维度分析，着重强调了以内外部利益相关者管理与影响、外部环境作用等六大方面构成的评价指标系统。西方国家在研究社会责任过程中应用最广泛的是 KLD 指数，它从定性出发，排除涉黄涉暴以及违背社会信用的企业；对合格的企业，从产品、服务、工作环境、住宿条件等方面进行评估。但 KLD 的结果体现不出各个指标的权重的多少。

（二）国内研究综述

随着经济伦理学的不断发展，企业道德逐渐走入人们的视野，在提倡和谐社会的今天，加强企业道德建设已经成为人类所必须。相对于西方国家对企业道德问题的研究与探讨，我国在 19 世纪前还没有形成真正意义上的独立的伦理道德学科，更多的只是翻译和引进国外的相关论著和研究成果。20 世纪 80 年代，随着改革开放和市场经济的不断发展，企业道德问题日益突出，国内学者逐渐重视企业道德问题研究，选择不同的视角对企业道德责任问题进行研究。

1. 企业道德概念研究

国内学者往往将企业道德与企业社会责任交叉使用，未有明确的区分。有些学者站在社会需求的高度，将企业承担道德责任当成一种义务，或者是社会道德对企业行为的规范。卢文超（2017）指出，企业社会责任的含义是企业在保证自身发展与生存的前提下，在面对社会和国家形势严峻的情况下，为了保护国家利益，公民权益，社会发展这一目标所自愿履行的义务。卜长莉（2012）对企业社会责任的本质进行了分析，她认为，企业社会责任是由社会经济快速发展衍生而来的，由于市场经济的竞争激烈需要一种治理机制对企业经济行为进行道德约束，而这一种治理机制便是企业的社会责任，它既是企业的宗旨和经营理念，又是企业用来约束内部生产经营行为的一套治理机制与管理体系。周祖城（2014）认为企业的社会责任与企业的社会道德息息相关，在实践过程中必须要落实合法治理环节，使企业真正成为一个有良知的企业，因此，在构建公司治理模式过程中，除了以股东的利润最大化为宗旨之外，还应该在此前提下，利用奖惩分明的原则，对能较好地履行社会责任的公司进行奖励，对于道德失范的公司行为进行严惩，借助此方法来引导企业积极地承担社会责任。姜涛（2013）指出企业道德是企业在长期经营管理过程中日积月累形成的企业内在行为的规范与价值观，用以约束和规范企业的各种行为。在满足社会和国家的各种需求时，为了保护国家利益、公民权益、社会发展这一目标所自愿履行的义务。许兰凤（2008）提出所谓的道德责任也相当于义务，并非只有个人才承担一定的道德责任，同样可以指"企业"，因为企业并不是孤立的，它是与社会紧密联系的，所以也应承担一定的道德责任。还有些学者兼顾利益相关者的需要以及利益选择，对企业道德责任进行了分析。聂增民（2015）提出，企业的社会责任，除了最大限度地满足股东的最大利益，除此之外，还应当最大限度地保障其他利益相关者的利益，其中包括员工、客户、供应商、社会、社区等的权益。戚文鑫（2015）认为，履行社会责任应该是营利性公司所应做到的事情，当其对某一决策进行决议时发现虽然不能给公司自身带来利益，但是却可以造福于社会大众时，该公司应该尽力进行这一决策，如公益活动，企业应当毅然决然地进行捐赠，这无疑会对公司的经济利益造成一定损失，可是这一行为，却能够帮助更多需要帮助的人，何乐而不为呢？他指出，企业除了履行法律所规定的责任之外，同样需要履行相应的伦理道德以及所谓自身度量的责任。

2. 企业道德责任研究

相对于国外而言，我国学界企业道德责任研究起步较晚，随着改革开放与市场经济建设，我国企业道德问题不断显现，国内学者开始关注企业道德责任建设问题。综观国内研究，大都认为企业兼具"道德人""社会人""理性经济人"性质，在当前市场经济下，企业既要体现存在的价值性又要追求经济利益。同时，道德责任是企业在长期经营过程中形成的，是企业的内在行业规范与价值观的体现，对企业各种行为形成约束力，为保护社会、国家、公民的权益自愿履行的义务。卢代富（2001）通过对国外企业社会责任的研究，认为企业社会责任是一种综合责任，囊括法律与道德责任，而且其应当包含企业谋求经济利润最大化之外所肩负的维护与增进社会公益义务。高芳（2006）基于国外研究学者的观点，对企业道德责任与社会责任进行比较研究，对企业承担道德责任与社会责任有更充分的认识。此外，曹凤月（2007）从企业是利益关系、契约性以及"共生"的存在，形成企业道德责任三重依据，论述企业承担道德责任的必要性。陈炳富和周祖城（2008）认为企业追求道德与经济效益并不矛盾，还认为企业提倡伦理道德将有益于企业开展经济活动，从而帮助企业获得更多的经济利益。许敬媛（2008）对企业道德责任进行界定，认为企业作为道德行为的主体，要具备承担社会责任的能力；同时，将企业道德责任分为消极义务、严格的与广义的积极义务，并要明确责任承担者。而侯健亮（2008）将企业道德责任分为基础的与积极的两种，他认为企业道德责任是由两个同心圆构成，外圈代表基础的企业道德责任，是对企业的最低的要求，不论企业大小与是否盈利都应该遵守法律责任与履行经济责任，也是维持企业与社会共存的基础；而内圈是企业在运行良好的前提下，要求企业更加积极主动地承担社会道德要求，是企业道德责任的核心。如主动参与社会公共慈善事业、控制环境污染、人性化员工管理等，改善整个社会的环境，促进社会整体向前。近几年，有大量学者根据不同性质的企业，对企业道德责任进行研究，陈海波（2010）从乡镇企业的道德责任特殊视角进行研究，试图为当前乡镇企业提供新的发展动力。刘卫国（2013）等对民营企业社会道德责任进行研究，从民营企业社会道德责任的基本内容到责任履行过程中发生的问题及产生原因进行分析，最后提出改善民营企业社会道德责任的履行对策。王健、黄煦（2017）等对矿山企业应履行的责任进行探析，总结了矿山企业应承担道德与慈善责任之间的关系，强调了矿山企业应在重视履行道德责任的基础上正确看待慈善责任。薛玲艳（2018）等基于 SWOT-PEST 分析了"一带一路"沿线国家企业道德责任建设，并以此进行企业战略上的选择。魏新强（2013）提出企业道德责任是社会责任在道德层面的表现，是企业在经营活动中表现出对利益相关者的关怀与博爱。徐耀强（2019）从企业道德场域视角，认为企业社会责任管理与道德建设具有非常强的关联性。

3. 企业道德养成与实践研究

王欣悦（2017）认为，伦理的核心就在于企业道德责任的实践，企业道德责任构成了企业道德原则和规范，逐步成为企业文化和企业形象的有机组成部分。对于企业道德责任的产生，她认为，企业道德责任既源于企业所包含的各种社会结构及其利益关系，又来源于企业自身的行为，和主体的愿景息息相关。杨一凡（2015）通过对自由主义模式的批判，通过对责任模式、利益相关者模式、"伦理回报"模式和"伦理价值"模式的分析回答了企业为什么要讲道德。她认为企业讲道德必须要在实践的过程中得以体现，要更进一步承担道德责任，企业必须要从道德认知上升到道德行为的高度。不少学者认为应在企业内部设置道德委员会机构来督促企业更好地加强道德实践。易珉（2008）从企业道德资本视角出发，提出企业道德与企业利润只有借助于某种外部制约力，才能将两者统一，企业要想生存和发展，就必须与社会保持良好关系。他进一步提出改善企业道德现状的基本做法主要有：一是加强外部制约力度，二是在企业内部设立企业道德委员会，为企业创造优越的外部竞争环境。王小锡（2011）对企业伦理组织建设有了进一步的发现，他提出在日常工作中企业伦理组织的职能是不可忽视的，如果公司的决策层在进行决策或讨论相关事宜时涉及了伦理等问题，可以马上提出相关建议或相关咨询；在公司日常运作过程中可以实现预防道德失范问题的出现，在公司做相关决策行为可能涉及重大伦理规范事件时，可在此事件发生前做出制止，合理制定良好的规则意识帮助企业决策者对经营管理进行伦理剖析，使公司利益与社会利益达到平衡。与此同时，企业伦理组织的另一个重要职能就是企业内部要形成一股良好的企业道德文化氛围，可以通过对企业员工进行伦理培训开展有关伦理方面的课程，提高员工整体的伦理素养。

4. 企业道德评价指标体系相关研究

龚磊（2009）基于利益相关者的视角认为，建立企业社会责任评价指标体系应包括对员工责任、消费者责任、股东责任、供应商责任、社区责任、政府责任、环境资源责任七个方面，七个指标下又分为 27 个二级指标。建立基于模糊数学综合评价法，构建企业社会责任能力评价指标体系和能力评价模型，通过调查问卷的方法，对中百集团股份有限公司的社会责任履行情况进行评价，从而验证了该模型的有效性和合理性。何朝晖（2009）认为，中小企业社会责任指标体系包括了员工权益保护、股东权益保护、企业诚信经营、可持续发展、社区责任、社会责任管理六方面内容。利用因子分析中的主成分法对北京、杭州、深圳等六个城市不同行业的企业社会责任评价进行模型构建，并进一步基于结构方程模型分析验证了在中小企业不同的成长阶段对于社会责任的承担也是不同的，但其一致性在于中小企业经济责任与企业的成长性是正相关的，其研究结果填补了中小企业社会责任与成长性关系实证研究的空白。齐善鸿、王寿鹏（2008）认为，道德作为软性因素应纳入管理范围，企业应建立各种道德管理制度，并构建经济利益、顾客需求、社会贡献三大评价指标体系，在社会道德审计制度设计上，他们将企业的道德水准分为三类：不道德企业、底线道德企业、卓越道德企业，针对三类不同的道德水平，企业所设计的道德评价指标在选取上也有所差异。赵悦（2017）创新性地将利润视角引入企业道德与企业利润间的"三角架构模型"，并通过不同的企业所对应的不同"三角架构模型"进行实证分析，其研究发现，当企业道德水平一定时，企业利润所得大小与道德意愿呈现显著相关。王琦（2015）从利益相关者的视角，以 2009 年我国沪深两市制造业上市公司为调查样本，运用偏最小二乘法（PLS）回归方法进行实证分析，其研究表明股东、政府以及消费者为关键利益相关者，为建立企业的社会责任机制提供了重要依据。

二、相关概念界定

(一) 公益性国有企业

公益性国有企业是在"2011年中国企业领袖年会"上由国务院国有资产监督管理委员会（以下简称"国资委"）副主任邵宁最初提出，将国有企业划分为以经济效益为主的竞争性质的国有企业和以社会效益为主的公益性国有企业，后者主要是指向社会公众提供非排他性公共产品或准公共产品的企业或部门，包括公共交通、地铁、环卫等城市公共设施建设、实施与保障等，如供水、供热、供气、供电、科研、教育、文化、医疗、邮政等，在行业中具有一定的垄断性，但没有明显的盈利能力。公益性国有企业有双重目标，即社会效益和经济效益目标，并以实现社会效益为第一准则，同时强调公益性国有企业以实现社会效益为第一准则并不是代表着公益性国有企业在生产过程中就不能盈利。程民选、王罡（2013）认为，从企业社会责任出发去寻找公益性国有企业存在的理论依据是非常不科学的，并认为公益性质的国有企业为社会提供公共产品、公共服务是其向社会公众提供福祉和利益的途径。程伟（2012）认为公益性国有企业具有以社会公益为第一目标、不以盈利为唯一目标、没有定价权、外部性强、管制成本高等特点。

基于对有关研究的甄别，我们将公益性国有企业的概念界定为：以社会效益为第一要务，为社会公众提供福祉和利益的公共产品和公共服务，坚持社会效益高于经济效益的宗旨，充分发挥国有资本的最大化，更广泛地惠及全民、造福于民，以保证社会经济秩序稳定的国有企业。公益性国有企业的类型可以通过以下两个标准进行划分：

1. 依据政府的扶持程度不同划分

一是主要依靠财政扶持的公益性国有企业。主要表现在公共交通的财政支持，如地铁、公交等行业。为维持居民的日常生活，方便居民出行，解决交通拥堵等问题，公益性国有企业必须加强完善网络建设，但由于在对居民远程在线维护、净化环境过程中存在巨大阻力，往往导致自身发展能力低下，经营成本不断增加。因此该类企业主要依托财政补贴维持正常运行。

二是较多依靠财政扶持的公益性国有企业。如供水、供热、排水、污水处理和邮政服务等行业，这些行业的企业绩效差，成本高，甚至亏损多年，相应的基础设施也需要更多的资金投入，需要大幅度提高工作的效率。

三是较少依靠财政扶持的公益性国有企业。如输气网络、电网、电厂的建设，它们能够在社会主义市场经济的背景下获得高回报，主要得益于在建设初期得到了大量的政府资金扶持。

四是行业内不同部门对于财政支持有着明显不同需求的公益性国有企业。主要有教育文化、医疗卫生等行业，由于该类行业有超额利润收入，社会公众是主要的消费贡献者，从而导致社会公众的压力加大。因此，有必要对这些公益性国有企业的道德标准进行重新定位，使其承担更多的公益性责任，以创造社会效益最大化为己任。

五是几乎完全依靠财政扶持的公益性国有企业。这一类公益性国有企业提供的几乎是纯公共物品，主要有卫生行业、健身设施、城市道路照明、科研机构等。这些企业的存在就是为社会大众提供最大生活便利，以实现社会效益最大化为宗旨，不以营利为目的，具有很强的非排他性和非竞争性，不存在规模经济的盈利模式，导致其缺乏足够的利润空间，需要依靠财政支出才能维持自身存在与发展。

2. 依据提供产品的性质不同划分

根据产品性质，公益性国有企业可分为三类：提供纯公共物品的公益性国有企业、提供公共资源的公益性国有企业和提供政府公共服务的公益性国有企业。提供政府公共服务产品的公益性国有企业是排他性的，但不是竞争性的，有特定的目标群体。提供纯公共物品的公益性国有企业，其产品具有非竞争性和非排他性，每个人的使用也不会影响到他人使用的有效性，是任何人都可以使用到的产品。提供公共资源的公益性国有企业则具有竞争性，但不具有排他性，具有先到先得的优势。公益性国有企业在生产经营过程中一方面由于其特殊的社会地位，难免会存在不同程度的垄断问题，另一方面它的存在又与老百姓的生活密不可分，如何防止公益性国有企业为谋一己之私而损害社会公共的利益，备受关注。

（二）公益性国有企业道德

企业道德是利益相关者达成的协议，而公益性国有企业的道德应该具有更强的社会效益，为社会公众提供更多的公共产品和公共服务，如果在此期间产生利益冲突，公益性国有企业应该以社会利益为中心，实实在在创造更多的社会价值。社会公众的价值观、人生观会潜移默化地受到公益性国有企业道德的影响，因此，在文化多元化和经济全球化的背景下，公益性国有企业的改革要更加注重自身社会责任的强化，鼓励员工学习科学知识，营造自主研发学习条件，努力创造出无私奉献和辛勤工作的企业文化。

专门探讨公益性国有企业伦理道德问题的学者不多，针对公益性国有企业道德方面的研究主要从道德风险防控、企业社会责任、内部道德体系建设等角度切入。在构建社会主义和谐社会的过程中，公益性国有企业应承担起维护社会稳定的责任；根据市场规则，合理合法经营，真正实现为社会创造更多的效益，以社会公众的福祉和利益为出发点，实现企业的原始公益目标。

我们认为，公益性国有企业道德是指自身没有定价权，以社会效益为主要目标，为社会公众提供福祉和公共产品、公共服务，秉持社会效益高于经济效益的宗旨，努力惠及全民，造福于民，保证社会经济秩序的稳定。

第二节　我国公益性国有企业道德建设现状及存在问题

一、我国公益性国有企业道德建设取得的成就

随着社会主义市场经济建设的不断推进，尤其是社会主义核心价值观的提出，我国各类市场主体日益强调企业道德文化建设，以社会主义核心价值观为引领，将道德建设贯穿于企业生产经营活动的全过程，企业道德建设取得了重大成就。公益性国有企业的社会性和公益性特质决定了其在企业道德建设中的示范和引领作用。改革开放以来我国公益性国有企业秉持深化改革、可持续发展、高质量增长的部署理念，以公益性、社会性为引领，坚持变中求新、新中求进、进中突破，把企业道德建设与企业生产经营活动相融合，不断推进企业思想道德建设。

（一）思想道德建设的基础更加稳固

社会主义核心价值观提出以来，深入研究和实施企业思想道德建设，已成为新时代背景下公益性国有企业各项工作的重中之重，企业思想道德建设的基础更加稳固。主要表现为：①道德建设贯穿于企业生产经营的全过程。我国公益性国有企业不断尝试将思想道德建设与企业文化建设和企业文化资源相结合，深度掌握企业核心价值观与企业文化的特点，注重企业的公益性、公共性特质，以社会主义核心价值观为引领，提倡爱国主义、集体主义和奉献精神的企业核心价值观并将其内化于企业干部职工的思想当中，贯穿到企业生产经营活动的每一环节，成为企业文化建设的核心与基础。②企业员工理想信念坚定。企业员工是企业发展的基础，优秀的企业文化是企业员工奋力前行的动力。公益性国有企业道德规范是企业发展前行的精神动力，经过长期的思想道德建设，爱国主义、集体主义和奉献精神已成为我国公益性国有企业的核心价值与文化取向。

（二）职工队伍素质不断提高

企业的发展很大程度上取决于企业职工队伍素质的提高。一直以来，我国公益性国有企业本着"以人为本"的理念，把提高职工队伍素质作为企业道德建设的重要任务来抓。首先，道德建设与企业生产经营活动紧密结合，把道德建设与企业生产经营放在一起来抓，把生产经营的目标当作道德建设的目标，极大提升了职工队伍的道德素养。其次，创建学习型企业，争做知识型员工，提高职工的文化素质。我国公益性国有企业积极响应党中央学习型社会建设号召，根据企业自身实际，建立学习型企业，创建活动领导体制和工作体系，拟订学习型企业创建方案，开展形式多样的实践活动，强化职工队伍的知识素质、业务素质，加快企业知识型人才队伍建设。最后，加强企业道德建设宣传阵地建设，深入开展形势任务教育。我国公益性国有企业高度重视道德宣传阵地建设，认真抓好形势任务教育，通过网站、企业内刊、职工书屋、流动党校、宣传橱窗等宣传阵地开展形势任务专题教育，让全体干部职工认清形势，看重责任，奋力拼搏，确保职工队伍稳定，极大提高了全体员工应对困难的决心和信心。

（三）企业影响力不断提升

我国公益性国有企业自觉履行社会责任，弘扬爱国主义、集体主义和奉献精神，践行社会主义核心价值观，不仅丰富了企业思想道德建设的内容，也显著提升了企业在社会中的影响力。我国公益性国有企业在加强企业自身道德建设的同时，积极参与全社会道德建设，在卫生防疫、环境保护、拥军优属、捐资助学、扶危济困等公益活动中，在冰雪洪灾、地震等自然灾害面前，我国公益性国有企业都能够首当其冲，发挥了国有企业的顶梁柱作用，为全社会树立了良好的道德形象。在职工子女、家属中开展"讲文明树新风"等活动。严格执行国家宏观调控政策，保证市场经济有序发展，促进社会和谐稳定，充分展示了国有企业的担当与责任，极大提升了企业社会形象，扩大了企业的社会影响力。

二、我国公益性国有企业道德建设存在的问题

我国公益性国有企业道德建设虽然取得了一定的成绩，但是也存在着一些问题，具体表现为：有的干部和职工对道德建设的地位和作用认识不到位，道德建设工作与企业生产经营结合不够紧密，道德建设工作发展不平衡，政工干部队伍素质有待提高。

（一）认识不够到位

我国公益性国有企业内部部分党员干部和职工对道德建设的地位和作用认识还不够到位，在思想上存在以下几个误区：首先，是"无用论"，认为思想道德建设太空幻，抓了也不会很快产生效益，抓不抓都无所谓；其次，是"替代论"，认为企业管理可以替代思想道德建设，靠企业制度规范和经济处罚办法就可以调动职工积极性；再次，是"先后论"，认为企业的中心工作是发展经济、提高效益，思想道德建设工作可以稍后再抓，要先抓企业生产经营；最后，是"雨伞论"，认为思想道德建设是企业生产经营的保护伞，在出现问题的时候"打伞"，平时没有问题的话可以"收伞"。

（二）发展不够平衡

由于部分领导干部对企业思想道德建设地位和作用的认识不到位、不一致，导致公益性国有企业思想道德建设工作出现了发展不平衡的现象：一方面是各个单位、部门发展不平衡，部分公益性国有企业机关的思想道德建设工作开展得轰轰烈烈、职工的积极性很高，也收到了不错的成效，但是落实到基层的时候，却出现了问题，部分基层领导只抓生产、只谈业绩，把大量的人力、物力、财力投入到生产经营中，过分强调经济建设和

企业发展业绩，而忽视干部职工思想道德水平的提高，思想道德建设工作只是流于表面形式，甚至有的部门出现了思想道德建设无人管、无人做的现象。另外，有些部门对思想道德建设活动的"软件"和"硬件"投入不平衡，这些问题严重影响了企业思想道德建设的进程，也影响了企业效益和业绩的提升，阻碍了企业可持续发展的进程。另一方面是群体发展不平衡。随着市场经济的发展和企业经营战略、格局的变化，公益性国有企业职工队伍中出现了大量的农民工、劳务派遣人员等职工群体，职工群体越来越多样化，由于不同职工的群体个性心理、文化水平与企业正式员工存在着一定的差异性，导致了企业思想道德建设群体发展的不平衡性。

（三）与企业生产经营结合不够紧密

思想道德建设工作脱离生产实践，就会没有根基、缺乏针对性。当前我国公益性国有企业思想道德建设与企业的生产经营结合还不够紧密，存在"两张皮"现象。主要表现为：部分企业领导把思想道德建设与企业的生产经营割裂开来，开个会、做个报告就算了事，没有把思想道德建设渗透到企业的生产经营的各个环节和整个过程，为思想道德建设而思想道德建设，导致了"两张皮"现象；另外，思想道德建设与企业的管理结合不够紧密，思想道德建设只是注重在理论、宣传、口号上下功夫，没有将其深入到企业管理的机制体制当中，没有把思想道德建设作为考核企业效益的一个因素。企业干部职工希望思想道德建设工作能够与自身本职工作紧密结合，改变传统的思想道德建设工作模式，采用更为宽泛的内容，采取灵活多样的、大家易于接受的形式为广大职工群众服务，适应社会形势的发展。

（四）政工干部队伍素质有待提高

政工干部队伍是企业思想道德建设的组织者、引导者，政工干部队伍素质的高低直接影响着思想道德建设工作质量的好坏。高素质的政工干部队伍，可以为企业的改革发展制定好的方针政策，可以管理和协调好企业的各项工作，实现企业的可持续发展。目前，公益性国有企业部分政工干部理论素养欠缺、思想不端正、政治敏感度不高，作风和行为上没有起到模范带头作用，以权谋私，滥用手中权力，甚至腐化堕落，还有的干部根据个人亲疏好恶来处理和决定问题，任人唯亲等，引发了职工群众对企业领导的不满，也严重影响了企业思想道德建设工作的顺利开展。另外，有的领导干部还是运用老一套的理论和方法开展思想道德建设工作。新形势下，企业职工队伍的思想方式、行为方式、人生态度和价值追求较之以前都有了很大的不同，作为思想道德建设引导者的政工干部队伍，只有适应社会发展形势，不断加强自身素质修养，才能更好地开展思想道德建设工作。公益性国有企业思想道德建设应该先从领导干部的思想道德建设抓起，从提高其理论素养和业务素质抓起。

三、我国公益性国有企业道德建设问题产生原因

（一）制度成因

公益性国有企业道德建设现存问题的制度成因有很多，包括外部的经济体制、法律制度和内部的道德建设制度等一系列的成因。主要有以下两点：其一，企业的产权制度不明晰。所谓产权，是交易过程中由于市场主体的投资行为而产生的排他性的财产权，包括所有权、使用权、收益权、转让权。它们共同形成产权结构。目前我国公益性国有企业道德失范行为的一个重要原因就是企业产权制度不明晰。企业在日常的经营管理中能够获得社会可以接受的利润率，企业自然能够发展壮大。而能使企业获得这种自生能力的前提保证就是提供明晰的产权关系。从某种意义上说，产权制度提供长期的预期。企业的预期越长，其行为就越规范，其信用就越强化；相反，企业的预期越短，其追求利益的行为越积极，其履行兑现承诺的行为就越消极，明晰的产权制度为人们提供了一个追求长期利益的稳定预期。如果企业的市场价值与其决策者的利益无关，有什么理由要求决策者守信并重视企业的信誉呢？好的信用制度意味着相对稳定、明晰的产权获得法律的保障。因此，产权制度是企业道德的基础。在产权界定下，企业才能明确所有权和经营权，才能明确国有资产和法人财产，才能实现保值和增值，才能促使企业获得最佳资源配置，从而促进企业的盈利。其二，企业的道德建设缺乏制度化的管理和操作。我国很多公益性国有企业道德建设，往往是就道德建设而道德建设，把着眼点多放在道德教育上面，却往往忽视制度的作用。这导致了企业的道德建设缺乏外在保障，直接影响道德建设的效果。从作用方式上来讲，道德是一种软约束，真正发挥作用依靠个人的内在自觉性。而制度则是硬约束与软约束的结合，从硬约束入手，逐步过渡到软约束，从外在的他律过渡到内心的自律；从作用

机制来讲，制度以现实利益为中介，利用人的喜赏畏罚心理直接作用于人的行为层面，效果比较明显，道德却是建立在人的内心自觉基础之上，效果比较慢；从作用效果来看，制度有明细规范，明确告知人们什么样的行为将受到奖励，什么样的行为要受到惩罚，提倡什么、反对什么一目了然，具有很强的操作性。而道德以原则、精神、理念等抽象的形态而存在，缺乏针对性和可操作性。比如企业在道德建设中提出要"爱岗敬业"，但是只对企业员工做这方面的宣传和教育，没有明确的制度规定什么样的行为是爱岗敬业的、是企业提倡的，遵守将得到奖赏，而什么样的行为是企业反对的，一旦触犯将受到惩罚。将道德制度化以后，员工的道德行为有了参照和具体的规定，企业对员工的行为也有了具体的评估和奖惩依据，有了具体的操作系统，企业的道德建设才能真正落实到实处。

（二）环境成因

企业是市场经济的主体，企业的建设和发展受到各种社会环境的影响。企业的道德建设亦是如此。现阶段，影响我国公益性国有企业道德建设的环境因素主要有：第一，市场经济发育程度低。一般而言，在市场规模一定的情况下，市场发育程度越高，信息传递速度就越快。企业道德失范行为的信息就能够在较短的时间内被外部所获取，道德失范行为主体可能承受得不偿失的后果。因而，在市场发育程度越高的地方，企业对其行为的规范意识也就越强。同时，市场发育程度越高，市场的竞争也就越激烈，企业一旦有些道德失范行为，很可能就此退出市场，给企业带来巨大的损失，这也迫使企业千方百计规范自己的行为。而在市场发育程度低的地方则表现为相反的情形。我国的市场经济是在计划经济基础上转型而来的，商品经济发展处于初级阶段，整体水平还不高，市场运作还不够规范，市场行为的道德约束力还比较低，导致一些企业在追求盈利的过程中不择手段，不按道德规范和市场规律行事。因而，市场经济发育程度比较低是制约我国公益性国有企业道德建设进程的一个重要因素。第二，社会不良道德风气的影响。在计划经济向市场经济过渡的过程中，的确存在许多的败德行为和社会信用问题，以至于引发了我国的信用体系危机。社会道德风气对企业的道德建设是有影响的，特别是在社会信用危机背景中影响更大。在这一背景下，社会整体上的道德风气不良，一方面使得企业单一的道德行为需要较高的成本，增加其道德成本；另一方面又为不道德的企业行为打开了方便之门。讲求道德的企业明显处于竞争弱势，严重打击了其道德建设的积极性和主动性。第三，政府对企业道德失范行为的打击力度不够。在市场经济发展成熟的地方，政府对于企业行为的监管不仅依赖于健全的法律体系，而且还要有社会信用体系的保障。一旦企业发生道德失范行为，不仅要受到法律法规的制裁，而且会受到社会道德体系的惩罚，企业不讲道德的成本提高了。而在我国一方面是法律法规的不完善，政府无法对企业失范行为做强有力的打击；另一方面也确实存在有法不依、执法不严的现象，存在严重的地方保护主义，企业的失范行为得不到应有的经济、法律制裁和道德惩罚。企业不道德行为的风险减小，助长了一些不良企业的不道德行为，影响了企业正常的道德建设。

（三）文化成因

目前我国还处于计划经济体制向市场经济体制的转轨时期，这不仅是经济体制的转型，更带来人们价值观念、思维方式的深刻改变，需逐步建立与之相适应的道德体系指导人们的认识，规范人们的行为。其一，多元文化的碰撞。生活在全球经济一体化的状态中，各种文化在同一世界体系中不断碰撞。我国的改革开放必然会带来各种文化，对中国的传统文化，原有的价值观念都是一种冲击。我国既要促进现代市场经济精神对传统农耕文化进行超越和扬弃，又要着手解决后现代文化暴露出来的问题。可以说多元文化交叉和叠加在转轨的过程之中，使得精神信仰更加困惑和混乱。企业道德所面临的不是选择机会的匮乏，而是选择尺度的遗失，不知用何种理念来指导自己的行为，最终只会导致完全实用化和行为短期化。其二，中国传统文化的影响。中国传统文化讲究伦理至上，用政治统摄经济和文化，造成全民族契约意识和职业意识的缺乏，而这两种思想恰是市场经济的文化底蕴。当前我国出现的企业道德失范行为就与我国传统文化中缺乏理性契约精神和职业道德有关。鉴于此，中央颁布《公民道德建设实施纲要》，加强公民的职业道德建设。同时中国传统文化"重义轻利""义利对立"等观念也影响着企业正确价值观和道德规范的确立。中国传统文化强调群体意识，忽视对人的个性的认可与培养，不利于企业成员个人意识的发挥，也让企业在道德建设中忽略了对企业成员主体地位的尊重。这些传统文化观念都束缚了我国公益性国有企业的道德建设。其三，对市场经济的误解。我国改革开放的目标是建立社会主义市场经济体制，因为市场经济较之计划经济更能促进现阶段生产的发展。然而这并不等于照搬西方国家的发展过程，将资本主义原始市场经济时期发生的道德堕落和无序竞争视为发展社会主义市场经济不可避免的代价，并且赋予历史的合理性。因为社会主义市场经济是特定阶段的市场经济，不可能在全球经济体系中再重复原始积累的血腥过程。虽然市场经济是利益经济，存在私人劳动和社会劳动的矛盾以及通过市场解决矛盾的特殊媒介，可能导致某些企业为了获利，利用市场采取不择手段的失范行为，但这并不是市场经济的本性。价值规律和公平竞争同样是市场经济的基石，而且经济行为只有在法律的约束和道德的规范之中才是长远有效的。所以利用对市场经济的错误认识对企业道德失范行为进行辩解，甚至认为腐败是消解转轨时期负面因素的有效力量，成本最低，效益最大，无非是为自己私欲的满足寻求借口。

第三节　我国公益性国有企业道德评价指标体系构建

一、构建公益性国有企业道德评价指标体系的原则

为了全面客观地对公益性国有企业的道德情况进行评价，在选择评价指标时应当遵循一定的原则。选取的指标太少，会造成评价结果的片面性或主观性，降低了评价结果的质量；如果选取的指标过多，又会造成评价的针对性不强，同时，在收集数据的过程中信息处理量较大，不符合成本效益原则。我们认为构建公益性国有企业道德评价指标，应坚持以下原则，适用于准则、指标、分级指标以及整体设计。

（一）整体性原则

指标设计、选择、确定应能够全面反映公益性国有企业道德建设的整体情况，既要客观反映道德建设的全貌，又要体现道德建设的重点；既要反映企业道德建设自身情况，又要反映道德建设的时代精神。

（二）先进性原则

先进性是公益性国有企业道德评价的核心，包括理念的先进性、研究方法的先进性、研究手段的先进性，强调传统与现代的兼容、国内与国外的融合。

（三）科学性原则

科学性原则是保证公益性国有企业道德评价指标客观、全面的基础原则。评价结果只有在符合科学性原则的前提下才能有很强的借鉴作用。具体而言，符合科学原则的指标应满足以下几个方面：①所选指标应能全面客观评价道德建设内容；②所选指标能把握道德建设核心内容；③所选指标应避免重叠和覆盖。

（四）可操作性原则

作为一种具有评价、导引功能的衡量指标，可操作，才能发挥其功能作用。公益性企业道德评价所选指标应具有高度与前瞻性，具有足够的共识和沟通度，能与现实结合。

二、公益性国有企业道德评价指标体系构建

（一）公益性国有企业道德评价指标体系

公益性国有企业道德必须要有一个科学合理的评价指标体系。本书以利益相关者理论为基础构建公益性国有企业道德评价指标体系。利益相关者理论认为每个利益相关者都与企业的生存与发展密切相关，他们对企业的发展起到推动或制约的作用，每个企业都应努力满足利益相关者的经济利益，承担应尽的社会责任，实现企业对利益相关者的经济责任和道德义务。通过对利益相关者理论的梳理，企业利益相关者是一个很广泛的范畴，包括股东、债权人、经理人、员工等企业内部人员，也包括消费者、供应商等交易伙伴；不仅包括政府、居民、社区、媒体、环保主义等外部压力集团，也包括自然环境、人类发展等间接客体。本书以利益相关者与企业的依存度为依据，结合公益性国有企业特质选取股东、员工、消费者、环境、政府、债权人、公益、供应商8个一级指标和相应的25个二级指标构成公益性国有企业道德评价指标体系，如表3-1所示。

表 3-1   公益性国有企业道德评价指标体系

目标层	准则层	子准则层	具体指标
公益性国有企业道德指标评价	股东	治理结构	是否设置 CSR 管理部门，是否设定违法行为内部检举政策，是否制定防止内部交易方面的政策，是否具有完善的监督体系，是否每年按规定时间披露
		股东情况	每股净资产是否实施股权激励制度，高管人员的持股比例，大股东持股比例，是否频繁召开股东大会
		管理透明	每年是否向社会公布年度财务报告；是否成立"道德委员会"，公开审议投资、薪酬、用工、员工行为等有关道德事项；是否公开产品的生产过程、原材料的环保和对健康的影响
	员工	员工管理	女性员工比率，是否使用童工，是否制定少数民族就业政策，是否有防止虐待员工的措施，是否优先录用应届毕业生，是否制定被解雇员工的安置政策，劳动合同签约率
		员工健康	是否制定劳动安全检查机制，是否有职工安全健康制度，是否安排员工进行定期检查，职工生产事故伤亡率
		员工福利	是否制定福利措施，是否享有带薪休假，是否安排职工参与培训，是否提供职工培训费用
		员工责任	是否尊重员工，是否具备安全生产防护，是否发生安全生产事故
		员工聘用	招聘员工时是否存在种族、残障、性别等歧视政策和做法；劳资纠纷、商务纠纷是否依法解决；高管与员工间的薪酬差距是否合理
	消费者	广告宣传	是否建立消费者投诉管理系统，顾客满意率，广告真实程度，广告占年度投资比例
		产品质量	品牌是否通过 ISO9000 认证，品牌渗透率，品牌合格率，产品售后服务，质量抽查合格率
		产品销售	产品和服务质量是否可靠、价格是否合理、无欺诈；是否对产品中的有害成分进行明确说明；售后服务是否诚实可靠
	环境	环保情况	是否通过 ISO4000 认证，是否制定环境指导政策，单位收入不可再生，资源消耗量，环保设施运转率，水资源循环利用率
		绿色研发	研发总额占营业收入比率，环保投资额，环保经费增长率，是否有环保认证的产品，是否制定研发激励政策，研发人员比例
		污染治理	单位收入排放量，单位净利润废物排放量，是否废弃物回收利用，废气物处理措施，是否制定资源回收循环利用措施

续表

目标层	准则层	子准则层	具体指标
公益性国有企业道德指标评价	政府	税费情况	净利润纳税率、纳税总额、资产纳税率、税负比率、税款上缴率、税收增长率
		违规情况	罚项支出比率，行贿受贿新闻披露情况
		捐款及其他	就业贡献率、捐款收入比率、社会捐助率
	债权人	长期负债能力	资产负债率、利息保障系数
		短期负债能力	流动比率、速动比率、现金比率、现金流动比率
	公益	社会贡献	是否制定社会捐款政策，净利率捐款率、收入捐款率
		社区影响	是否有当地社区活动支持，是否产生过当地社区纠纷，是否制定ENV指导方针
		社会责任管理	公开年度社会责任报告，社会责任信息披露完整性
		服务社会	是否积极响应国家"绿色环保"的发展理念，实现零污染排放；是否重视保护知识产权；是否在财务允许范围内，降低能耗、支持扶贫事业；是否按时足额缴纳税款
	供应商	供应问题	应付账款周转率、现金与应付账款比率，是否有不正当商业竞争
		采购情况	是否有CRS采购政策，是否制定供应链CRS评价

（二）公益性国有企业道德评价指标选取

公益性国有企业道德评价指标的选取，既要以相关理论为依据，也要反映公益性国有企业保障民生、服务社会、提供公共产品的原始目标，更要体现社会主义核心价值观。因此，本书在文献分析和实际调研的基础上，根据指标选取的整体性、先进性、科学性和可操作性原则，结合我国公益性国有企业的基本特质，在以上25个二级指标中选取15个操作性较强的指标来反映公益性国有企业道德建设情况：

（1）对股东的道德评价指标。股东是企业的投资者，投资收益是每个股东的基本目标。企业必须要有足够的利润来满足股东的投资收益需求，投资回报是企业对股东应尽的经济责任，否则股东就会减少甚至撤回投资。因此，本书选取与股东回报密切相关的股利分配率和净资产收益率这两个指标来反映公益性国有企业对股东的经济责任和道德义务。这两项指标越高，越反映企业净资产的利用效率高，盈利能力强，企业回报股东的利润空间大。

（2）对员工的道德评价指标。员工为企业生产或销售产品提供劳务，员工都希望有优厚的薪酬待遇和良好的工作环境。薪酬待遇是员工的第一追求，薪酬增加是企业对员工应尽的经济责任和道德义务。因此，本书选取员工工资增长率来反映公益性国有企业对员工的经济责任和道德义务。指标值越大，说明员工工资增长速度越快，企业对员工的道德责任越好。

（3）对消费者的道德评价指标。消费者是企业产品的最终使用者。消费者是否会购买企业的产品受很多因素的制约，但价格因素最为重要。企业必须提供质优价廉的产品来满足消费者的消费需求，产品定价要充分考虑消费者的利益，以成本为基础制定合理的利润率，价格必须充分反映商品的价值。因此，本书选取与消费者利益直接相关的企业成本利润率来反映公益性国有企业对消费者的经济责任和道德义务。该指标反映了企业所应承担的消费者道德责任，该指标值越低，企业对消费者的道德责任越好。

（4）对环境的道德评价指标。随着经济社会的发展，环境因素越来越成为企业道德评价的重要指标。环境保护是企业处理企业成本和社会成本、企业利益和社会利益矛盾，体现企业社会责任和道德水准的重要因素。环境指标更是以社会效益为首要目标的公益性国有企业社会责任和道德义务的重要体现。因此，本书选取单位收入排放量、环保支出收入比和环保支出增长率三个指标来反映公益性国有企业的环境道德建设情况。单位收入排放量指标值越低，企业对环境的负面作用越小，说明企业的环境保护意识越强；环保支出收入比和环保支出增长率越高，越表明企业重视环境保护，对环境的道德责任履行情况越好。

（5）对政府的道德评价指标。市场经济中，政府的经济职责主要有依法征税和制定规范市场行为的法令法规。遵章守法、照章纳税是企业应尽的社会责任。因此，本书从纳税角度对公益性国有企业的道德建设进行评价，选择净利润税率和总资产税率作为公益性国有企业对政府社会责任的评价指标。总资产税率和净利润税率越高，表明企业对政府的社会责任越好。

（6）对债权人的道德评价指标。债权人是向企业出借资金的人。企业必须到期偿还债务并支付利息，否则企业信用就会受到影响。诚信借贷是企业应尽的道德义务。因此，本书选取反映企业偿债能力和借贷信用的两个指标来体现公益性国有企业对债权人的经济责任和道德义务。速动比率和资产负债率，分别反映了企业短期和长期偿债能力。指标值越低，企业的偿债能力和借贷信用越强，越能够体现企业对债权人的经济道德责任。

（7）对公益事业的道德评价指标。公益是所有企业应尽的社会责任，更是公益性国有企业的原始目标。积极从事社会公益事业是企业道德价值的重要体现。本书选取收入捐赠率和净利润捐赠率这两个指标来反映公益性国有企业的公益道德状况。这两项指标值越高，企业对公益事业的道德表现越好。

（8）对供应商的道德评价指标。供应商和企业属于供应链上下游关系，他们为企业提供生产和服务的原材料。保护和实现供应商的经济利益是企业应尽的经济责任和道德义务。本书选取现金应付账款比率和应付账款周转率来反映公益性国有企业对供应商的道德表现。现金应付账款比率反映了企业支付供应商账户现金的能力，指标值越高，企业支付供应商货款担保能力越强；应付账款周转率越高，表明企业占用供应商资金的时间越短，越能够保证供应商的经济利益。

根据以上分析，参照既有企业道德评价指标研究，我国公益性国有企业道德评价指标如表3-2所示。

表3-2　我国公益性国有企业道德评价指标

一级指标	二级指标
股东方面	净资产收益率 X1
	股利分配率 X2
员工方面	员工工资增长率 X3
消费者方面	成本费用利润率 X4
环境方面	环保支出收入比 X5
	环保支出增长率 X6
	单位收入排放量 X7
政府方面	净利润纳税率 X8
	总资产纳税率 X9
债权人方面	资产负债率 X10
	速动比率 X11

续表

一级指标	二级指标
公益事业方面	净利润捐赠率 X12
	收入捐赠率 X13
供应商方面	应付账款周转率 X14
	现金应付账款比率 X15

三、公益性国有企业道德评价方法的选择

（一）评价方法介绍

1. 模糊综合评价法

模糊综合评价法是一种基于模糊数学的综合评价方法。该综合评价法根据模糊数学的隶属度理论把定性评价转化为定量评价，换句话说就是利用模糊数学对受到多种因素制约的事物或对象做出一个总体的评价。根据模糊数学中隶属度理论，它可以解决模糊性和难量化问题，综合评价法将定性评价转化为定量评价，适用于解决各种非确定性问题，即用模糊数学方法对受多种因素制约的事物或对象进行综合评价。

2. 层次分析法

层次分析法是美国著名运筹学家、匹兹堡大学教授 T. L. Saaty 于 20 世纪 70 年代中期提出，它是从系统观点出发，把复杂的问题内部划分为不同组成因素，将这些因素按相关性进行分组，以形成有序的递阶层次结构；通过两两比较判断的方式，确定每一层次中因素的相对重要性；然后在递阶层次结构内进行合成，以得到决策因素相对于目标的重要性的总顺序。

3. 因子分析法

因子分析的基本目的是描述许多由若干因素联系起来的指标或因素，每一类变量都成为多因素的一个因子，与同一类中的几个变量密切相关，利用这一技术，可以很方便地找出影响公益性国有企业的主要因素及其影响，通过较少的数据反映出最原始的信息，其目的是描述许多指标或因素与几个因素之间的关系。利用这一研究技术，还可以对市场细分进行初步分析，并将同一类中更密切相关的变量放在一起，可以很方便地找出影响公益性国有企业的主要因素及其影响。

(二) 评价方法的选择

文中以因子分析法作为公益性国有企业道德评价的方法。因子分析是一种成熟的统计方法，利用因子值对样本进行直接分类和评价，并通过计算因子对每个样本的综合得分进行评价。通过观察内部多变量依赖关系的主要信息，通过几个变量反映出多个因素来代表原始变量。指标权重的建立完全是由数据驱动的，在一定程度上保证了评价结果的客观性。与上述方法相比，因子分析方法考虑了指标之间的关系，并将多指标简化。在构建公益性国有企业社会责任评价指标体系时，大大提高了评价的效率。因此，文中选择因子分析法确定指标权重。

第四节　我国公益性国有企业道德评价指标体系的实证研究

一、样本选取

文中以 2016 年江西省内公益性国有企业为研究对象。其中，捐赠支出数据来源于深圳证券交易所网站披露的公益性国有企业公司 2016 年年报，财务指标类数据来源于国泰君安金融数据库。样本量共计为 102 个，其中，包括铁路、公交、公路、教育文化和卫生医疗 5 个行业，企业数量分别为 19 家、23 家、15 家、25 家和 20 家，如表 3-3、表 3-4 所示：

表 3-3　样本企业

行业	企业名称
铁路	江西省铁路投资集团公司、江西铁路实业发展有限公司、中国铁路南昌局集团有限公司、南昌轨道交通集团有限公司、赣州市地方铁路建设投资有限公司、昌九城际铁路股份有限公司、南昌轨道交通地铁运营有限公司、江西省地方铁路建设集团公司、九景衢铁路江西有限责任公司、江西省南昌铁路局、江西瑞威铁科铁路工程有限公司、江西萍实铁路发展股份有限公司、江西铁路经济开发总公司向塘车站、中铁四局集团有限公司、江西铁路实业发展有限公司、九江铁路旅行社有限责任公司、江西铁路经济开发总公司上饶机务段公司、江西上饶地区地方铁路开发公司、江西铁路经济开发总公司南昌西站公司

续表

行业	企业名称
公交	鹰潭市公共交通有限责任公司、九江公交集团公司、江西南昌公交总公司、景德镇市公共交通公司、江西萍乡公交公司、新余市公交公司、鹰潭市公共交通有限责任公司、赣州市公共交通总公司、宜春公交集团有限公司、上饶市公共交通有限责任公司、吉安公共交通有限责任公司、抚州市公共交通总公司、萍乡市公共交通总公司、德兴市公交客运有限公司、江西乐平公交公司、玉山县公共交通公司、南昌公交集团二公司、江西长运吉安公共交通有限责任公司、江西省吉水县公共汽车公司、瑞昌市公共交通公司、江西省赣县公共汽车公司、江西南昌公共交通运输集团有限责任公司、吉安市公共交通公司
公路	抚州公路客运公司、赣州高速公路有限责任公司、江西省高速公路投资集团有限责任公司、江西昌泰高速公路有限责任公司、抚州高速公路有限责任公司、江西投资集团资溪高速公路投资开发有限公司、江西景鹰高速公路公司、九江高速公路发展有限公司、南昌高速公路有限公司、江西省高速公路投资公司景德镇管理中心、江西省宜春公路建设集团有限公司、上饶市上武高速公路经营管理有限责任公司、上饶市交通建设投资集团有限公司、抚州市资光高速公路有限责任公司、江西赣粤高速公路股份有限公司
教育文化	江西新华云教育科技有限公司、景德镇陶溪川产业运营有限公司、江西省江教国际教育文化有限责任公司、江西人杰教育文化发展有限公司、江西人本文化教育咨询服务有限公司、江西省南昌县文化旅游投资有限公司、深圳市现代教育科技文化有限公司江西分公司、江西教育传媒集团、全南县旅游投资发展有限责任公司、江西华赣文化旅游传媒集团有限公司、江西省廉政文化教育基地、江西省红色文化研究会井冈山培训中心、赣州旅游投资集团公司、江西大展文化传播有限公司、江西吉安市井冈山开发区金庐陵经济发展有限公司、江西省国邦文化创业园有限公司、江西国藏金业文化传播有限公司、江西文化演艺发展集团、江西新华国际教育咨询有限公司、浙江新通留学有限公司南昌分公司、江西斯沃德教育文化发展有限公司、江西当代教育文化传播公司、江西风景独好传播运营有限责任公司、江西旅游文化有限责任公司、江西华赣文化旅游传媒集团有限公司
卫生医疗	国药集团江西医疗器械有限公司、江西黄庆仁栈华氏大药房有限公司、江西江中制药（集团）有限责任公司、樟树市医药产业投资发展有限公司、袁州医药工业园开发建设有限公司、侨明医疗器械有限公司、南昌县医药有限责任公司、江西易通医疗器械有限公司、国药器械宜春有限公司、吉安市医药公司、上饶市医药公司、正药业集团坤药抚州分公司、江西新源医药有限公司、江中药业股份有限公司、江西诚信新特药医药有限公司、江西九华药业有限公司、江西省医药集团有限公司、赣州医药有限责任公司、江西江中中药饮片有限公司、江西上饶市康可得生物科技有限公司

表 3-4 样本企业行业分布

行业	公司数量（家）
铁路	19
公路	15
公交	23
教育文化	25
卫生医疗	20
合计	102

二、评价方法

本书以因子分析法评价公益性国有企业道德。因子分析法是一种成熟的统计方法，利用因子值对样本进行直接分类和评价，并通过计算因子对每个样本的综合得分进行评价。因子分析的主要目的是通过观察内部多变量依赖关系的主要信息，抓住主要矛盾，在众多因素中找出几个关键因子来分析评价所研究的对象；因子分析法的指标权重建立完全是由数据驱动，数据处理完全电算化，在一定程度上保证了评价结果的客观性和科学性；因子分析方法考虑了指标之间的关系，并将多指标进行简化，保证了评价过程的可操作性。因此，本书选择因子分析法作为确定指标权重、评价公益性国有企业道德建设状况的基本方法。运用 SPSS 软件，将多种因素进行归一化处理，SPSS 软件可以直接计算各因子的得分，并直接以因子变量的形式输出。企业道德评价的综合得分，可以运用如下函数完成：

$$V_i = \sum a_{ij} F_{ij}$$

式中，V 表示企业的社会道德评价的综合得分，a 表示企业指标的权重，F 表示企业不同指标的得分，i 表示企业的序号，j 表示指标的序号。

三、因子分析结果

（一）主因子的分析结果

运用因子分析法，首先确定公共因子的个数，主要目的是确定能够解释指标值变量之间相关关系的最小因子个数。我们采用主成分分析法提出公因子，并根据特征值大于1的原则提取了8个因子。这8个主因子的特征值分别为3.723、2.301、1.729、1.372、1.138、1.073、1.278和1.047；8个特征值方差占总方差百分比的累计值为82.716%，即8个因子所解释的方差占整个方差的82.716%，能较全面地反映原指标所包含的信息。

为了使主因子更具解释意义，我们对相关系数矩阵进行方差极大化旋转，得到主因子旋转后的特征值和方差贡献率及载荷矩阵，结果如表3-5、表3-6所示。

表3-5　主因子的特征值及累计方差贡献率

主因子	特征值	贡献率（%）	累计方差贡献率（%）	特征值	贡献率（%）	累计方差贡献率（%）
1	3.723	23.268	23.268	3.263	20.143	20.143
2	2.301	18.381	41.649	2.123	17.267	37.410
3	1.729	14.804	56.453	1.717	14.419	51.829
4	1.372	10.574	67.027	1.546	11.289	63.118
5	1.138	8.110	75.137	1.325	9.909	73.027
6	1.073	6.080	81.217	1.163	8.190	81.217
7	1.278	7.490	83.071	1.125	7.079	82.412
8	1.047	8.109	84.259	1.069	6.271	87.491

表3-6　旋转后因子载荷矩阵

选取指标	因子1	因子2	因子3	因子4	因子5	因子6	因子7	因子8
净资产收益率 X1	0.872	-0.162	-0.007	-0.027	-0.098	-0.012	-0.073	-0.023
股利分配率 X2	0.768	0.154	0.146	0.012	-0.015	0.324	0.379	0.576
员工工资增长率 X3	-0.105	-0.017	0.044	0.000	0.698	0.231	0.348	0.013
女性员工比率 X4	-0.151	0.235	0.041	0.165	0.809	0.165	0.212	0.121
职工获益率 X5	0.131	0.016	0.231	0.613	0.587	-0.263	-0.231	0.023
成本费用利润率 X6	0.156	0.026	0.841	0.151	0.446	0.265	0.013	0.067
产品售后服务 X7	0.546	-0.165	0.638	0.165	0.168	0.597	0.126	0.132
顾客满意率 X8	0.418	0.026	0.715	0.158	-0.154	0.154	0.133	0.211

选取指标	因子1	因子2	因子3	因子4	因子5	因子6	因子7	因子8
环保支出收入比 X9	0.154	0.165	0.384	0.021	-0.156	0.158	0.831	0.023
环保支出增长率 X10	0.264	0.054	-0.165	0.157	0.125	0.154	0.646	0.013
单位收入排放量 X11	-0.125	0.887	0.008	0.035	-0.015	0.076	0.759	0.236
净利润纳税率 X12	0.153	-0.159	0.268	0.718	0.658	0.718	0.124	0.135
总资产纳税率 X13	0.234	0.135	0.165	0.984	-0.315	0.984	0.148	0.024
资产负债率 X14	-0.123	0.725	0.027	0.895	0.054	0.103	0.035	0.042
速动比率 X15	0.017	0.654	-0.016	0.862	0.031	0.016	0.241	0.014
净利润捐赠率 X16	0.049	-0.365	0.036	0.887	0.253	0.014	0.027	-0.015
收入捐赠率 X17	0.418	0.365	0.021	0.658	-0.089	-0.021	-0.057	0.016
应付账款周转率 X18	0.010	0.199	0.100	0.030	-0.019	-0.033	0.219	0.895
现金应付账款比率 X19	-0.015	0.052	0.109	0.050	0.397	-0.109	-0.105	0.862

（二）不同行业的因子分析结果

对铁路、公路、公交、教育文化和医疗卫生 5 个行业的 8 个主因子变量进行回归处理，得出 5 个不同行业道德因子得分分别为 -0.0185、0.1176、0.0855、-0.1497 和 0.1176，如表 3-7 所示。

表 3-7　不同行业的因子分析结果

行业	债权人	股东	公益事业	政府	供应商	员工	消费者	环境	因子得分
铁路	0.0578	-0.0561	-0.1252	-0.0428	0.0245	0.0137	-0.0483	-0.0234	-0.0185
公路	0.6239	0.3033	-0.2019	-0.0251	-0.1749	0.2302	-0.0009	0.1343	0.1176
公交	-0.4080	0.2829	0.7244	0.6365	-0.3413	-0.1490	-0.0116	0.3234	0.0855
教育文化	-0.4781	0.0280	-0.6678	0.0293	0.0355	-0.3683	0.3509	-0.1435	-0.1497
卫生医疗	0.6329	0.3033	-0.2019	-0.0251	-0.1749	0.2302	-0.0009	0.2122	0.1176

（三）道德评价指标体系因子分析结果

将上述结果整理成表 3-8，可以发现我国公益性国有企业各利益相关者道德建设水平的不同程度。其中，股东与员工所占权重最大，分别为 22.156% 和 15.593%；不同行业的公益性国有企业逐渐重视公益性事业和环境治理，其权重比为 13. 489% 和 11. 824%；与之相比，公益性国有企业对政府、供应商、消费者及债权人的权重占比较小，依次为 11. 148%、10. 789%、8. 754% 和 7. 798%。

表 3-8 企业道德建设指标体系因子分析结果

企业道德建设内容	指标	因子载荷量	累计方差贡献率（%）
股东方面	净资产收益率 X1	0. 872	22. 156
	股利分配率 X2	0. 768	
员工方面	员工工资增长率 X3	0. 698	15. 593
	女性员工比率 X4	0. 809	
	职工获益率 X5	0. 589	
消费者方面	成本费用利润率 X6	0. 841	8. 754
	产品售后服务 X7	0. 638	
	顾客满意率 X8	0. 715	
环境方面	环保支出收入比 X9	0. 831	11. 824
	环保支出增长率 X10	0. 646	
	单位收入排放量 X11	0. 759	
政府方面	净利润纳税率 X12	0. 718	11. 148
	总资产纳税率 X13	0. 984	
债权人方面	资产负债率 X14	0. 725	7. 798
	速动比率 X15	0. 654	
公益事业方面	净利润捐赠率 X16	0. 887	13. 489
	收入捐赠率 X17	0. 658	
供应商方面	应付账款周转率 X18	0. 895	10. 789
	现金应付账款比率 X19	0. 862	

四、主要结论与政策建议

（一）主要结论

本书以 2016 年江西省公益性国有企业为研究对象，运用因子分析法对公益性国有企业道德建设进行实证分析，得出如下三个主要结论：

（1）行业之间各道德因子的表现差异较大。对债权人道德因子卫生医疗行业最高，分值 0.6329，教育文化行业最低，分值−0.4781；对股东的道德因子公路和卫生医疗行业最高，分值 0.3033，铁路行业最低，分值−0.0561；对公益事业的道德因子公交行业最高，分值 0.7244，公路和卫生医疗行业最低，分值−0.2019；对政府道德因子公交行业最高，分值 0.6365，铁路行业最低，分值−0.0428；对供应商的道德因子教育文化行业最高，分值 0.0355，公交行业最低，分值−0.3413；对员工的道德因子公路和卫生医疗行业最高，分值 0.2302，教育文化行业最低，分值−0.3683；对消费者的道德因子教育文化行业最高，分值 0.3509，铁路行业最低，分值−0.0483；对环境的道德因子公交行业最高，分值 0.3234，教育文化行业最低，分值−0.1435。这种差异产生的原因可能是不同行业公益性国有企业道德履行没有统一标准的监管和惩罚机制，同时不同行业对企业道德建设的利弊认识各异。

（2）行业之间道德责任履行情况差异较大。从不同行业道德因子分析结果可知，卫生医疗、公路、公交、铁路和教育文化五大行业道德责任得分分别为：0.1176、0.1176、0.0855、−0.0185、−0.1497。道德履行情况最差的是教育文化行业，总因子得分为−0.1497 分；履行情况最好的是卫生医疗业，总因子得分为 0.1176 分，最高分与最低分之间差距较大。

（3）企业对利益相关者道德履行情况差异较大。随着市场经济的深入有序发展和道德规范的不断完善。我国公益性国有企业越来越重视企业道德建设，公益性、社会性、公共性意识日益增强。但对不同利益相关者的道德履行情况同样存在较大差异。从道德建设指标体系因子得分分析结果也可以看出，公益性国有企业对股东、员工、公益事业、环境、政府、供应商、消费者和债权人的累计方差贡献率分别为 22.156%、15.593%、13.489%、11.824%、11.148%、10.789%、8.754%、7.798%。从这一结果可以看出，公益性国有企业对不同利益相关者的道德履行重视程度有较大的差异，对股东和员工的道德履行责任最为重视，但对于供应商、债权人及消费者等方面的道德责任重视程度还有待加强。

（二）我国公益性国有企业道德建设所存在的主要问题

通过以上分析可知，我国公益性国有企业在道德建设方面取得了可喜的成绩，但仍然存在不少问题，具体表现为：

（1）利用信息优势谋取利益。公益性国有企业的主要职责是为社会提供公共产品和准公共产品。因公共产品本身的非竞争性和非排他性特征，公益性国有企业在产品定价、生产成本、产品质量、服务水平等信息分布上具有明显的信息垄断优势，而社会成员则处于信息劣势方。社会成员由于信息劣势而难以对其进行有效的监督。在这种信息分布不对称的状态下，如果没有良好的道德约束，很可能导致公益性国有企业利用其信息优势谋取自身利益的失得失范行为。我国铁路、公路、供电供水供气、教育卫生等公益性部门都不同程度地存在这方面的道德问题。

（2）道德认知不平衡。部分企业领导干部的道德认知不到位，每个员工能力及水平高低有所差别，是公益性国有企业道德建设发展不平衡的主要表现。其一，不同性质员工的道德认知不平衡。随着市场经济需求和企业战略、企业发展模式需求变化，公益性国有企业的人员结构出现了重大变化，劳务人员中大量增加了农民工等临时员工，出现了所谓"正式工"和"临时工"之分，虽然公益性国有企业近年来增加了这些特殊的群体思想道德建设，然而企业中的各个阶层员工的个性心理、心理素质、文化素质的不同导致了公益性国有企业思想道德建设很难平衡发展；其二，不同企业间的道德认知不平衡。虽然同属于公益性国有企业，但企业与企业之间也存在行业特点、管理模式、经营业绩、福利待遇和企业文化等方面的不同。不同企业对道德的认知也不相同；此外，部分公益性国有企业在道德建设中的"软硬件"失衡导致了道德认知不平衡。部分企业领导只考虑企业生产量，只谈企业生产成绩，在这些业绩上投入了大量的财力、人力和物力，而在企业员工的思想道德建设上走形式主义，甚至部分企业直接放弃思想道德建设，导致企业只注重经营业绩而忽略道德建设。

（3）政府监管和约束机制不完善。我国公益性国有企业产权隶属于各级政府相关部门（主要是国资委），政府和公益性国有企业形成了所谓的"委托代理关系"，政府作为委托方，企业则为代理人。像一般经营性企业一样政府和公益性国有企业也会产生难以解决的"委托—代理矛盾"。由于定性不同，政府把公益性国有企业的社会效益放在第一，而公益性国有企业由于其"企业"定位，则可能更加注重经济效益；根据信息不对称理论，作为信息劣势方的政府难以对公益性国有企业进行全方位的有效监督和约束，公益性国有企业有可能做出损坏委托人（政府）利益的失范行为；由于特定的体制机制，政府部门往往是公益性国有企业的实际控制人或最大股东，而企业则成为政府实现其某些职责的重要手段，双方极有可能形成"互利"关系。在企业获取利益时，为迎合政府的需要，企业管理者往往会盲目扩大企业规模，而轻视成本控制与经济效益，而在公益性国有企业连年亏损时，国家提供无限的支持，公益性国有企业在能得到国家无限支持的情况下变得不愿意过多考虑生产成本及经济效益，加大政府财政压力。这种结果往往会带来社会公众对政府和公益性国有企业的道德诟病。

（4）自然垄断导致道德失范。公益性国有企业的非竞争性特质，使其他企业难以进入该市场，再加上国家和政府对公益性国有企业的保护，导致公益性国有企业在某些行业中的自然垄断现象严重。垄断条件下的效率低下、人员冗多、官僚主义等积弊在我国公益性国有企业中同样存在。信息封锁、垄断定价、捆绑销售、寻租腐败等道德失范现象在我国公益性国有企业中时有发生。

（三）政策建议

针对上述我国公益性国有企业在道德建设方面存在的问题，提出以下政策建议：

（1）制定国家层面的公益性国有企业道德评价标准。从以上研究可知，公益性国有企业道德实际与理想目标距离相去甚远，且行业、企业之间具有一定差异性。因此，需要制定一个统一完整且具有指导性的公益性国有企业道德评价指标体系，从企业内部及利益相关者角度全方位考虑企业道德实践过程，制定国家层面的科学合理的公益性国有企业道德评价标准。另外，政府出台的评价指标体系有政策指导性作用，更具权威性和可操作性，对公益性国有企业的道德实践具有很强的指导和规范意义。

（2）完善公益性国有企业道德建设信息披露制度。在企业道德建设中，不少公益性国有企业或多或少地存在利用信息优势谋取利益的失德失范行为。因此，有必要制定完善的公益性国有企业道德建设信息披露制度，加强企业经营的公开性和透明度。例如，增强企业财务报表方面的信息透明度，提高信息披露的质量及可信度。但必须提出的是，不同行业间的情况不同，每个行业需要根据自身的特性，设计不同的信息披露方式，增强公众的监督权和知情权。

（3）加强公益性国有企业道德审计。目前公益性国有企业道德信息一般通过"社会责任报告"形式披露，缺乏外部的有效监督，同时在道德信息的透明度方面也有所欠缺。因此，必须像企业经济责任审计一样，加强公益性国有企业道德审计工作，如建立企业道德审计委员会、建立道德鉴证机制、由第三方作为道德审计监督单位、定期对企业进行道德审计等，提高企业道德履行意识，准确评判企业道德建设情况。

（4）深化体制机制改革，加强政府监管。由于产权关系模糊和信息不对称等带来的政府和公益性国有企业之间的"委托代理矛盾"，政府难以对公益性国有企业为追求自身利益而损害委托人（政府）利益的失德行为进行有效监督。因此，政府必须通过对公益性国有企业体制机制的改革，进一步明确政府和公益性国有企业的关系，明确企业产权关系和法人主体地位，自我负责、自担责任；明确政府的保障和监督功能，加强政府对公益性国有企业的有效监督。

（5）加强公益性国有企业道德宣传教育。目前公益性国有企业在转型中面临着许多不确定性。不少公益性国有企业的公益性目标不强，公益性认知薄弱，全社会应加强公益性国有企业道德建设宣传力度，加强舆论导向，强化公益性国有企业道德建设的示范和引领作用，减少公益性国有企业生产经营中的道德风险。

| 第四章 |
企业道德委员会建设
——以国有大中型企业为例

第一节 导论

一、研究背景、目的及意义

（一）研究背景

我国在经历了 40 多年的改革开放之后，经济社会有了迅猛的发展，取得了举世瞩目的成就。在经济社会发展水平不断提升的同时，作为市场经济极为重要的细胞——企业，面对全球经济一体化和日趋激烈的市场竞争环境，如何进一步创新企业治理体系，加强企业的现代化管理、提高企业的竞争力、保证企业能够在市场竞争中永续制胜，一直以来都是学术界和企业界思考的重要问题。改革开放以来，随着市场经济的不断发展，市场竞争的日趋激烈，我国部分企业在发展过程中为了谋取更多经济利益，实现利润最大化，在生产经营活动中出现了一系列的违德、违纪甚至违法事件，企业道德问题时有发生，屡见不鲜、屡禁不止。这不仅使企业生产经营活动陷入困境，而且还直接引发了一定范围内的社会动荡和不安，造成了严重的影响，败坏了社会风气。企业道德建设问题引起了社会各界的高度关注，只有将企业伦理道德建设贯穿于企业生产经营活动的全过程，才能提升企业的社会形象、才能增加企业的核心竞争力成为社会各界的广泛共识。企业作为社会化的市场主体，既有追求自身经济利益的市场理性，也有承担社会责任的道德义务。随着我国市场主体的发展壮大，企业在追求自身经济利益的同时，进一步加强道德建设成为企业自身发展的重大任务。国有大中型企业是我国市场经济建设的中坚力量，是国计民生的基石，是社会主义基本经济制度的重要体现。国有大中型企业的社会性、公共性特质，要求其在社会主义企业道德建设中起到引领和示范作用。新形势下进一步推进国有大中型企业的改革和发展，提高国有大中型企业核心竞争力，必须高度重视国有大中型企业的道德建设，加强国有大中型企业道德治理体系创新。国内外企业道德建设经验表明，企业道德委员会制度是企业道德建设的重要环节，是企业道德治理体系现代化的重要组成部分。企业道德委员会制度能够很好地规范和引领企业的道德建设，对提升企业社会形象，改善企业生产经营环境，提高企业社会效益和经济效益有着极大的推进作用。将企业道德元素纳入企业的生产经营管理当中，建设企业道德委员会，既是我国国有大中型企业生存和发展的内在要求，也是我国客观经济社会形势发展的大势所趋。

（二）研究意义

在对西方国家道德委员会制度理论和实践研究的基础上，总结出我国国有大中型企业道德委员会建设方面存在的问题及原因，借鉴西方国家企业道德委员会制度建设的成功经验，提出具有中国特色的国有大中型企业道德委员会制度建设的建议和对策。

1. 科学意义

目前，国内关于企业道德委员会制度的研究相对较少，大多只是停留在企业伦理道德概念、企业伦理道德的构成要素、企业伦理道德建设的必要性等理论层面的研究，对从企业治理体系角度如何构建科学合理的企业道德委员会制度研究甚少。本章旨在借鉴国外企业道德委员会制度建设的成功经验基础上，探索我国国有大中型企业道德委员会制度建设的理论基础和可行路径，从而进一步推动国内企业道德委员会制度建设研究。

2. 实践意义

对我国国有大中型企业道德委员会制度建设的研究，不仅可以进一步提升我国国有大中型企业的社会责任意识，还可以在一定程度上规范国有大中型企业的道德行为，促进企业与社会的协调发展。企业道德委员会制度建设既符合构建社会主义和谐社会的需要，也符合大中型企业自身可持续发展的需要，更是新时代背景下国有大中型企业自身追求的目标。

二、国内外研究现状

（一）国外研究现状

国外关于企业道德委员会的研究是在企业伦理、企业道德问题研究的基础上形成的。企业伦理（Business Ethics）在我国常常被译为企业道德伦理、商业道德等，在国内现有的大部分文献中，绝大部分研究者将企业道德伦理和企业道德视为等同，在很多场合下基本不做区分，常常会交换使用或者并行应用。企业道德问题的研究始于"现代经济学之父"亚当·斯密，引起广泛关注是在 20 世纪 60~80 年代。亚当·斯密在其著作《道德情操论》中提出，"人在追求自身物质利益的同时要受到道德观念的约束，不可伤害他人，而要帮助他人，人既要'利己'也要'利他'，道德与正义对于社会乃至于市场经济的运行至关重要"。20 世纪 60 年代企业伦理学成为相当一部分大学管理专业必修的正式科目，企业伦理研究进一步深化，一些专门性研究机构纷纷建立，企业伦理学的一些基本问题得到深入讨论。企业伦理道德问题的研究围绕着企业社会责任问题而展开，同时企业伦理道德正式进入管理学院课堂。"企业伦理"这一概念的正式提出，相关学科也正式确立。美国政府在 1962 年公布的《对企业伦理相应行动的声明》这一报告中表达了公众对企业生产经营中伦理道德问题的极大关注。同年，威廉·洛德（William Ruder）在美国管理学院联合会成员中发起的一项有关开设企业伦理道德课程必要性的调查中得出，企业伦理学应该成为管理教育的重要组成部分这一结论。1963 年，T. M. 贾瑞等编写了《企业伦理案例》一书，搜集了形形色色的企业伦理案例，并对其进行了分析研究。1968 年，美国天主教大学校长 C. 沃尔顿在其《公司的社会责任》一书中，倡导公司之间的竞争要以道德目的为本。20 世纪七八十年代，企业伦理道德问题研究在深度和广度两个方面迅速扩展，从单学科转向多学科研究，从理论研究转向制度建设研究，企业道德委员会的建设成为学界和企业关注的重大问题，众多学者对企业道德委员会建设的意义、理论基础和建设路径等展开了深入研究。

（二）国内研究现状

国内学者高度重视企业道德建设研究，认为任何企业在建设发展过程中都应包含企业道德伦理方面的建设，企业的发展不能仅仅从局部利益出发，要从整体和长远角度看问题。一个企业如果想要发展得更好更长久，建立企业道德制度是必不可少的。陈卫红等（2013）从制度创新的角度，提出了我国企业道德伦理建设的相关问题，探索研究了现代企业在生产经营过程中的企业道德制度构建模式。曾晖等（2005）认为，企业道德伦理建设要求企业能够在生产经营过程中制定出一套切实可行的行为规范，道德伦理条例的制定是企业伦理价值体系的基础工程。对于道德委员会的建设问题，张世云、温平川（2009）认为，在董事会中增设伦理道德委员会，制定伦理道德准则，将事后的外部惩罚机制转向事前的内部预防机制，是从公司层面提升公司伦理道德水平的重要措施。孙明贵（2013）提到，设置道德责任者和道德委员会是强化企业道德管理的重要环节。林颖、苏勇等（2005）认为，借鉴国外的企业伦理道德实践，设置道德责任者和道德委员会是企业伦理监督机制的一种表现。曹刚（2011）认为，作为相关专业的决策者都应该具备此专业的决策能力和基础，同理，在企业发展过程中遇到道德伦理难题时也必然由有基本道德能力的决策者进行决策，为此，必须建立专门解决企业道德难题的企业道德委员会。

第二节　国外企业道德委员会建设经验

一、国外道德委员会建设案例

（一）世界银行道德委员会

说到道德委员会，可能最有影响力的要说到 2007 年世界银行行长为其女友加薪这一事件。事件起源于前世界银行行长沃尔福威茨涉嫌替他的女友大幅提薪，由世界银行 24 位董事中的 7 人组成的道德伦理委员会就沃尔福威茨的此项行为进行调查，并最终根据调查结果进行公平裁决，裁定沃尔福威茨为其女友加薪问题超越了他的职权范围，违反了利益回避原则，事件引发的争议给世界银行的声誉和诚信带来了"负面影响"，给世界银行的监管和扶贫活动带来了"严重问题"，导致世界银行陷入了"领导危机"。他们认为沃尔福威茨的加薪行为触犯了企业根本利益，是有罪的行为。为此，前世界银行行长沃尔福威茨因卷入"女友门"丑闻而结束世界银行行长职务。对于这一事件，人们更多的关注在于世界银行道德委员会这一机构上。世界银行道德委员会对"掌门人"做出的公正裁决充分说明了企业道德委员会在企业活动中的重大作用，整个社会开始高度关注企业道德治理体系建设。作为诚实守信企业典范的世界银行，道德谴责已经成为一种制度性的存在，道德委员会已经成为其企业治理结构中必不可少的重要组成部分，一旦企业在发展过程中出现问题，包括伦理问题、违规违纪问题，无论问题的大与小都会受到企业道德委员会的惩罚。简单说就是，即使走法律程序无法解决的一些企业道德问题、轻微违规问题，依旧有一个部门能够对其进行谴责和制止，甚至会迫使相关责任人在道德谴责压力下引咎辞职。也就是说道德委员会已经有了一定的权力约束。目前，国内的一些企业正是因为道德委员会的缺失，致使其违德违规操作屡禁不止，资本无道德、财富非伦理、为富可以不仁，最终导致绝对腐败。俗话说："源浊则流浑，源澈则流清"，如果能从源头抓起，建立企业道德委员会，将问题解决于源头，或许会减少很多企业失德失范行为。虽然企业道德委员会的权力具有局限性，不能全面解决现有企业发展中存在的所有道德问题，但这并不能否认企业道德委员会存在的必要性。我国部分企业在发展过程中出现的"苏丹红""地沟油""毒牛奶""三聚氰胺"等为谋取利益而违背道德的典型问题，也从实践层面说明了企业道德委员会建立的必要性。这种企业不仅在国际上无法得到认可，在国内市场同样无法被人接受。一个忽视道德、无视行业规范、亵渎法律的企业，是不可能对企业、对社会负任何责任的。

（二）考克斯圆桌委员会

考克斯圆桌委员会类似于企业的道德委员会，1986 年由飞利浦电子前任总裁弗雷德里克·飞利浦（Frederick Philips）和欧洲工商管理学院（IN-SEAD）副主席奥利维尔·吉斯卡德·德艾斯丁（Olivier Giscard d'Estaing）倡议建立。圆桌委员会的目的在于缓解日趋紧张的贸易局势，旨在通过赋予私营企业权力和提高公共治理能力改善全球经济社会环境。它关心所有参与国之间的经济和社会关系的发展，也关心这些国家对世界其他国家应当承担的共同责任。圆桌委员会所注重的是强调全球公司责任，减少威胁世界和平与稳定的社会及经济因素。圆桌委员会认为，实行共同领导制对建设一个有朝气而和睦的世界是不可或缺的，强调在共同尊重就业与资本流动的基础上使经济活动及其影响不断地全球化。法律和市场的制约很必要，但还不能充分指导商业行为，强调公司的基本职责是对公司行为和政策负责，并尊重利益相关者的尊严与利益。肯定道德准则在经济决策中的合法性与中立性。没有道德准则，就没有稳定的经济关系和全球的可持续发展。

圆桌委员会认为任何一个商业行为都应该为改善现行的商业和社会问题贡献一分力量。1991年，考克斯圆桌委员会提出了七条商务原则作为履行公司责任的行为基础：①公司责任，从股东变为利益相关者。公司的作用是创造财富和就业，并以合理的价格及与价格相应的质量向消费者提供适合销售的产品和服务。为发挥该作用，公司必须保持其经济健康和活力，但公司生存并不是公司的唯一目标。公司的另一个作用是与公司顾客、雇员和利益相关者分享创造的财富，提高他们的生活水平。供应商和竞争商应该本着诚实公正的精神履行义务，相信这样才会带来更多的商机。公司是地方性、全国性、地区性和全球性社区（人群）中勇于负责任的成员，影响着所在社区的未来。②公司对经济和社会的影响：面向革新、公正与全球性社区。建立在海外的发展、生产或销售公司应通过创造就业机会、提高当地人们的购买力，为所在国家的社会进步做出贡献，同时应关注所在国家的人权、教育、福利，激发社区生命力等。此外，公司应通过革新、有效地使用自然资源、自由公平的竞争，为所在国家和全球的经济、社会进步做出贡献。这种贡献是广义的，包括新技术、生产、产品、经销和通信等。③公司行为：从遵守法律条文发展为信任精神。除了合法的商业秘密外，公司应认识到，真诚、公正、真实、守信与透明不仅有利于经济活动的信誉和稳定，而且有利于提高商业交易（尤其是国际商务）的效率和顺利性。④遵守规则：从贸易摩擦发展为贸易合作。为避免贸易摩擦，促进更为自由的贸易，保证商业机会均等、各方得到公平相同的待遇，公司应遵守国际国内规则。此外，公司还应认识到，尽管有些行为合法，但仍可能带来不利后果。⑤支持多边贸易：从孤立走向世界。公司应支持关贸总协定、世界贸易组织的多边贸易系统和其他类似的国际合约。公司应积极配合，提高贸易的合理自由度，放宽国内政策，减少这些政策对全球经济的不合理障碍。⑥关注环境：从保护环境发展到改善环境。公司应保护并在可能的情况下改善环境，促进可持续发展，防止自然资源的浪费。⑦防止非法运行：从利润发展到和平。公司不可参与或包庇贿赂、洗钱等腐败活动，也不可从事武器交易和用于恐怖活动、贩毒或其他有组织犯罪的物品交易。

1991 年圆桌委员会公布的商业伦理原则，强调道德在商业决策中的价值，旨在建立一种能够对商业行为进行评估的世界标准，试图应用某种程序完成利益的分享和不同利益的调和，同时被全世界商业所接受，并逐步扩大标准的使用。此原则源于两个基本的道德观念：为共同利益生活和工作与人格尊严，即"共生"和"人格尊严"两个道德观念。"为共同利益生活和工作"告诉我们的是在同一片蓝天下，在健康的前提下，公平竞争，并且和平共处，实现同一个梦想，共同合作繁荣。"人格尊严"则旨在告诉我们在任何时候都要以个人价值和人格信仰作为最高目标，而不是简单地以尊严完成他人交代的任务或者工作指令。

二、国外企业道德委员会建设的核心内容

（一）国外企业道德委员会工作的主要内容

从国外已经成立道德委员会的企业实践来看，道德委员会的工作贯穿于生产经营活动的全过程，对企业生产经营活动实施全过程道德管理。企业道德委员会一般从以下几个方面开展工作：一是建立专门负责机构，由专门人才负责企业道德工作的运作，并协调企业其他部门共同参与道德工作；二是颁布《商业行为守则》或《员工行为守则》以及其他配套文件，明确企业在道德与合规方面的核心价值和主张；三是加强沟通、宣传与培训，通过与公司高层定期沟通，提升经营者对道德工作的重视，使企业员工和关联方清楚企业在道德方面的具体要求并融入商业活动中；四是对违规行为的举报和处罚，鼓励员工举报发现的违规行为并对违规者进行处罚，彰显企业道德工作的威慑力，对在道德方面表现良好的员工给予奖励，为其他人树立榜样。

在道德建设工作中，企业道德工作负责人应该注意以下三个重要方面：一是不能为了道德而道德。道德工作的负责人应当避免因错误地解释和提出道德要求而使公司的利益受到不应有的损失。二是道德的目的不是扼杀有问题的工作，打乱现有工作方式，而是要使有问题或可能产生问题的工作，变得没有问题，以实现企业既定目标。道德工作人员要参与企业在发展过程中所面临的诸多具体问题的讨论，协助企业管理人员找到既符

合道德原则、规定，又可行的解决问题的方法。三是道德工作是个循序渐进的过程，不能采取一蹴而就的方式进行。道德制度的建立是一个不断认识、不断寻找、不断发现、不断调试、不断深化和不断完善的过程。道德工作团队要有大局观念、合作观念、服务观念与学习观念。唯有通过耐心、细致和有创造性的工作，道德工作团队才能为企业的发展找到切实可行的保护措施，体现自己的价值。

（二）国外企业道德委员会建设的核心环节

1. 伦理主管的设置

国外企业第一个伦理主管出现在 1985 年，当时位居美国第二大的国防部建设承包商——通用动力公司，因为超额的不合理支出被美国相关政府部门指控，为此，海军部长以此为契机责令通用动力公司全体雇员及其管理层建立相应的企业伦理守则和伦理主管，并要求各部门各员工严格按照伦理守则执行。企业伦理主管就是为了执行相应的命令而设定的特定岗位，此后，一些大企业为了在市场中能够提升自身的竞争力，保增长促稳定，纷纷设置相应的伦理主管职位。1992 年，美国伦理主管协会应运而生。企业伦理主管的主要职责有：检查员工是否遵守企业的伦理守则；检查员工是否遵守包括各种法律法规在内的与经营有关的规章制度；指导员工进行决策判断；负责员工的伦理教育计划，使他们在面对伦理问题的时候能够坚持道德原则。

2. 明确道德委员会在企业中的角色

从不同的角度来看，道德委员会在企业中所扮演的角色各不相同，与它所要解决问题的性质密切相关。

委托人角色：企业道德委员会是一个专业性很强的组织，任何人都可以向其咨询有关伦理道德方面的问题，或者将有关伦理道德问题委托给企业道德委员会处理，企业在做生产经营决策的时候也会向道德委员会咨询、征求有关伦理道德问题。因此，企业道德委员会对公众和企业扮演的是一个委托人的角色。

专家角色：企业行为的伦理道德问题的争论通常发生在双方对于问题并不明确的时候，正是因为有不肯定、不明确之处才会有争论的存在。解决争论最好的途径就是找一个伦理道德的"明白人"，这个"人"就是伦理道德专家的角色。企业道德委员会聚集了很多具备伦理道德专业知识的人才，他们就是伦理道德专家，可以评判企业伦理道德争论的焦点和矛盾所在。

法官角色：企业道德委员会也扮演着类似法官的严肃角色，尤其是当它有权定期检查和评价企业是否履行伦理道德义务时，它的权利是相当大的，可能是因为它的否决可以使整个决策项目处于停滞状态，除非进行修正或者履行了道德委员会认为应该履行的道德义务之后。

督促者角色：企业道德委员会要求企业做出道德努力，道德委员会的日常工作主要是权衡、评价和督促企业做出道德努力，不断提升企业良好的社会形象。

3. 招募新人时设定明确的道德要求

智商、悟性等多种能力的重要性是人所共知的，相信任何企业都不会排斥智商高、水平好的工作人员进入企业。但是，对于德商（企业道德商数），大家或许了解得相对较少，而且认识度也很不一致。现代企业的人才标准应该是：人才＝德商+情商+智商，这当然是一种简单化的描述，但颇能说明伦理道德素养在企业用人标准上的重要地位。对于企业而言，在智商、情商和德商之间或许更加希望得到的是已经具备企业所需要的企业道德素质的人才。因此，在招聘新员工时，必须考察应聘者的道德素质，使他们明白企业对员工的道德要求。

4. 在岗员工的道德培训

社会心理学研究表明，当人们信奉一个观点时，并有意在某些公开场合宣扬此观点的时候，他们在现实生活中往往会以此观点付诸行动，并尽可能地将行为与此观点保持一致，即使曾经他们一度对这个观点不认可。因而，为了使员工树立企业提倡的道德观念，有必要对他们进行道德培训。

在企业道德培训过程中，首先，要对员工讲述企业道德建设的历史、现状和未来发展趋势，让企业员工充分了解企业在道德建设方面的优良传统和良好的社会形象，提高员工的自豪感与道德内化度。其次，企业道德培训要以企业道德守则或企业员工守则为基本依据。企业道德守则是企业员工行为的道德规范和基本要求，他让企业员工明白应该做什么、不应该做什么，是企业道德培训的基本内容。最后，企业道德培训应注重形式多样。德育教育更多的是嵌入式教育，而不是个人主动学习，很可能会引起受教者的叛逆心理。为了能够更好地提升企业道德培训质量，企业道德委员会应该采取更加合理、形式多样的学习方式，通过小组探讨，教员引导等形式，让受教育者能够进行自我选择，主动学习，而不是被动接受。教育方式越生动形象越容易影响被教育者，企业道德教育应该走出课堂，走进社会，积极采取参观访问、典型事例分析、演讲比赛、辩论赛等灵活多样的学习方式。

三、国外企业道德委员会建设实践

20 世纪 80 年代，以美国为代表的西方国家企业伦理学研究进入繁荣发展时期。随着企业伦理学研究的进一步深化，出现了伦理机构这一新的概念，一些专门性的伦理机构纷纷建立，伦理机构的出现主要是为了解决一些企业伦理道德的基本问题，例如，企业伦理与企业绩效的关系、个人伦理与组织伦理的关系、企业伦理学的基础问题等，这些问题受到政府、学界和企业的广泛关注并得到深入讨论。1985 年 7 月，美国总统里根颁布行政命令设立了蓝带委员会（Blue Ribbon Commission），该委员会专门调查企业的不道德行为，提供解决企业不道德问题的方案。在美国国防业联合会订立的《国防工业促进企业伦理与良好行为措施》中，明确提出国防工业行业要在现有的基础上提高企业内部的伦理道德标准，并要求企业内部建立道德伦理部门或者伦理机构。同时要求企业将所确定的道德规范付诸行动，定期开展企业道德伦理讨论。而后，美国在各个行业开始推广伦理管理机构，培养了数量众多的高级伦理经理，创立了属于他们的职业性组织——伦理管理人员协会，其宗旨在于进一步推进企业伦理道德实践。这一组织吸收了几百家企业作为会员，成员来自不同部门、不同行业、不同区域的企业伦理高级管理人员，主要从事有关企业伦理机构的认定和评估、企业伦理官员的培训等工作。

设置伦理官员和道德委员会是西方国家企业道德建设的重要环节。在国外，大多数担任企业道德管理的官员都来自于企业的不同核心部门，比如监察管理部门、人事行政部门、企业秘书部等。伦理官员通常由公正的、值得信赖的、可靠的和谨慎持重的人来担任。企业伦理官员不仅具有相对较高的行政级别，同时也具有直接与企业上层管理者进行交流的权利，常常还会被赋予更多其他部门不具有的权利。

道德委员会的建立，是专门为执行总裁及其管理决策提供伦理监督和政策指导的。道德委员会向企业高层管理者提出企业伦理道德方面的建设性意见，同时规范企业利益相关者们的道德伦理，避免决策者的错误指向和决定，保证企业正当经营行为和维护企业形象，解决企业道德管理所导致的有关企业责任问题。正常情况下，企业道德委员会具有两项功能：其一是作为企业道德方向的掌舵手，负责企业道德准则的制定与实施。其二是负责召集相关人员，讨论需要高层考虑处理的道德问题。事实上，企业道德委员会的出现不仅是外部环境的驱使，也是企业发展过程中的内在要求。从西方企业道德委员会的建设经验可以看出，专门负责企业伦理道德事务的道德委员会，在实际中很好地帮助企业解决了在计划、组织、协调、控制等企业的管理活动中遇到的各种道德难题。为企业制定企业道德标准或规范，对可能涉及的企业伦理道德问题以及企业与利益相关者之间出现的纠纷提出专业上的指导建议，审查监督企业的决策目的以及企业的管理决策者、执行者的资格，承担企业道德教育培训等方面的工作。企业道德委员会这一组织的设置，使企业的道德需求和道德管理制度化，在整个企业治理结构中扮演着越来越重要的角色。

第三节　我国国有大中型企业道德建设现状

一、现代企业的非经济目标

企业是以获取经济利益为目的，运用现有资源（劳动、资本、土地和企业家才能等），通过生产加工商品，向客户提供服务且具有独立法人资格的经济组织团体。从古代的小商小贩到如今的现代化企业，企业始终是市场经济发展进步的最重要主体和第一推动力。企业自产生之日起，其使命就是为了不断满足社会公众日益增加的物质文化需求，为社会提供相应的产品和服务，通过市场供求关系建立企业和消费者的分工合作机制，提升经济效益，实现企业和消费者收益最大化的共赢。利润最大化始终是传统企业追求的第一目标。我国社会主义市场经济条件下的企业也是我国市场经济活动的最重要主体和主要参与者，必然会体现市场经济条件下的所有企业的一般共性。社会主义市场经济条件下的企业的最本质特征依然是以经济利益最大化为目标，从事自主生产经营活动，并在市场活动中承担着相关责任与义务的经济主体。

随着市场经济的日益成熟和社会的发展进步，人们对企业的要求和期望日益提高，在经济功能的基础上对企业赋予了越来越多的非经济功能。20世纪70年代，一些学者和企业家开始对传统企业以经济利益为首要目标的定位提出质疑。认为企业利润最大化目标，典型地反映了传统工业社会的价值观，至少有三个明显的不足：①过分关注经济物品生产，忽略非经济物品如思想、行为、道德等基本考量，导致物质与精神的失衡。②过分关注消费者的私人效用满足，忽略公共产品和公共效用的实现，导致公共物品和私人物品失衡。③过分关注企业私人成本和私人效益，忽略社会成本和社会效益，导致企业与社会的矛盾。

市场经济的日益成熟和社会的发展进步必然要求企业不仅能够承担经济增长的目标，同时也要承担起经济目标以外的更广泛的非经济义务。"企业要想在明天获得生存，今天就必须关心非企业问题。"就现行的企业治理结构来看，企业主要服务于整个利益相关者群体，其中包含企业员工、股东、目标客户、政府和公共环境等。从整体而言，企业在生产经营过程中不仅要从自身角度出发考虑经济利益问题，同时又要考虑会影响社会利益的非经济问题。所谓非经济问题，即现在所强调的企业伦理道德问题。企业的非经济功能对企业社会形象的提升，实现企业长远可持续发展起着越来越重要的作用。

二、我国国有大中型企业的基本特征

(一) 我国国有企业的分类

2015年12月29日，三部委联合下发了《关于国有企业功能界定与分类的指导意见》（以下简称《指导意见》），意味着国有企业的分类改革进入具体推进阶段。根据国有资本的战略定位和发展目标，结合不同企业在经济社会发展中的作用，将我国国有企业分为商业类和公益类。其中，商业类国有企业又分为两类：商业一类国企，指主业处于充分竞争行业和领域的商业类国有企业，比如普通制造、服务企业等；商业二类国企，指主业处于关系国家安全、国民经济命脉的重要行业和关键领域，主要承担重大专项任务的商业类国有企业，这类企业主要指国有垄断性央企。公益类国企又分为三类：①较少依靠财政扶持的公益性国有企业，比如供电网络、电厂建设等；②很大程度依靠财政扶持的公益性国有企业，比如公交地铁等；③几乎完全依靠财政扶持的公益性国有企业，比如环卫、城市建设等。

依据出资情况，我们将国有企业划分为六种类型，具体分类如表4-1所示：

表4-1　我国国有企业分类

序号	类型	含义	注意事项
1	国有独资企业（非公司）	国有独资企业是政府部门、机构、事业单位单独100%出资，根据《企业法人登记管理条例》规定登记注册的非公司制的经济组织	1. 无股东，仅有主管机关 2. 非公司形式 3. 全民所有制企业
2	国有独资公司	政府部门、机构、事业单位单独100%出资设立的公司制企业	1. 只有一个国资股东 2. 公司形式
3	国有全资企业	政府部门、机构、事业单位、国有独资企业、国有独资公司直接或间接合计持股为100%的国有全资企业	1. 公司形式 2. 多个国资股东 3. 多个国资股东合计持股100%
4	国有控股企业	上述1、2、3所列企业单独或共同出资，合计拥有产（股）权比例超过50%，且其中之一为最大股东的企业	1. 公司形式 2. 多个股东 3. 国资股东股权比例超过50%，且最大股东为国资股东
5	国有控股子企业	上述1、2、3、4所列企业单独对外出资，拥有股权比例超过50%的各级子企业	1. 公司形式 2. 股东个数不定 3. 1、2、3、4所列企业单独股权比例超过50%（不含合计持股情形）
6	国有实际控股企业	政府部门、机构、事业单位、单一国有及国有控股企业直接或间接持股比例未超过50%，但为第一大股东，并且通过股东协议、公司章程、董事会决议或者其他协议安排能够对其实际支配的企业	1. 公司形式 2. 多个股东 3.1、2、3、4、5所列企业直接或间接持股比例未超过50%，但为第一大股东且能实际支配该企业

（二）我国国有大中型企业划分标准

国有大中型企业，是我国国民经济的支柱，具有雄厚的资金、发达的科技、优秀的管理水平和良好的企业文化，对于整个国家的经济发展起到了至关重要的作用，直接关乎国计民生。历经数十年的创新发展，我国国有大中型企业逐步从最先的放权让利、实行承包制度的改革演化成后来的产权制度改革，再到现行的股份制改造，我国国有大中型企业在确保国民经济有序运行的基础上逐步引入市场竞争机制，化被动为主动，调整整体战略结构，积极参与市场公平竞争，对我国国民经济产生了巨大的整体影响力、体制控制力和辐射带动力。

目前，我国国有大中型企业没有专门的划分标准，本书以国家统计局在 2017 年发布的《统计上大中小微型企业划分办法（2017）》作为参考，界定国有大中型企业的标准，如表 4-2 所示。

表 4-2 统计上大中小微型企业划分标准

行业名称	指标名称	计量单位	大型	中型	小型	微型
农、林、牧、渔业	营业收入（Y）	万元	Y≥20000	500≤Y<20000	50≤Y<500	Y<50
工业 *	从业人员（X）	人	X≥1000	300≤X<1000	20≤X<300	X<20
	营业收入（Y）	万元	Y≥40000	2000≤Y<40000	300≤Y<2000	Y<300
建筑业	营业收入（Y）	万元	Y≥80000	6000≤Y<80000	300≤Y<6000	Y<300
	资产总额（Z）	万元	Z≥80000	5000≤Z<80000	300≤Z<5000	Z<300
批发业	从业人员（X）	人	X≥200	20≤X<200	5≤X<20	X<5
	营业收入（Y）	万元	Y≥40000	5000≤Y<40000	1000≤Y<5000	Y<1000
零售业	从业人员（X）	人	X≥300	50≤X<300	10≤X<50	X<10
	营业收入（Y）	万元	Y≥20000	500≤Y<20000	100≤Y<500	Y<100
交通运输业 *	从业人员（X）	人	X≥1000	300≤X<1000	20≤X<300	X<20
	营业收入（Y）	万元	Y≥30000	3000≤Y<30000	200≤Y<3000	Y<200
仓储业 *	从业人员（X）	人	X≥200	100≤X<200	20≤X<100	X<20
	营业收入（Y）	万元	Y≥30000	1000≤Y<30000	100≤Y<1000	Y<100

续表

行业名称	指标名称	计量单位	大型	中型	小型	微型
邮政业	从业人员（X）	人	X≥1000	300≤X<1000	20≤X<300	X<20
	营业收入（Y）	万元	Y≥30000	2000≤Y<30000	100≤Y<2000	Y<100
住宿业	从业人员（X）	人	X≥300	100≤X<300	10≤X<100	X<10
	营业收入（Y）	万元	Y≥10000	2000≤Y<10000	100≤Y<2000	Y<100
餐饮业	从业人员（X）	人	X≥300	100≤X<300	10≤X<100	X<10
	营业收入（Y）	万元	Y≥10000	2000≤Y<10000	100≤Y<2000	Y<100
信息传输业*	从业人员（X）	人	X≥2000	100≤X<2000	10≤X<100	X<10
	营业收入（Y）	万元	Y≥100000	1000≤Y<100000	100≤Y<1000	Y<100
软件和信息技术服务业	从业人员（X）	人	X≥300	100≤X<300	10≤X<100	X<10
	营业收入（Y）	万元	Y≥10000	1000≤Y<10000	50≤Y<1000	Y<50
房地产开发经营	营业收入（Y）	万元	Y≥200000	1000≤Y<200000	100≤Y<1000	Y<100
	资产总额（Z）	万元	Z≥10000	5000≤Z<10000	2000≤Z<5000	Z<2000
物业管理	从业人员（X）	人	X≥1000	300≤X<1000	100≤X<300	X<100
	营业收入（Y）	万元	Y≥5000	1000≤Y<5000	500≤Y<1000	Y<500
租赁和商务服务业	从业人员（X）	人	X≥300	100≤X<300	10≤X<100	X<10
	资产总额（Z）	万元	Z≥120000	8000≤Z<120000	100≤Z<8000	Z<100
其他未列明行业*	从业人员（X）	人	X≥300	100≤X<300	10≤X<100	X<10

注：带*的项为行业组合类别，其中，工业包括采矿业，制造业，电力、热力、燃气及水生产和供应业；交通运输业包括道路运输业，水上运输业，航空运输业，管道运输业，多式联运和运输代理业、装卸搬运，不包括铁路运输业；仓储业包括通用仓储，低温仓储，危险品仓储，谷物、棉花等农产品仓储，中药材仓储和其他仓储业；信息传输业包括电信、广播电视和卫星传输服务，互联网和相关服务；其他未列明行业包括科学研究和技术服务业，水利、环境和公共设施管理业，居民服务、修理和其他服务业，社会工作，文化、体育和娱乐业，以及房地产中介服务，其他房地产业等，不包括自有房地产经营活动。

（三）我国国有大中型企业的基本特征

我国国有大中型企业具有以下四个明显特征：

（1）市场性——市场竞争的主导。市场化是企业在市场经济环境下生存和发展的基础。随着市场经济的发展和完善，市场化的内涵也将发生根本变化，双市场化思想将是大中型国有企业改制中的重要思想之一，其双市场手段将是大中型国有企业市场化的根本方向。双市场化的主要措施是国有企业外部化的同时，将市场化引入企业内部，以市场链的形式实现企业内部的治理。约瑟夫·斯蒂格利茨认为：转型国家建立起规范的公司治理结构比产权的变革、非国有化和私有化企业在数量上的比重的扩大更为艰难，如果一个国家在这两者不能兼得的情况下，那么，竞争比私有化更为重要。按照他的逻辑，在企业外部，需要一些最重要的经济制度以减少代理环节。例如，用于执行股权人和其他利益相关人权利的法律机制，流动性强的股票市场，开放式投资基金，竞争政策的法律框架，整个会计审计的监督体系，以及管理阶层的职业素养等。这样做可以达到减少"代理环节"的目的，从而降低"内部人"对企业的控制和减少转型经济中代理人（经理阶层）违背代理关系产生的不良后果。公有制为主导是我国社会主义市场经济体制的实现形式，我国初级阶段的基本经济制度是坚持公有制为主体、多种所有制经济共同发展。这就要求国有企业在改革和发展中，必须保证社会主义生产关系不发生变化，在实现形式上要求国有资本以产业为基础重组整合成大企业大公司，使公有制企业在社会总资本额中占据优势，而不仅仅是使公有制企业在数量上占优势。同时，国有企业在大的基础上要做强做优，这样才能进一步巩固公有制的主导地位。

（2）行业性——行业发展的龙头。在市场化的基础上，大中型国有企业要在改制过程中，以市场化运作，以资本化运营，做大、做强、做优，使之成为各行业发展的龙头，引领中国企业的发展，并且与大型跨国公司在世界市场的竞争中相抗衡，成为我国参与国际竞争的主要骨干力量。同时要承担支撑国民经济发展和国有资本保值增值的双重任务。在国有企业市场化改革中形成的大中型国有企业，已经逐步发展成为行业的龙头。大中型国有企业的整体素质和竞争力明显提高，对经济社会发展的贡献进一步增大。

（3）福利性——公共产品提供的主力军。在我国大中型国有企业中，并不是所有企业都要成为市场竞争的主导，行业发展的龙头，对于部分关系国计民生的大中型国有企业，它们的发展趋势是作为市场经济下提供公共产品的主力军，是政府实施福利政策的重要保障。这类企业作为特别的法人（政府法人型）需要按照政府主管部门特殊的规制行事。这类企业不是盈利的主体，是财政重点支持的对象。

（4）政策性——政府宏观调控的工具。我国国有大中型企业在成为市场经济的主导和行业的龙头后，另一个重要的职能必然显现：作为政府宏观调控的重要工具之一。市场经济发展的历史告诉我们，市场不是越自由越好，市场需要自由化，更需要政府调控。我国是一个巨大的市场，单凭一般的财政和货币政策，政府很难对市场进行有效的调控，国有大中型企业必然要承担起这一重要的宏观调控任务。目前，我国国有大中型企业几乎控制了石油、天然气、基础电信、交通运输、电力等国民经济的基础领域，国有大中型企业完全有能力扮演宏观调控这一角色。

三、我国国有大中型企业道德建设现状

（一）我国国有大中型企业道德建设成就

经过 40 多年改革开放的洗礼，我国国有大中型企业不仅取得了经济建设上的巨大成就，成为我国国民经济建设的排头兵和行业发展的龙头；企业道德建设也取得了辉煌成就，成为我国社会主义市场经济道德建设的引领者和示范者。企业道德建设形成了由被动到主动、由抽象观念到实践操作；由不被认识到把道德作为物质力和精神力的重要资源来经营的发展过程。

1. 道德责任意识明显增强

企业道德责任意识是随着社会责任意识的发展而发展的。早在 1923 年，英国学者欧利文·谢尔顿（Oliver Sheldon）就提出了"企业社会责任"的概念，并明确指出"企业社会责任"概念内涵的道德因素。而后，虽然许多学者以不同的视角和理路研究界定"企业社会责任"的概念，但始终没有忽视企业伦理和企业道德在"企业社会责任"中的地位，甚至指出道德是企业社会责任的基础和核心，推行企业社会责任标准，通俗地说就是提倡企业讲社会道德。

企业道德责任意识在我国有一个从朦胧到自觉的过程。20 世纪 70 年代以前，我国各行各业在突出政治的社会历史条件下，忽视了企业道德在企业发展中的地位和作用，即使承认企业道德的存在，也只是把它作为排除了物质、利益因素下提升人们思想觉悟、精神境界的重要依据和途径。随着社会主义市场经济的不断发展与完善，人们已经逐步在理论与实践的结合上认识到经济的发展并不是纯物质理念所能解释或理解得了的，不从

精神层面尤其是从道德视角去分析经济现象是无法正确理解和把握经济现象的，更不能最好最有效地实现经济的快速发展。这一点在国有大中型企业发展过程中表现得比较明显。

改革开放40多年来，我国国有大中型企业的高速发展在国内受到公众和业界的高度关注和认同，是与其坚持国有企业的社会性、公共性属性定位和"服务社会，服务政府"的理念，加强企业道德建设分不开的。第一，以道德责任为核心的责任管理、社会责任、和谐共赢及慈善公益等为我国大中型国有企业发展提供了强有力的精神支撑。所谓责任管理，即围绕国家战略与企业业务特色，持续加强合规风险管理，做好风险警示与规范性指引，完善产品创新与业务操作的全流程管理，加大守法合规培训力度与合规能力建设。所谓市场责任，即坚持国有大中型企业的社会性、公共性定位，以政府规划为导向加强公共产品和社会基础条件建设，在实现经济效益的基础上努力实现社会效益的最大满足，提升全社会的整体生活水平。所谓和谐共赢，即针对客户，坚持推动产品服务创新，改进原有产品、开发新产品，满足顾客个性化需求。针对员工，坚持以员工为根本的理念，切实保护员工各项权益，完善工会和职代会制度，健全各层级员工培训体系和职业发展通道，助力员工成长成才。同时，关注员工身心健康，注重工作生活平衡。针对伙伴坚持协作共赢，积极与各级政府组织、企业集团、供应商及研究机构等利益相关方建立战略合作机制，实现多方共同发展。所谓慈善公益，即让企业"公益捐赠基金"高效规范运作，对公益事业的支持力度进一步加大，做好扶持教育、关爱社会、定点扶贫等有重大社会效益的公益事业。第二，加强企业道德规范建设，提升企业员工道德意识。我国国有大中型企业高度重视企业道德规范建设，坚持全员、全过程开展企业思想道德培训，对企业员工提出明确的道德规范要求，强化企业道德文化建设，构建浓厚的企业道德文化氛围；以社会主义核心价值观为基础，结合大中型国有企业特征制定企业道德伦理守则，培养企业员工爱党爱国、遵纪守法、诚实守信、奉献社会的价值情怀，使企业员工明确是与非、对与错，该做什么不该做什么。

2. 人本关怀成为企业经营的核心理念

企业的生产力水平和经济效益并不仅仅取决于企业的资金、技术等，人本关怀是企业内部凝聚力和企业外部利益相关者的合作度的重要依据和条件。一个唯利是图、对服务者和合作者没有关心、关爱和关照之情的企业是不可能在市场上站住脚的。但凡把人本关怀作为经营的核心理念的企业，一定会获得应有的市场份额。从一定意义上说，我国国有大中型企业是我国企业人本关怀理念和行动的引领和示范。我国国有大中型企业高度注重人文关怀、凝聚企业力量的意识明显增强。员工是企业发展的基础和第一生产力，我国国有大中型企业高度重视企业员工的职业培养和人文关怀，让广大员工有强烈的归属感、安全感和荣誉感，让员工有尊严地工作和生活。在生活、学习、工作环境和条件上想员工之所想、做员工之所做，树立浓厚的企业人文关怀氛围。

3. 诚信建设成为企业工作的重心

我国国有大中型企业高度重视企业诚信建设，具体表现在以下几方面：第一，把企业诚信建设看作是促进企业跨越式发展的重要环节；第二，把诚信作为企业重要的战略事宜加以考虑；第三，把诚信作为企业核心价值观之一，认为诚信水平的提高是企业持续发展的决定因素之一；第四，在明确诚信目标、设立专门机构的基础上把诚信要求纳入管理全过程，将诚信转化为生产力，实现企业的更快速发展。

4. 道德资本意识的认同感在提升

道德作为一种生产的精神性资源，在创造价值的过程中同样发挥着独特的作用。在经济活动中，有助于创造利润的一切道德因素都可归入精神资源的范畴。道德作为一种精神资源，具体包括道德意识、道德境界、道德规范、价值观念、道德行动等。正是基于对道德作为一种精神资源在价值创造和增值过程中的独特作用的认识，我国国有大中型企业自觉地将企业道德作为经营资本内涵列入企业发展战略和规划，有的企业在经营中把道德建设作为头等大事来抓。

（二）我国国有大中型企业道德缺失的表征及基本原因分析

实事求是地说，我国国有大中型企业道德建设虽然取得了重大成就，但存在的问题还是不可小觑的，需要引起足够的重视，否则将会影响我国国有大中型企业在国际国内市场上的竞争力。

1. 我国国有大中型企业道德缺失的表征

（1）道德与企业经营的关系含混不清。为数不少的国有大中型企业对在经济运行中有没有道德内涵是含混不清的，总认为经济活动就是投入、产出、效益等，与道德无关。在理论上认识不到经济活动一定有精神内涵，道德在一定意义上是经济活动的灵魂；在实践过程中不懂精神因素的作用，不知道作为工具理性的道德如何在经济活动中发挥作用。

（2）忽略国有大中型企业的社会效益特质，重视经济利益的追求。部分国有大中型企业在生产经营活动中，忽略国有大中型企业的社会性、公共性、公益性特质和使命，违背企业道德，追求经济利益。在公共产品建设过程中寻租、豆腐渣工程等现象时有发生，甚至有些企业一味追求利润和效益，置人们的健康、合理利益甚至生命于不顾。

（3）企业领导缺乏道德领导理念。部分国有大中型企业的领导没有把道德管理作为重要的领导方略，因此，往往对员工关怀不够，以至于员工的收入和福利等很不合理，更有甚者，缺乏对员工的人格尊重，严重挫伤了员工的积极性。损害了企业的社会声誉，在一定程度上也会影响企业的经济效益。

（4）道德委员会等道德机构建设严重滞后。目前，我国国有大中型企业在企业治理体系中大多数都没有建立如道德委员会这样的专门处理企业道德事务的机构，企业道德建设工作由谁管不明确，存在谁都可以管，谁都可以不管的尴尬局面，道德建设往往处于真空状况，边缘地带。

2. 我国国有大中型企业道德缺失的原因

（1）企业道德研究落后于经济发展。我国企业道德建设不甚理想，问题不全在企业本身。因为，相对于改革开放以来的经济发展的成就，我国企业道德的理论研究还比较落后，至今尚有一些理论问题处在困惑状态中，诸如我国的企业道德形态是什么、企业领导和员工等的道德角色特征和各自的道德责任是什么、如何完善企业利益相关者之间的诚信机制、作为工具理性的道德如何在获得更多效益和利润的过程中发挥独特的作用、道德如何成为不可替代的管理手段等均没有形成有说服力的高水平研究成果，因此，在没有成熟的企业道德理论引导的情况下，企业领导和员工们也只能在似懂非懂中或在经验中履行道德责任，或多或少发挥一些道德作用。

（2）领导道德责任意识薄弱。应该说，企业道德存在的问题，责任主要不在员工，而在企业的领导。企业领导的道德责任意识强烈，他就至少可以用行政手段加以宣传和贯彻，并将道德要求渗透到企业生产和经营的各个环节中去。所以在企业道德建设问题上，企业领导是关键。

（3）企业道德普及率不高，员工理解肤浅，道德应用欠力度。我国国有大中型企业除少数外基本上没有进行过专门的企业道德教育，了解的一些道德知识和道德行为方式还都只是在媒体上看到或听到的。造成这种状况的原因，除了理论研究不足外，一是师资力量不够；二是企业领导不能充分认识道德及其作用，自然也就不重视；三是政府没有专门的规划和指导。

（4）诚信机制不完善。应该说，我国国有大中型企业对诚信要求非常迫切，讲诚信对于企业来说可以节约或多或少的经营成本。但是诚信缺失现象也时有发生，其主要原因一是信用风险没有被充分认识和预防。二是诚信应该是利益相关者共同遵守的行为准则，但我国还缺乏一套监督和约束机制，一旦诚信链出了问题，就会出现诚信的连锁问题。三是我国缺乏企业诚信管理体系，尤其是没有形成诚信评判的社会风气，更没有社会公认的"道德法庭"。四是政府还没有制定出一套完善的奖惩诚信与不诚信行为的政策举措。事实证明，诚信机制不完善，失信行为就会不时地出现，这将会严重败坏社会道德风尚。可以说，一个不讲诚信的社会是道德堕落的社会，是充满道德风险和道德危机的社会。

第四节　我国国有大中型企业道德委员会建设

一、我国国有大中型企业道德委员会建设的两个典型案例

（一）东风汽车公司率先发布《商业道德公约》

2015 年 7 月 21 日东风汽车公司宣布，《东风汽车公司商业道德公约》（以下简称《商德公约》）正式启动实施，由此成为中国央企和汽车行业中率先发布商业道德相关规范和倡议的企业。该公约包括产业报国、合规经营、公平交易、诚信沟通、清正廉洁、崇尚创新、共享共赢、关爱员工、保护环境、包容性发展十大行为规范。《商德公约》将在东风汽车公司及公司所属分、子公司及分支机构，公司参股企业，所有经销商、供应商、服务商等商业伙伴等范围内广泛实施。"人无信不立，商无信不兴。"《商德公约》表达了东风汽车公司对国家、对社会、对用户、对员工、对合作伙伴的责任态度和对自身发展的全新思考，具有鲜明的时代特点。它进一步规范和约束了东风及各关联企业、合作伙伴的商业行为，确保合规经

营、廉洁经营；东风将通过率先垂范，推动行业构建更加规范、诚信、公平、透明的市场秩序，加快商业道德的构建和塑造。为大力推进落实《商德公约》，进一步把《商德公约》转化为公司行动，东风汽车公司将强化《商德公约》推进落实的责任，进行责任梳理、立项和实施，并带动全业务系统执行；把《商德公约》融入关键业务和流程，对于发现与《商德公约》不符或相悖的情况，要进行修订和完善；加强《商德公约》的宣传贯彻，在公司内部形成学习和践行《商德公约》的强大声势和浓厚氛围；建立完善《商德公约》评估、诊断体系；建立《商德公约》检查评价机制等。

（二）我国首家国有大中型企业道德管理委员会成立

2017 年，我国首家国有大中型企业道德管理委员会——华电滕州新源热电有限公司道德管理委员会正式成立。该委员会主要负责企业的道德管理，企业道德事件的评判，职工家庭争议、邻里纠纷的协调处理，协助职工家庭办理红白喜事；负责企业道德模范的评选，研究困难职工帮扶、社会救助等，推进中华优秀传统文化在企业有效落地。华电滕州新源热电有限公司大力弘扬社会主义核心价值观，积极传承和发展中华优秀传统文化，浸润"善国"古风雅韵，将"善心"对用户、"善举"献社会、"善爱"待企业、"善行"为国家的"四善"道德理念纳入企业文化管理体系，用体贴的服务对待每一位用户，用央企的担当肩负环保节能社会责任，用主人翁的意识爱企爱家，用奉献绿色光热的企业使命回报国家，以此为企业职工树立"主心骨"、提升"精气神"，打造出具有企业特色的道德文化样本。

二、企业道德委员会建设的必然性和意义

通过对我国大中型国有企业道德建设的现状分析可知，我国企业尽管在道德建设方面取得了重大成就，但道德缺失现象依然在一定范围内存在，在一定程度上影响了我国企业的社会形象和国际竞争力，究其原因，企业道德组织制度不完善，大多数企业未建立类似企业道德委员会的道德管理专门机构是其重要因素。道德追求是企业的灵魂，是与追求企业经济价值并存的价值取向。企业道德委员会的建立能够规范企业行为，提升企业社会形象，推动企业健康发展。

（一）企业道德委员会建设的必然性

（1）是经济体制改革的必然要求。我国经济体制改革的目标是建立中

国特色社会主义市场经济体制，通过改革，计划体制下的单一公有制已经改造成以公有制为主体，多种经济成分并存的生产资料私有制形式。国家、集体、个人利益之间的关系越发复杂。市场经济的本质内涵在于经济理性与道德同情的有机结合，我国市场经济建设所带来的经济社会领域的巨大变化必然对企业道德建设提出新的挑战，必然要求企业在追求经济利益的同时加强企业道德组织建设。

（2）是弥补法律"空隙"和"疏漏"的必然要求。市场经济本质上就是法治经济，但法制建设不可能涉及市场经济本身错综复杂关系的方方面面，由于相关的法律法规体系建设还不够完善，仍然存在各种"空隙"和"疏漏"以及滞后性，所以必须以企业道德辅之来规范企业、员工的行为。任何企业法规都要由企业员工去执行，如果员工没有良好的法制意识，很可能有法不依、执法不严，扰乱企业正常运行秩序，破坏企业道德风气，影响生产经营决策。法律体系的"空隙"与"漏洞"必然要求通过道德组织建设来弥补。

（3）是经济全球化的必然要求。经济全球化是当代世界经济的基本特征，在世界经济舞台中，企业要想获得成功，仅仅懂得如何实施跨国经营是远远不够的，必须懂得如何在不同国家、不同地区文化中处理企业道德和社会责任问题，熟悉并遵循国际公认的社会责任及道德规范，企业道德组织建设是我国企业参与国际竞争、进行跨国经营的必然要求。

（二）企业道德委员会建设的意义

（1）企业道德委员会建设是企业健康发展的重要保证。企业的经济关系通常表现为利益关系、契约关系和义务关系，而这恰恰也是道德伦理关系的充分表现。企业道德组织越完善，企业发生内部生产经营道德风险的可能就越小；当企业遭遇外部道德危机时，企业道德组织越完善，越容易及时处理和解决道德危机，相反，则可能遭受道德重创，严重影响企业社会形象，产生重大企业道德危机。因此，企业道德委员会制度的建设是企业发展必不可少的条件。

（2）企业道德委员会建设有利于协调利益相关者之间的关系。企业道德委员会制度建设可以提高企业员工的工作热情和主动性，增强其责任感和主人翁意识，为企业的发展带来无限的生机和活力。企业道德委员会制度建设有利于协调好企业与员工、消费者、供应商及公众等多方面利益相关者之间的关系，有助于企业得到社会公众的认可，树立良好的企业形象，为企业进一步发展开拓更广阔的空间。

（3）企业道德委员会建设有利于促进行业的发展和社会总体道德水平的提高。社会道德是由包括企业道德在内的等多种道德构成的，企业道德委员会建设有利于整个社会道德体系的建设与发展。建设企业道德委员会制度，可以使企业在所处行业中树立良好的企业形象，有利于优化整个行业的发展环境，维护良好的行业经营秩序，推动整个行业的规范发展。

（4）企业道德委员会制度建设有利于增强中国企业的国际经济竞争力，有利于将中国传统文化推向世界。世界经济一体化进程的加快和跨国公司的迅猛发展，各种文化与价值观的冲突与包容，迫切要求建立跨国经营的统一道德准则。在文化价值观多元化的今天，有着最悠久历史文化的中华民族，具有许多中国特色的道德特质。中华文化中的自修自省自律的道德观念，深受世界瞩目。企业道德委员会的建设，有利于将中国传统文化推向世界，为建立国际商业共同遵循的伦理准则做出贡献，推动国际商业道德秩序的健康发展。

三、企业道德委员会的构建模式

（一）企业道德委员会的基本职能

企业道德委员会作为企业的常设机构，负责企业生产经营全过程的道德管理，必须具备咨询建议、审查监督、教育培训和制定规范四项基本职责。

（1）咨询建议。企业道德委员会为企业决策提供道德咨询建议是其最重要的职能。咨询建议主要有以下三方面：一是对公司的重大决策进行道德风险评价，并就存在的问题提出合理的意见或建议。二是对企业决策遇到的道德问题提供相应的咨询服务，特别是当一项新的管理规范和技术实施初期，常会遇到道德冲突的可能，这就更需要道德委员会评估整个实施过程中可能存在的道德风险。三是当企业与利益主体产生矛盾或分歧时，提供相关道德方面的指导。企业决策往往会有不同道德意见出现，在这个时候，出现分歧的双方可以向企业道德委员会提出讨论申请，由道德委员会分析不同决策可能出现的不同结果，并结合双方观点，提出最有效且最有益的决策方案。

（2）审查监督。企业道德委员会的审查监督职能主要体现在以下四个方面：一是对企业的决策目的和效果进行审查。其中的决策目的不仅要符合经济效益，同时也要符合社会效益及遵循社会共同的基本道德规范要求。二是对企业运行过程中的执行者与决策者进行审查。主要是从以下两个方面进行，其一是审查相关人员是否具备相关的素质背景、经验以及工作能力；其二是审查相关人员以往工作的声誉、信誉，尤其是道德方面是否出现过不正当行为，是否有历史污点，从而确保企业在决策过程中由可信、可依托且具有丰富工作经验能力的人员来执行和实施企业的有关决策。三是对工作方案进行科学性和伦理性审查。在确保方案切实可行的情况下，充分考虑方案可能会涉及的道德问题，尽可能将问题扼杀在萌芽状态，积极做好预防和解决工作。四是对企业决策涉及的道德因素进行审查。道德委员会通过对决策信息进行审查，找到可能会导致道德风险的不利因素并加以避免，以保证企业决策实施的道德安全。

（3）教育培训。教育培训是企业道德委员会的重要职能和经常性工作。企业员工道德培训的基本内容包括以下两方面：一是宣传普及企业道德守则，让所有员工了解企业道德要求，明白该做什么不该做什么。二是介绍宣传企业道德建设的历史、现状和未来发展，让企业员工树立良好的道德观念和企业自豪感。倡导社会主义核心价值观，践行服务社会、服务客户的道德理念。三是强调经营诚信，教育员工不做有损企业形象的事情；保证企业生产经营过程中的安全和卫生；保证企业做出的项目决策符合环境的要求；保证企业经营活动清正廉洁等。

（4）制定规范。企业道德委员会还具有制定规范的功能。企业行为涉及方方面面的问题，虽然有相关的法律法规约束，但企业在运行过程中，总是会出现不太适合运用法律来处理的问题。此时企业行为的道德约束就显得尤为重要，道德委员会的作用就得以体现，企业道德委员会应制定相应的企业道德规范以弥补法律体系的"空隙"和"疏漏"，解决各类不同的企业道德问题。企业道德规范主要有以下内容：①最基本的道德规范。这一道德规范是企业行为必须遵循的道德基础，是人类在生产生活过程中必须遵循的基本道德原则，其中，人权、自由与平等是其核心内容。这些规范提供了最基本的道德结构，是评价企业道德行为的基本准绳，是企业道德委员会制定道德标准的基础。②普遍性的道德规范。这一范围的道德规范制定，需考虑企业所在地、所在区域所具有的当地文化或民族特色，考虑企业所属领域、行业共同属性等制定适用于企业成员遵循的道德规范。

③特殊性的道德规范。这一范围的道德规范制定，在不违反上述两类道德规范的基础上，需充分考虑企业自身特征和行业背景。最基本的道德规范是所有企业都必须遵循的，也是优先级最高的。普遍性的道德规范适用于大部分企业，也同时为特殊性的规范提供了必要条件。特殊性的道德规范是在普遍性的道德规范基础上发展而来的、用于指导企业行为的特殊需要。道德规范可以根据依特定要求专门制定，但是，决不能违反最基本的道德规范。

（二）企业道德委员会内部治理结构构建

1. 明确道德委员会的机构性质

从治理体系而言，道德委员会是隶属于企业的内部机构，属于企业内部的"专项委员会"。但考虑到道德委员会机构性质的特殊性，企业可通过合理的制度设计，给予道德委员会在企业内部最高的道德自治权利，即道德委员会有权对企业内部的信息、资源进行审查，并对企业的生产经营行为进行道德监督。

2. 构建合理的组织架构体系

根据企业道德委员会的咨询建议、审查监督、教育培训和制定规范的基本职能，企业道德委员会内部可设立三个机构，分别是教育培训部、道德调查部与道德裁决部。三个部门各自分工、相互合作。教育培训部负责企业道德守则的制定、企业员工道德培训、企业道德宣传教育等工作；道德调查部负责企业道德事件的调查工作，有权对企业管理层的行为进行监督，并对企业内部信息、资源进行审查；道德裁决部负责企业道德案件的审理工作，根据道德调查部的取证情况，对相关事件及其行为人员进行裁决。

3. 合理控制道德委员会的内部规模

企业道德委员会内部规模控制主要体现在内部成员及其构成比例方面。参照国内外企业道德委员会建设经验，企业道德委员会一般由7人组成。其中主席和副主席各1人、内部委员5人。道德委员会成员是由具备管理学、法律、伦理道德等知识与从业经验的高素质人才组成。组成人员须富有司法正义与伦理精神，能够依法秉公办事。企业道德委员会成员应具有多学科背景，具有良好道德评判能力、热心于探讨企业伦理问题。确保管理团队能够胜任企业道德委员会的各种管理角色，体现道德委员会的专业性与权威性。

4. 规范道德委员会的治理角色

企业道德委员会的治理角色应包括以下5种：①代理人角色。企业道德委员会是企业内部负责道德监督的专业机构。受企业的委托，道德委员会负责对企业的道德秩序进行监管，针对道德问题给予企业管理层咨询、指导与合理建议。②专家角色。道德委员会成员都由具备管理、法律、伦理道德等专业知识的人才组成，都是伦理与道德管理方面的专家。他们能对企业道德伦理问题的焦点与裁决进行正确评判，提供专业的解决途径。③伦理主管。作为内部道德主管机构，伦理委员会有职责检查企业内部成员是否遵守企业道德准则，指导企业管理人员进行正确管理决策，确保其管理行为和其他活动遵守各项法律法规。④督促者角色。道德委员会日常的主要工作是权衡、评价和监督企业做出道德努力，促进企业提升内部善治。⑤法官角色。对涉及企业伦理道德问题的人员及相关事件，道德委员会扮演着法官角色。他们有权定期检查和评价企业是否履行伦理道德规范的义务，并根据企业伦理道德准则进行制裁与判决。

5. 明确道德委员会的权利与职责

在权利方面，作为内部的道德监督机构，道德委员会具有对违反企业道德准则的个体与事件执行监督、审查与处罚的权利。首先，道德委员会有权对企业内部成员（包括企业高层管理人员）进行监督，只要是企业成员涉及的伦理道德问题、违规违纪问题，无论问题的大与小都应受到企业道德委员会的监督和裁定；其次，道德委员会秉承公正的态度处理企业内部的道德利益和冲突，对涉及道德问题的相关事件、人员等进行道德审查。在职责履行方面。道德委员会的主要职责体现在以下几个方面：其一，负责制定并宣传企业伦理道德准则。道德委员会利用企业伦理道德准则，对破坏道德伦理事件及其当事人进行调查和审判。其二，维护企业内部成员的根本利益。道德委员会是为了保障企业内部会员的权益而设立的，有义务对涉及企业道德伦理规范的行为进行监督和审查，维护企业成员的合法利益。其三，为企业内部管理决策提供道德咨询。道德咨询是道德委员会的常规工作，具有相对独立性、科学性等特点。在企业内部，道德委员会不是一级行政组织，并不能直接使用行政手段对企业内部工作进行干预，但道德委员会可以利用专业优势，为企业的管理决策提供道德咨询。

（三）企业道德委员会的运行机制

1. 高度的独立与自治机制

作为负有道德使命的企业内部的常设机构，道德委员会应始终保持一种高度自治的状态。企业要给予道德委员会高度的运行自治权。道德委员会有权对企业内部信息、资源进行审查，并对企业高层管理人员的行为进行监督；在业务管理层面，企业高层管理人员不应对道德委员会的工作干涉太多。必要时可以给予相关的支持和指导，确保道德委员会能够在企业内部整体框架下开展工作。

2. 给予国家司法介入的有效空间

在我国现行法律监督机制不健全的情况下，企业要体现国家司法介入的合理性和必要性，利用外部司法强化对企业非道德问题的监管力度。这样可以弥补法律监管的漏洞，实现内部自律和外部司法审查两个层面的协同监管。

3. 构建动态的运作程序

在企业内部案件审理程序中，道德委员会道德调查部主要负责取证程序，并独立行使自由调查权。道德调查部应根据取证情况，对相关数据与信息进行甄别。如果证据不足或没有存在违反伦理道德准则的相关行为，道德调查部将关闭取证和调查程序；如果证据属实，道德调查部就应该开展调查程序并进行调查，调查程序结束后，道德调查部内部进行取证听证会。如果听证会认定相关人员及其管理行为违反伦理道德准则的规定，道德调查部对该违法行为撰写一份调查报告，在报告中详细说明违德行为的具体情况与制裁依据，最终将报告转交给道德裁决部进行裁决。道德裁决部在接到移交的卷宗后，对道德调查部上交的卷宗进行初步审查，并根据审查结果决定是否终止案件审查或继续审理案件。道德裁决部有权利随时重新到道德调查部审查文件。如有忽略或遗漏环节，指示道德调查部继续展开调查，并将调查内容加入最终报告。道德裁决部开启审理模式时，将裁决报告和档案告知当事人，当事人有权提出意见。随着裁决程序的启动，裁决院根据企业伦理道德准则相关规定对案件进行审判。

4. 业务治理的密切合作与关联机制

企业道德委员会要构建部门机构之间的合作与关联机制。首先，道德委员会内部的三个机构各自负责其相关业务，互不干涉，同时三个机构之间应该保持着紧密沟通与合作；其次，道德委员会要强化与企业监事、财务等部门的关联机制，便于道德委员会取证调查与信息收集，提高道德委员会运作机制的效率。

第五章

企业道德责任审计
——以上市企业为例

第一节 国内外研究综述

一、国外研究综述

国外对道德责任审计研究最早可追溯到由西奥多（Theodore J. Kreps）提出的"社会审计"概念，之后众多学者加入研究队伍。1970 年，Archie B. Carroll 提出社会审计三层维度：①社会责任的种类。根据对企业的重要性进行排列，将社会责任分为经济责任、法律责任、道德责任和企业内在的社会责任四类。经济责任就是生产产品、提供服务并以合理的价格出售；法律责任就是在执行经济责任时遵守法律规定；道德责任就是符合社会期望并采取正确的行为；企业内在的社会责任就是企业自愿为建设更美好的社会而提供产品和服务。②企业应对社会问题的方式。分别有反应、防御、适应和前瞻四种。③社会问题本身。布赫霍尔茨（Buchholz R. A., 1978）认为社会责任审计是对企业经营活动中相关社会责任绩效和表现的衡量，并评价这些在企业传统财务报告中未涉及的绩效与影响。霍默·H. 约翰逊（Homer H. Johnson, 2001）给予了社会审计新的生命力，提出了环境审计的设想，为企业非财务审计开辟了先例。

雷默（F. Reamer, 1998）认为一个道德标准和风险管理的时代已经到来，企业"道德审计"开始出现在各种文献中，成为各界关注的重要话题。随着对道德责任审计研究的日益关注，众多学者对其进行了更深层次的研究。约翰·罗斯通恩（John Rosthorn，2000）从利益相关者层面分析，认为企业道德审计能够增加企业价值。迈克尔·约翰·麦克纳姆（Michael John McNamee，2007）等认为企业道德审计是企业内部的自觉行为，在企业管理层监督下，由企业相关部门制定方案，结合相关知识与技能，搜集数据对企业社会责任做出评估，而不是由外部进行的企业社会责任问责。Mule Kaptein（1998）认为，企业道德审计就是系统地对企业道德的各个方面进行描述、分析和评价，企业道德审计与社会责任审计的相关度很高，审计的内容多有雷同，但道德审计比社会责任审计包含更多企业道德方面的因素。道德审计很大程度上被认为包含在社会责任审计之中。企业道德责任审计指标包括定量和定性两个方面，定量指标主要是传统的财务指标，可被分解为 8 个二级指标和 12 个三级指标，主要用来评价企业的财务效益（38 分）、资产营运（18 分）、偿债能力（20 分）以及发展能力（24 分）四个方面的内容；定性指标包括经营者基本素质（18 分）、产品市场占有能力（16 分）、基础管理水平（12 分）、发展创新能力（14 分）、经营发展战略（12 分）、在岗员工素质（10 分）、技术装备更新水平（10 分）、综合社会贡献（8 分）8 个指标，并采用专家打分的方式得出。艾尔莎·道森（Elsa Dawson，1998）指出，企业道德审计能够检查企业的道德目标与财务目标是否一致。当企业向利益相关者阐述自己的道德价值观时，企业道德审计能够使企业更具有说服力，使利益相关者信服和接受。在企业进行道德责任审计时，能够承担该项工作的审计主体主要分为两大类：一是企业外部机构；二是企业自身。霍默·H. 约翰逊（Homer H . Johnson，2001）指出，在美国，对企业道德进行审计的机构主要有以下两类：第一类是投资基金组织。这类组织对企业进行道德审计，主要原因是为了确保将资金投放在有社会责任感、道德水准较高的企业，以及对企业施加压力，促使企业遵守投资者要求的标准。第二类是社会公共利益监督机构，如环境保护协会、消费者权益保护协会等。这类组织对企业进行道德审计的目的是为消费者、投资者、政策制定者和雇员更好地进行经济决策提供信息，同时也对企业起到监督的作用。在道德审计内容的研究方面，霍夫曼（P. B. Hofmann，1995）建议将其分为三个维度：个人与组织之间、组织内部与各部门之间、组织与利益相关者之间，从道德素质评价、行为审查、利益相关者审查、企业道德管理制度和措施审查、道德困境审查、员工个人品质审查和所处环境评估等方面进行企业道德审计。对于道德审计程序，雷默（F. Reamer，2001）提出了具体审计步骤：成立道德审计委员会；识别焦点问题；收集相关政策、信息；用审计工具评估风险程度；确定重点问题；制定审计计划；实施审计等。

二、国内研究综述

总体而言，我国对于企业道德责任审计研究相对落后，前期主要集中对国外企业道德审计研究梳理。范丽群、周祖城（2003）对国外企业道德审计进行研究综述，从企业道德审计主体、内容以及方法等方面对国外企业道德研究进行梳理。随后，范丽群（2005）对我国企业道德审计问题进行探讨，联系我国企业道德现状，论述企业道德审计的重要性和企业道德审计内容的理论框架，将企业道德审计的内容分为：利益相关者导向型审计、伦理问题导向审计、多因素模型审计，按照企业道德定位不同对我国企业道德审计的机构、内容、标准等提出操作性建议。由齐善鸿在 2005 年申请成功的国家自然科学基金项目"企业治理中的道德审计与道德指数研究"，标志着我国道德审计的研究进入一个新阶段。齐善鸿、王寿鹏（2008）按道德水准将企业分为不道德企业、底线道德企业和卓业道德企业三类，并且认为企业道德审计程序会根据审计的主体不同而发生变化。王学龙（2003）将企业道德审计定义为：审计组织的审计人员受托对被审计单位进行道德责任审计，衡量企业直接责任人是否遵守道德管理制度，并对其进行有效评审的行为。此外，有许多学者站在不同的视角对道德审计进行研究，如马力、柳兴国（2005）提出我国有必要借鉴国外道德审计的内容，深入探讨具有中国特色的企业道德审计体系。刘坤（2004）认为提升企业社会形象是企业道德审计产生的根本动力，分别用古典经济学和新制度经济学对企业道德审计动因进行分析。虞超群（2010）结合美体小铺国际企业的道德审计程序整理出一套包括成立企业道德审计小组、审视企业的使命和价值观、确定企业道德审计范围和标准、利益相关者咨询和调查、评价企业道德审计证据、撰写企业道德审计报告、发布报告并和利益相关者对话等步骤的企业道德审计程序。彭兰香（2011）基于社会责任导向型企业视角，对企业道德审计评价指标体系进行探讨，以期对企业道德审计提供可供参考的依据。陆丹（2011）从企业道德审计内容、主体、方法等方面，具体探讨了利益相关者视角下企业道德审计体系的构建。赵悦（2017）创新性地将利润视角引入企业道德审计之中，提出企业道德审计的"三角架构模型"，并通过不同的企业所对应的不同"三角架构模型"进行实证分析,其研究发现,当企业道德水平一定时企业利润所得大小与道德意愿呈现显著相关。

国内外相关文献的梳理为我们的研究提供了一定的理论思路与基础。我们以利益相关者理论为依据进行企业道德责任审计研究。弗里曼(Free-man, 1984)认为利益相关者是一个涵盖范围很广的总体称呼,包括个体与群体,都会对企业目标产生影响。该理论提供了一种战略管理思维方式,企业的健康发展需要平衡与利益相关者涉及的多方利益冲突,将企业作为整体从道德层面上保护所有利益相关者的合法权益。这一观点的提出是现代利益相关者理论的发展基础。利益相关者理论认为,利益相关者是企业从创建到成熟过程中不可或缺的一部分,企业在创造经济利润与对股东负责的同时应承担起对供应商、员工、消费者、自然环境等多方面利益关系的维护,企业的发展兴衰与利益相关者的支持密不可分。企业在发展过程中,股东与债权人为企业提供主要资金资本,其余相关者为企业提供除资金资本之外的各种资本,为推动企业有序发展,企业必须承担利益相关者的责任。国外道德审计研究取得的经验与成果,对我国相关研究在理论与实践上具有积极作用。国内学者对道德责任审计研究还处于对国外学者研究成果的引进阶段,主要集中在道德责任审计的概念、内容、作用等,涉及较少的企业道德责任审计评价指标和企业道德责任审计程序,未能结合我国实际情况,做出进一步深入研究。我们在明确上市企业道德责任的基础上,构建上市企业道德责任审计指标体系,完善上市企业道德责任审计制度。

第二节　上市公司概论

一、公司上市的条件

上市公司是指所公开发行的股票经过国务院或者国务院授权的证券管理部门批准在证券交易所上市交易的股份有限公司。在我国,公司上市需具备以下基本条件:

(一)公司的主体资格

从公司的组织形式上看,公司分为有限责任公司和股份有限公司。只有股份公司才具备上市的基础条件。因此，如果有限责任公司有上市的发展需要，首先进行的就是股份制改造，将有限责任公司改造成股份有限公司。如果有限责任公司不改造成股份有限公司，有限责任公司本身是不能上市的。

（1）从公司的经营状态看，①对公司的经营期限有严格要求，公司必须持续经营3年以上。由有限责任公司按原账面净资产整体折股，改制变更设立的股份有限公司的经营期限可以连续计算。②公司的生产经营范围要合法、合规，并且符合国家的产业政策。③公司最近3年的主营业务和董事、高级管理人员未发生重大变化。

（2）从公司的设立上看，公司的股东出资按时到位，不存在虚假出资的情况，如发起人或者股东以实物出资的，应当办理完成财产所有权的转移手续，即已经将出资的财产由出资人名下转移到公司名下。公司的股权清晰，不存在权属争议。

（3）从公司的资本数额来看，公司注册登记显示的注册资本不少于3000万元，公司公开发行的股份达到公司股份总数的25%以上；公司股本总额超过4亿元的，公开发行股份的比例为10%以上。

（二）公司的独立性

公司的独立性主要考察公司是否被大股东、实际控制人非法控制，是否侵犯了中小股东的合法权益，公司在独立性方面应当符合以下条件：

（1）公司应当有自己的资产并且该资产与公司的生产经营相配套。

（2）公司的人员独立。公司的总经理、副总经理、财务总监、董事会秘书等高级管理人员未在控股股东公司任职；公司应当有自己的员工。

（3）公司的财务独立。公司要有自己的财务体系，能够独立做出财务决策，有自己独立的银行账户，不存在与控股股东共用银行账户的情形。

（4）公司的业务独立。公司与控股股东、实际控制人之间不存在不正当的关联交易，公司业务不依赖于控股股东或者实际控制人。

（三）公司规范运行

公司已经依法建立了股东大会、董事会、监事会等决策机构，并制定了股东大会议事规则、董事会议事规则和监事会议事规则，公司能够按照制度规范运行。公司的董事、监事和高级管理人员没有受过严重的行政处罚，也没有受过刑事处罚，公司自身在上市前的最近36个月内没有受到过工商、税务、环保等部门的行政处罚，也没有涉嫌刑事犯罪被立案侦查，没有未经合法机关批准，擅自发行证券或者变相发行证券的情形等。公司章程中已明确对外担保的由谁审批，以及具体的审批程序等，公司有严格的资金管理制度，资金不能被控股股东、实际控制人及其控制的其他企业以借款、代偿债务、代垫款项或者其他方式占用。

（四）公司的财务与会计

（1）从财务角度看，对于上市公司来说，首先要求公司的业绩良好，即公司具有良好的资产，资产负债率合理，现金流正常；公司不能有影响持续盈利能力的情形；公司应当依法纳税。具体来说，公司应当符合下列条件：①最近3个会计年度净利润均为正数且累计超过3000万元，净利润已扣除非经常性损益，前后较低者为计算依据。②最近3个会计年度经营活动产生的现金流量净额累计超过5000万元；或者最近3个会计年度营业收入累计超过3亿元。③发行前股本总额不少于3000万元。④最近一期期末无形资产（扣除土地使用权、水面养殖权和采矿权等后）占净资产的比例不高于20%。⑤最近一期期末不存在未弥补亏损。

（2）从会计角度看，公司应当建立规范的会计制度，财务报表以真实发生的交易为基础，没有篡改财务报表的情况，没有操纵、伪造或篡改编制财务报表所依据的会计记录或者相关凭证的情形等。

（五）募集资金的运用

公司上市的主要目的是募集资金，投资于公司的发展项目，资金募集后，公司要严格按照预先制定好的募集资金用途使用。因此，在考察公司是否具备上市资格时，对于公司募集资金的运用也是非常重要的一项考核标准。

（1）公司应该制定募集资金投资项目的可行性研究报告，说明拟投资项目的建设情况和发展前景；

（2）公司募集资金的运用应当有明确的使用方向，原则上用于公司的主营业务；

（3）募集资金投资项目应当符合国家产业政策、投资管理、环境保护、土地管理以及其他法律、法规和规章的规定。同时，公司要建立募集资金专项存储制度，募集资金应当存放于董事会决定的专项账户中。

二、公司上市的流程

"上市"一般是指"首次公开募股（IPO）"。首次公开募股（Initial

Public Offering）是指一家企业或公司（股份有限公司）第一次将它的股份向公众出售。公司上市流程一般有六个阶段：

第一阶段：成立股份公司。①确定成立途径（股份改革）；②制订改制方案；③聘请验资、资产评估、审计等中介机构；④申请设立资料；⑤召开创立大会。

第二阶段：上市前辅导。①聘请券商（主承销资格）；②辅导期大于等于1年，有效期3年；③上市方案与可研报告（董事会）。

第三阶段：股票发行筹备。①确定发行结构；②发行目的；③发行规模；④分销架构；⑤投资者兴趣；⑥估值；⑦草拟招股书；⑧准备法律和会计文件。

第四阶段：申报和审议。①申报材料制作；②开始审议程序；③估值或定位；④准备对监管部门的意见提出回应；⑤刊登招股书。

第五阶段：促销和发行。①审核通过后决定发行；②推出研究报告；③准备分析员说明会和路演；④向研究分析员做公司和发行的介绍；⑤询价、促销；⑥确定规模和定价范围。

第六阶段：股票上市及后续。①定价；②股份配置；③交易和稳定股价；④发行结束；⑤研究报道；⑥后市支持。

三、上市公司的分类

我国上市公司根据发行证券的性质不同，分为股票型上市公司与债券型上市公司。根据中国证券监督管理委员会2012年修订颁布的《上市企业行业分类指引》，将上市公司涉及的行业分为19门类、90大类，如表5-1所示。

表5-1　上市企业行业分类

门类	大类	类别名称	说明
A		农、林、牧、渔业	本门类包括01~05大类
	01	农业	指对各种农作物的种植
	02	林业	

代码		类别名称	说明
门类	大类		
A	03 04 05	畜牧业 渔业 农、林、牧、渔服务业	指为了获得各种畜禽产品而从事的动物饲养、捕捉活动
B		采矿业	本门类包括06~12大类，采矿业指对固体（如煤和矿物）、液体（如原油）或气体（如天然气）等自然产生的矿物的采掘；包括地下或地上采掘、矿井的运行，以及一般在矿址或矿址附近从事的旨在加工原材料的所有辅助性工作，如碾磨、选矿和处理，均属本类活动；还包括使原料得以销售所需的准备工作；不包括水的蓄集、净化和分配，以及地质勘查、建筑工程活动
	06	煤炭开采和洗选业	指对各种煤炭的开采、洗选、分级等生产活动；不包括煤制品的生产和煤炭勘探活动
	07	石油和天然气开采业	指在陆地或海洋，对天然原油、液态或气态天然气的开采，对煤矿瓦斯气（煤层气）的开采；为运输目的所进行的天然气液化和从天然气田气体中生产液化烃的活动，还包括对含沥青的页岩或油母页岩矿的开采，以及对焦油沙矿进行的同类作业
	08	黑色金属矿采选业	
	09	有色金属矿采选业	指对常用有色金属矿、贵金属矿，以及稀有稀土金属矿的开采、选矿活动
	10	非金属矿采选业	
	11	开采辅助活动	指为煤炭、石油和天然气等矿物开采提供的服务
	12	其他采矿业	
C		制造业	本门类包括13~43大类，指经物理变化或化学变化后成为新的产品，不论是动力机械制造，还是手工制作；也不论产品是批发还是零售，均视为制造； 建筑物中的各种制成品、零部件的生产应视为制造，但在建筑预制品工地，把主要部件组装成桥梁、仓库设备、铁路与高架公路、升降机与电梯、管道设备、喷水设备、暖气设备、通风设备与空调设备，照明与安装电线等组装活动，以及建筑物的装置，均列为建筑活动； 本门类包括机电产品的再制造，指将废旧汽车零部件、工程机械、机床等进行专业化修复的批量化生产过程，再制造的产品达到与原有新产品相同的质量和性能

代码		类别名称	说明
门类	大类		
	13	农副食品加工业	指直接以农、林、牧、渔业产品为原料进行的谷物磨制、饲料加工、植物油和制糖加工、屠宰及肉类加工、水产品加工，以及蔬菜、水果和坚果等食品的加工
	14	食品制造业	
	15	酒、饮料和精制茶制造业	
	16	烟草制品业	
	17	纺织业	
	18	纺织服装、服饰业	
	19	皮革、毛皮、羽毛及其制品和制鞋业	
	20	木材加工和木、竹、藤、棕、草制品业	
C	21	家具制造业	指用木材、金属、塑料、竹、藤等材料制作的，具有坐卧、凭倚、储藏、间隔等功能，可用于住宅、旅馆、办公室、学校、餐馆、医院、剧场、公园、船舰、飞机、机动车等任何场所的各种家具的制造
	22	造纸和纸制品业	
	23	印刷和记录媒介复制业	
	24	文教、工美、体育和娱乐用品制造业	
	25	石油加工、炼焦和核燃料加工业	
	26	化学原料和化学制品制造业	
	27	医药制造业	
	28	化学纤维制造业	
	29	橡胶和塑料制品业	
	30	非金属矿物制品业	

代码		类别名称	说明
门类	大类		
C	31	黑色金属冶炼和压延加工业	
	32	有色金属冶炼和压延加工业	
	33	金属制品业	
	34	通用设备制造业	
	35	专用设备制造业	
	36	汽车制造业	
	37	铁路、船舶、航空航天和其他运输设备制造业	
	38	电气机械和器材制造业	
	39	计算机、通信和其他电子设备制造业	
	40	仪器仪表制造业	
	41	其他制造业	
	42	废弃资源综合利用业	指废弃资源和废旧材料回收加工
	43	金属制品、机械和设备修理业	
D		电力、热力、燃气及水生产和供应业	本门类包括44~46大类
	44	电力、热力生产和供应业	
	45	燃气生产和供应业	
	46	水的生产和供应业	
E		建筑业	本门类包括47~50大类
	47	房屋建筑业	
	48	土木工程建筑业	指土木工程主体的施工活动；不包括施工前的工程准备活动

续表

代码		类别名称	说明
门类	大类		
E	49	建筑安装业	指建筑物主体工程竣工后，建筑物内各种设备的安装活动，以及施工中的线路敷设和管道安装活动；不包括工程收尾的装饰，如对墙面、地板、天花板、门窗等处理活动
	50	建筑装饰和其他建筑业	
F		批发和零售业	本门类包括 51 和 52 大类，指商品在流通环节中的批发活动和零售活动
	51	批发业	指向其他批发或零售单位（含个体经营者）及其他企事业单位、机关团体等批量销售生活用品、生产资料的活动，以及从事进出口贸易和贸易经纪与代理的活动，包括拥有货物所有权，并以本单位（公司）的名义进行交易活动，也包括不拥有货物的所有权，收取佣金的商品代理、商品代售活动；本类还包括各类商品批发市场中固定摊位的批发活动，以及以销售为目的的收购活动
	52	零售业	指百货商店、超级市场、专门零售商店、品牌专卖店、售货摊等主要面向最终消费者（如居民等）的销售活动，以互联网、邮政、电话、售货机等方式的销售活动，还包括在同一地点，后面加工生产，前面销售的店铺（如面包房）；谷物、种子、饲料、牲畜、矿产品、生产用原料、化工原料、农用化工产品、机械设备（乘用车、计算机及通信设备除外）等生产资料的销售不作为零售活动；多数零售商对其销售的货物拥有所有权，但有些则是充当委托人的代理人，进行委托销售或以收取佣金的方式进行销售
G		交通运输、仓储和邮政业	本门类包括 53~60 大类
	53	铁路运输业	指铁路客运、货运及相关的调度、信号、机车、车辆、检修、工务等活动；不包括铁路系统所属的机车、车辆及信号通信设备的制造厂（公司）、建筑工程公司、商店、学校、科研所、医院等活动
	54	道路运输业	
	55	水上运输业	
	56	航空运输业	

代码		类别名称	说明
门类	大类		
G	57	管道运输业	
	58	装卸搬运和运输代理业	
	59	仓储业	指专门从事货物仓储、货物运输中转仓储，以及以仓储为主的货物送配活动，还包括以仓储为目的的收购活动
	60	邮政业	
H		住宿和餐饮业	本门类包括 61 和 62 大类
	61	住宿业	指为旅行者提供短期留宿场所的活动，有些单位只提供住宿，也有些单位提供住宿、饮食、商务、娱乐一体的服务，本类不包括主要按月或按年长期出租房屋住所的活动
	62	餐饮业	指通过即时制作加工、商业销售和服务性劳动等，向消费者提供食品和消费场所及设施的服务
I		信息传输、软件和信息技术服务业	本门类包括 63~65 大类
	63	电信、广播电视和卫星传输服务	
	64	互联网和相关服务	
	65	软件和信息技术服务业	指对信息传输、信息制作、信息提供和信息接收过程中产生的技术问题或技术需求所提供的服务
J		金融业	本门类包括 66~69 大类
	66	货币金融服务	
	67	资本市场服务	
	68	保险业	
	69	其他金融业	
K		房地产业	本门类包括 70 大类
	70	房地产业	
L		租赁和商务服务业	本门类包括 71 和 72 大类
	71	租赁业	
	72	商务服务业	
M		科学研究和技术服务业	本门类包括 73~75 大类

代码		类别名称	说明
门类	大类		
M	73	研究和试验发展	指为了增加知识（包括有关自然、工程、人类、文化和社会的知识），以及运用这些知识创造新的应用所进行的系统的、创造性的活动；该活动仅限于对新发现、新理论的研究，新技术、新产品、新工艺的研制研究与试验发展，包括基础研究、应用研究和试验发展
	74	专业技术服务业	
	75	科技推广和应用服务业	
N		水利、环境和公共设施管理业	本门类包括76~78大类
	76	水利管理业	
	77	生态保护和环境治理业	
	78	公共设施管理业	
O		居民服务、修理和其他服务业	本门类包括79~81大类
	79	居民服务业	
	80	机动车、电子产品和日用产品修理业	
	81	其他服务业	
P		教育	本门类包括82大类
	82	教育	
Q		卫生和社会工作	本门类包括83和84大类
	83	卫生	
	84	社会工作	指提供慈善、救助、福利、护理、帮助等社会工作的活动
R		文化、体育和娱乐业	本门类包括85~89大类
	85	新闻和出版业	
	86	广播、电视、电影和影视录音制作业	指对广播、电视、电影、影视录音内容的制作、编导、主持、播出、放映等活动；不包括广播电视信号的传输和接收活动

续表

代码		类别名称	说明
门类	大类		
R	87	文化艺术业	
	88	体育	
	89	娱乐业	
S		综合	本门类包括 90 大类
	90	综合	

四、企业上市的利与弊

（一）企业上市的优点

（1）改善财政状况。一方面，通过股票上市得到的资金是不必在一定限期内偿还的；另一方面，这些资金能够立即改善公司的资本结构，这样就可以允许公司借利息较低的贷款。此外，如果新股上市获得很大成功，以后在市场上的走势也非常之强，那么公司就有可能今后以更好的价格增发股票。

（2）利用股票来收购其他公司。①上市公司通常通过其股票（而不是付现金）的形式来购买其他公司。如果你的公司在股市上公开交易，那么其他公司的股东在出售股份时会乐意接受你的股票以代替现金。股票市场上的频繁买进卖出为这些股东提供了灵活性。需要时，他们可以很容易地卖出股票，或用股票做抵押来借贷。②股票市场也会使估计股份价格方便许多。如果你的公司是非上市公司，那么你必须自己估价，并且希望买方同意你的估算；如果他们不同意，那你就必须讨价还价来确定一个双方都能接受的"公平"价钱，这样的价钱很有可能低于你公司的实际价值。然而，如果股票公开交易，公司的价值则由股票的市场价格来决定。

（3）利用股票激励员工。公司常常会通过股权或股本性质的得利来吸引高质量的员工。这些安排往往会使员工对企业有一种主人翁的责任感，因为他们能够从公司的发展中得利。上市公司股票对于员工有更大的吸引力，因为股票市场能够独立地确定股票价格，从而保证了员工利益的兑现。

（4）提高公司声望。①公开上市可以帮助公司提高其在社会上的知名度。通过新闻发布会和其他公众渠道以及公司股票每日在股票市场上的表现，商业界、投资者、新闻界甚至一般大众都会注意到你的公司。②投资者会根据好坏两方面的消息来做出决定。如果一个上市公司经营完善，充满希望，那么这个公司就会有一流的声誉，这会为公司提供各种不可估量的好处。如果一个公司的商标和产品名声在外，不仅投资者注意到，消费者和其他企业也会乐意和这样的公司做生意。

（二）企业上市的弊端

（1）失去隐秘性。①一个公司因公开上市而在产生的种种变动中失去"隐私权"是最令人烦恼的。美国证监会要求上市公司公开所有账目，包括最高层管理人员的薪酬、给中层管理人员的红利，以及公司经营的计划和策略。虽然这些信息不需要包括公司运行的每一个细节，但凡是有可能影响投资者决定的信息都必须公开。这些信息在初步上市时就必须公开披露，并且此后也必须不断将公司的最新情况进行通报。②失去隐秘性的结果是公司此时可能不得不停止对有关人员支付红利或减薪，本来这些对于一家非上市公司来说是正常的，对上市公司来说则难以接受。

（2）管理人员的灵活性受到限制。①公司一旦公开上市，那就意味着管理人员放弃了他们原先所享有的一部分行动自由。非上市公司一般可以自作主张，而上市公司的每一个步骤和计划都必须得到董事会同意，一些特殊事项甚至需要股东大会通过。②股东通过公司效益、股票价格等来衡量管理人员的成绩。这一压力会在某种程度上迫使管理人员过于注重短期效益，而不是长远利益。

（3）上市后的风险。许多公开上市股票的盈利没有预期的那么高，有的甚至由于种种原因狂跌。导致这些不如意的原因很可能是股票市场总体不景气，或者是公司盈利不如预期，或者公众发现并没有真正有水平的专家在股票上市时为他们提供建议。

第三节　企业道德责任审计概论

企业道德责任审计是指审计组织的审计人员受托对被审计单位进行审

计时，衡量其管理层或责任人是否遵守道德管理制度规定及对道德管理的有效性进行评审的行为。企业道德是与 20 世纪 50 年代形成的社会责任相伴而生的概念。美国经济优先问题委员会（Council on Economic Priorities，CEP）于 1975 年就开始定期向公众公布企业道德方面的相关信息，1997年 CEP 所属社会责任国际组织（Social Accountability International，SAI）自成立之初就公布了社会责任标准（SA8000），开创了建立全球有关道德规范国际标准之先河。从此关于企业道德的审计与评价也有了一定的参考标准。

一、企业道德审计的主体

根据审计关系人理论，审计行为的发生需要有审计人、被审计人和审计授权人或委托人，依次为第一关系人、第二关系人和第三关系人。第一关系人是审计活动的执行者，没有第一关系人的存在则第三关系人的发动将不可能实现。按照现行审计主体理论，目前审计主体形式一般有政府审计、社会审计和内部审计，并构成了审计主体体系。针对企业道德审计而言，审计主体的确定将主要依靠第三关系人的"发动"委托。从理性角度分析，所有存在于社会体系之中的企业从得到社会的广泛认同与自我精神满足出发，应当致力于行为道德，但在实际工作中，尽管几乎所有企业都能够认识到提高道德标准不仅能最大程度地维护社会的整体利益，有助于社会契约机制的有效运行，而且可以满足企业自身的利益，但是这种行为道德情况往往背道而驰。出现这一反常的非理性现象的原因除了与企业的思维核心和价值取向以及企业高层管理人员的价值取向和报酬机制有关之外，更重要的原因在于"在社会中公共物品和私人物品的性质，社会分配物品的方法以及将公共物品转化为私人物品的社会标准"（S. 普拉卡什·赛提，2003）。在市场经济中，公共物品是社会向所有社会要素（如企业）提供的，不管企业成员是否有能力支付公共物品，也不管企业承担的社会责任有多少，并且这种非竞争性和非排他性以零边际成本对外提供收益，而且没有人被排除在享用它们之外。按此微观经济学对公共物品的特征的表述，从某种意义上讲，社会的伦理道德价值也符合公共物品的属性，表现为外在性特征。依前文所述，道德的外在性有正负性质之分，解决道德负的外在性在不存在产权的情况下可以依赖政府管制路径。从社会的公共管理角度讲，为维护市场经济的秩序与健康发展，社会公共管理部门将对存在于社会体系之中的企业的道德水准公共物品予以审计与评价，并且只有社会公共管理部门才有权权衡利益相关者之间的利益关系，对企业道德进行约束，以利于配置社会资源、贡献社会价值。因此，企业道德审计同样具有政府审计的性质，从而形成了政府审计主体。如美国进行道德审计的机构一类是投资基金组织，另一类是社会公共利益监督机构，如环境保护协会、消费者权益保护协会等（荷马·H.约翰逊，2001）。社会审计（注册会计师审计）是否作为企业道德审计的主体之一，可以从政府审计与注册会计师审计关系角度以及从社会审计的业务范围和职责范围角度予以分析。首先，企业道德属于社会契约机制中秩序协调的范畴，因此企业道德审计应以政府审计为主体。然而，由于"政府受有限规模的限制，其经济有效的选择是将部分监督权委托给注册会计师，同时通过监督注册会计师审计质量达到监督经营者的目的"（吴联生，2003）。其次，注册会计师审计的业务范围是指接受委托人的委托，按照委托合同或约定函的要求进行审计的事项，道德审计是否构成社会审计域的内容则取决于其社会需求。一方面，根据法国思想家卢梭提出的社会进步与道德堕落的"二律背反"观点，与其说是社会进步，倒不如说是道德缺失严重了，因此道德治理需求将会更加迫切。作为契约耦合体的企业，又是联结上至社会下至个人的载体，企业道德价值将在很大程度上体现整体社会的道德价值。因此，对企业道德审计与评价是社会的需求，并构成政府审计的一项内容。但是，考虑到道德价值没有反映到企业账簿和报表上，甚至在企业每个角落都没有任何显示，意味着进行企业道德审计将不同于采用财务审计的一般方法，审计标准、审计对象以及审计程序等方面将与之不同，因此，有关职能部门对企业的道德审计受到这些审计因素的限制，可能委托社会审计机构进行审计，以达到审计目标与社会期望的统一与协调。另一方面，企业道德作为企业参与市场公平竞争的行为规范，对整个社会市场经济的秩序和企业自身的发展起着至关重要的作用，这样随着企业道德意识的逐步加强，企业开始重视自身的道德建设。至于道德意识和建设程度如何，除依靠企业自身约束之外，为树立企业形象、避免道德陷阱，以及在所有者与经营者分离的情形下为避免道德风险，企业需要委托社会审计机构进行道德审计（鉴证）服务，对企业道德管理制度以及道德管理的有效性予以判断。经营者的社会责任就是有义务去追求符合社会价值的目标（霍华德·伯文，1953）。同时，企业如果了解自身的道德状况，将有利于取得或巩固利益相关者对企业的信任。因此，企业如果真正从长远的战略意义和维护社会效益的角度考虑，将会把道德状况与财务状况一样作为企业发展的战略目标，制定一套企业道德管理制度，提高道德管理水平。因此，道德制度与道德管理即为企业管理制度与管理活动的一个重要组成部分。根据国际内部审计师协会（IIA）于1993年对《内部审计师职责说明书》修订时所指出的"内部审计师应评价所在企业各方面的经营和管理活动，以增强企业整个内部控制系统的效能"，包括道德审计内容在内的各项企业管理活动构成内部审计的范围，同时管理审计也随着观念的转变和社会不同层面的需求，成为了内部审计的高级发展阶段。因此，道德管理是一项管理活动，道德审计也就是管理审计的一项内容，内部审计同样也就理所当然地构成了道德审计的主体。

二、企业道德审计的客体

审计客体即为执行主体作用的对象，包括接受审计主体审计的实体与内容。接受审计主体审计的实体即为受托责任的承担者和履行者，接受审计主体审计的内容即为受托责任的履行情况。从审计实体方面讲，"道德沦丧和违法行为并非那些在体面的大公司缝隙间苟延残喘的烂公司的专利。相反，这样的行为存在于每一种商业活动中，它困扰着大大小小的各种企业，而无论其财务状况、市场地位如何"（S. 普拉卡什·赛提，2003）。企业存在于社会体系之中，除追求自身发展目标之外，不能忽视其社会责任，特别是企业的发展不能以损害社会机制与其他利益相关者利益为代价，所以基于这种现象与理性的考虑，只要是企业就应该是道德审计的审计实体。至于是政府审计、社会审计的实体，还是内部审计的实体并不重要，也无法分清，毕竟任何企业均存在于社会体系之中，也就相应存在着如安全隐患、解决就业问题、环境保护以及解决员工保险等道德因素。依前所述，审计的内容即为受托责任的履行情况。从历史上审计重点来讲，审计经历查错防弊、真实性审计、绩效审计与管理审计等不同阶段，审计的对象无非是审计实体的财务收支及其有关经营管理活动，以及作为提供这些经济活动信息载体的会计资料和其他有关资料，这是因为企业接受了投资者的委托，所以需要审计受托的企业经营情况。然而，企业在道德方面是否也接受了委托，接受了谁的委托，是否存在受托责任是值得分析与考虑的重要问题，因为企业只有依据审计内容的定义存在受托责任，才有对其履行的受托责任进行道德审计的必要。从企业的社会性质结论分析，"工商企业并不是为着自身的目的，而是为着实现某种特别的社会目的并满足社会、社区或个人的某种特别需要而存在的。……包括企业在内的任何社会组织包括三项主要的任务，即组织的特殊目的和使命，使工作富有活力并使员工有成就，处理组织对社会的影响和对社会的责任"（彼得·德鲁克，1954）。总体来讲，企业的存在一方面接受投资者的委托承担经济责任，另一方面是根据受托责任理论的发展，受托责任的内容已经发展到了受托管理责任，当然其中包含受托道德管理责任。

　　既然企业存在社会道德责任，对其道德责任的履行情况检查应成为企业道德审计的内容。综合国外企业道德审计经验，其内容一般有评价企业道德素质、审查企业行为（包括企业与利益相关者之间的行为、企业内部之间的行为和企业与个人之间的行为）、审计企业道德管理制度、审查企业员工个人的品质、审查企业解决道德困境的方法、审查企业所处的环境、审查企业对社会的贡献价值；按 SA8000 认证的企业道德标准有童工、强迫性劳工、健康与安全、组织工会的自由与集体谈判的权利、歧视、惩罚性措施、工作时间、工资、管理体系（管理评审、公司代表、计划与实行、供应商之管理、处理问题及实施纠正行动、对外沟通、提供查证渠道以及保留记录等）。就连 1999 年 1 月，联合国秘书长安南在瑞士达沃斯世界经济论坛上提出的"全球协议"中所号召的企业应支持并尊重国际公认的各项人权、消除各种形式的强制性劳动、有效禁止童工、杜绝任何在用工和行业方面的歧视行为、企业应对环境挑战未雨绸缪、主动增加对环保所承担的责任以及企业应鼓励无害环境科技的发展与推广等九项基本原则也构成企业道德审计的内容。

三、企业道德审计的方法与审计程序

　　审计的技术与方法是指在规划与实施审计时，审计人员为完成审计任务和审计目标而采用的审查手段。在实际工作中，想要达到预定的审计目

标，就正如拟用棍棒撬起一个庞大的物体需要找到物体下面的缝隙一样，关键在于寻找合理的切入点。从审计方法理论发展的角度分析，审计方法经历了将反映经济业务的会计账簿作为取证工作的切入点的账项基础审计，以被审计单位内部控制制度为切入点的制度基础审计和以审计过程中的风险因素分析作为审计切入点的风险导向审计的发展阶段，构建了一套系统的、与时俱进的审计模式。针对目前企业的现状，企业道德的内容没有反映在企业的账簿上，当然不能运用账项基本审计模式，也没有体现于企业内部控制制度之中，同样也就不能运用制度基础审计模式。风险导向审计是指审计人员通过对被审计单位进行风险职业判断，评价被审计单位风险控制，确定审计风险，追加审计程序，将审计风险降低到可接受水平。根据风险基础审计的基本做法，风险基础审计并没有脱离制度基础审计，只不过是在其基础上增添了风险分析方法之后形成的制度基础审计的高层次发展阶段，并且这种导向审计不是对前两阶段审计模式的替代，而是根据审计环境、审计对象以及审计目标等不同对其进行审计模式的包容。考虑到企业道德内容不符合前述两种审计模式，故不存在审计依赖路径，只能依据风险导向审计的独特功能予以评价与判断。然而，仅仅依靠风险导向审计模式是否能够达到企业道德的审计目标，则需要从企业道德的性质类别以及风险导向审计的作用予以分析。风险导向审计主要以被审计单位可能存在的风险为突破口，寻找高风险的审计项目，确定审计策略，制定符合被审计单位具体情况的审计计划。而企业道德的项目有些反映在风险之中，如管理当局的财务欺诈、企业生产假冒伪劣产品、违反环境保护政策、违背企业员工保险权益等，这些道德风险是能够以风险导向审计作为切入点予以揭示的；有些道德项目则隐藏于企业之中，不受法律的约束，只是受到伦理道德的指责，如不顾员工的身心健康和长远发展，指望通过物质利益弥补精神摧残等无法通过风险予以揭示。对于这种性质的道德项目的审计只有选择相应的道德导向审计模式。至于道德导向审计模式如何设计，也难以统一，毕竟伦理道德与法律规范不同。但国外也不乏有些典型的例子可以用来借鉴和参照，如在《道德管理的力量》（罗蒙·比查德，1988）一书中介绍的比较著名的三个道德核查项目为："这合法吗？即行为会违反法律和公司方针吗？""公司长期利益与短期利益平衡吗？公司的行为是否兼顾了短期利益和长期利益？""自我感觉如何？我的行为是否将使我感到骄傲？假如我的决策曝光给公众我会感觉很好吗？"

就给企业道德导向审计提供了思路。总的来讲，企业道德审计的方法不能通过账项基础审计、制度基础审计进行，只能是以风险导向审计为主、道德导向审计为辅的融合模式。

审计程序一般分为计划阶段、实施阶段和报告阶段。考虑到企业道德审计的纯粹定性非定量的特点，可考虑进行专项审计。第一阶段，通过调查、了解、分析和评估等方法执行一般规划并确认重要的审计领域，具体内容是明确被审计单位服务目标和其他规划目标，取得或更新对被审单位所涉及的产业以及相应产业领域的规定，执行全面控制环境的评估，对重大性作初步判断，编制专项道德审计计划；第二阶段，了解和评估重要的资料来源，寻找企业潜在的道德风险，具体内容是通过问卷、与企业产业相关的报道或举报发现线索，寻找重要的渠道，归纳企业潜在的道德陷阱，确认与评估相关的控制；第三阶段，执行初步的道德评估，选择可靠的、有效的审计查核程序；第四阶段，拟订审计计划，通过实施审计获取审计证据；最后形成审计报告。

从西方企业道德审计的实践来看，审计方法一般有两种：一是对相关的文件和记录进行审计，包括企业内部的各种成文文件、企业外部的公共机构记录及新闻媒体与报道；二是对企业的利益相关者进行问卷调查，包括公司员工、专家、顾客、经销商、供应商和投资者等。有的外部监管机构和公司还采用了定性检查与排除性检查相结合的方法。

四、企业道德审计结果的传递

审计的目的是根据特定的要求，采取一定的方法和手段，将审计结果传递给审计授权或委托人，以达到审计结果的充分有效利用。由于政治、经济、法律环境和审计内容的不同，审计结果的传递与利用方式存在很大的差异。

行政型政府审计的传递方式，应向国家有关行政职能部门（如环境保护部门、消费者协会、工会等）以"审计报告"形式传递企业道德审计结果，再辅之以根据审计署颁发的《审计机关通报和公布审计结果的决定》实行审计公告制度，一方面是因为实行公告制度后可以引起企业对社会责任的足够重视和加强企业道德自律，另一方面则是因为企业道德本身具有隐蔽性，不适用于一般审计程序，不易被审计人员所发现或引起关注，审计人员和审计机构可以根据公告内容将未予以足够重视的道德内容纳入审计视线。

社会审计的职能是接受委托提供审计或鉴证服务，具体在本书中是根据道德标准检查或复核企业整个或部分道德制度和道德管理活动，对企业道德声明以及道德状况做出判断，最后以特定的书面形式向企业管理部门或企业董事会、政府有关行政职能部门等委托人出具企业道德审计报告。报告的形式应该采用不拘一格的非标准化审计报告格式。

内部审计结果反映出来后并且传递给了企业管理部门，但能否达到IIA关于内部审计"协助本组织的成员有效地履行其职责"的目标则难以定论。内部审计报告所提问题和建议能否付诸实施，直接取决于管理部门的兴趣与决心。就内部道德审计而言，审计报告出于道德标准的考虑所提的建议可能违背企业的经济利益，甚至与之相冲突，相应地偏离了管理部门的价值取向，这是管理部门难以接受和采纳的。所以，内部审计站在相对独立性的角度可能出现困惑与不安。因此内部审计如何使管理部门接受，则与"审计报告的质量和编送艺术有很大关系"。一般情况下，内部道德审计报告的内容与其他内部审计报告不同于企业道德审计与评价之处在于，不仅反映企业道德方面存在的问题，更为重要的是从宏观角度对整个社会以及从微观角度对企业自身解释存在的道德质量问题可能给企业带来的短期或长期的危害，因此其传递方式可以以管理建议书或工作汇报形式向管理部门呈报。

五、企业道德审计的功能

开展道德审计不仅能够促使企业主动进行道德投资，使企业具有高度社会责任感、关注相关者利益、具有良好形象，从而积聚道德资本，增强企业"软实力"，增强竞争力，而且有利于规避审计风险，提高审计工作质量。

（1）实施道德审计，有利于提高企业的社会形象，增强竞争力。现代企业的竞争不仅是产品和市场的竞争，而且是综合实力的竞争。一个具有良好声誉的法人企业能够获得"信誉"品牌收益。实施道德审计可使企业对每项活动及活动的每一环节都承担起道德责任。在产品设计阶段，注重设计符合人性化的、有利于人类健康的、环保的、节约能源的产品和服务；在采购阶段，企业会多方选择供应商，充分考虑原材料的状态，以便从源头上对将来制成品的质量进行把关；在制造阶段，企业会主动使用清洁技术，以便给员工和周围的社区居民一个良好的工作和生活环境；在营销阶段，企业会主动向消费者传递真实而科学的产品和服务信息，销售质优且有利于消费者健康的产品和服务。这样企业在货币市场上即可获得大于竞争对手的利润，在资本市场上也能够获得股票升值的效益。

（2）实施道德审计，有利于规范职业经理人行为，使其带领企业健康发展。现代公司治理结构在构建经理人激励与约束机制时，采取了诸如股票期权、绩效股、股票增值权、虚拟股和奖金转股等具体形式，但仍然难以解决"内部人控制"等诸多道德风险问题。究其原因，行政式的企业代理权制度安排阻碍了职业经理人市场的培育，"官出数字，数字出官"的运作模式扭曲了经营者的行为。所以，解决道德风险问题，还有赖于强有力的制度约束和监督机制。

（3）实施道德审计，有利于促使企业的高层管理者关注员工的进步和发展。员工是企业产品的设计者、制造者、销售者以及最终的服务者。负责任的企业主动关注员工的合理需求，关心员工的进步和发展，对员工进行物质激励和精神激励，提高员工士气，增强企业的凝聚力和向心力。高层管理者以推己及人的仁爱思维对员工进行管理，管理者收获的则是财富之财富——人心。事实证明，关注员工进步与发展的企业是最有发展前途的企业。

（4）实施道德审计，有利于降低审计风险，提高审计工作效率和效果。道德审计是财务及经济责任审计的延伸，是为了更好地评价受托经济责任实施的辅助手段。审计人员在对被审计单位会计报表进行审计时，需要了解被审计单位的董事、主管人员及其主要股东的名称、声誉和职责分工情况，以此决定是否接受审计委托；在了解内部控制环境时，需要了解管理部门对待经营风险的思维方式和对会计报表所采取的行动；在出具审计报告前应获取管理部门的申请书，以明确会计责任和审计责任；在实施审计程序时，需要与管理部门进行沟通，以促使双方认真履行职责，同时避免审计人员可能受到的不公正指责或控告。因此，实施道德审计，可在提高工作效率的同时化解审计风险，确保审计工作质量。

第四节 我国企业道德责任审计的
构成要素及存在的问题

一、我国企业道德责任审计的构成要素

(一) 审计主体

我国企业道德责任审计主体是国家审计机关、社会审计组织与内部审计机构，对应的企业道德责任审计人员有三类：政府审计人员、注册会计师、企业内部审计人员。

(1) 政府审计人员。首先，我国是社会主义国家，各级人民政府代表人民行使国家权力，党和国家代表着最广大人民的利益。政府为维护自然环境与基础公共事业建设投入了大量资金，形成了与提供资金有关的公共受托经济责任关系。政府对相关部门和企事业单位是否切实履行国家赋予的公共受托经济责任进行审计监督与评价，是维护广大人民与国家利益的需要。其次，政府审计人员具有审计知识与丰富的经验，具备能够从事企业道德责任审计的工作。最后，国家审计机关具有相应的行政处置权，政府审计人员能够在法定的职权范围内做出审计决议，并向有关主管机关提出处理、处罚意见。

(2) 注册会计师。与政府审计人员相比，注册会计师则处于独立、公正的第三方地位，是外部审计，代表的是委托人的利益，其接受委托人委托对被审计单位的道德责任信息披露的合法性、真实性和完整性进行鉴证和评价，能够大大增强企业所披露的道德信息的可信赖程度。另外，注册会计师具备丰富的财务报表审计经验，企业道德责任审计业务与财务报表审计业务具有很强的关联性。注册会计师在企业道德责任审计方面具有非常大的优势。注册会计师担当企业道德责任审计的主体既可以保证审计工作的质量，又可以减少很多重复性工作，节约审计成本。

(3) 企业内部审计人员。企业出于自身长远利益的考虑，避免违背道德责任产生重大风险，必须按照国家的法律法规、行业准则，承担一定的

社会道德责任。所以，企业经营者能否有效履行道德责任受托，会直接影响企业经济利益。企业道德责任履行情况需要企业内部审计人员对其进行审查和评价，并对存在的缺陷和不足提出改进建议，以协调企业与投资者、社会公众、国家以及相关利益者关系，树立良好的企业形象。企业内部审计人员更了解企业经营业务相关信息，能保证企业道德责任审计的工作质量。

（二）审计客体

企业道德责任审计的客体就是企业道德责任审计的对象，也就是企业道德责任审计的内容。从国外的研究与实践来看，企业道德责任审计内容主要有以下几种类型：

（1）利益相关者导向型审计，即基于利益相关者视角，从企业与其不同关系开始展开审计。美体小铺国际企业（The Body Shop，1995）的企业道德责任审计内容包括11个方面：企业使命和价值观、与股东的关系、与顾客的关系、与雇员的关系、与经销商的关系、与供应商的关系、与其他团体的商业关系、与生态环境的关系、与当地社区的关系、公共关系、对社会发展的贡献。

（2）伦理问题导向型审计，从企业面临的伦理问题出发开展审计。美国的经济优先权问题委员会（Council on Economic Priorities）从以下几个方面对企业进行道德审计：是否开展了保护环境、志愿者活动等的环境问题；女性员工是否获得公平的报酬、发展机会等的妇女问题；是否公正对待少数民族员工的待遇、报酬等的少数民族问题；是否与当地社区建立良好关系；是否为员工家庭提供福利；是否注重工作安全与基础设施等工作环境；是否自愿向社会公开相关信息；是否依法保护动物；是否合法生产与销售；是否存在歧视同性恋等问题。

（3）可持续发展导向型审计，企业以可持续发展能力为重点出发开展审计。道琼斯可持续发展指数（DJSI），该指数用来衡量道琼斯全球指数榜上最大的2500家企业在可持续发展方面的表现，被看作是由可持续发展能力驱动的投资组合的客观标准。该审计的内容关注企业发展对环保、社会和经济发展的三重影响，即注重"三重底线指标"，并在企业财务报告中加以衡量和表述。

（4）多因素综合导向型审计，以Muel Kaptein（1998）的企业道德素质评价模型最为典型。从个人与组织之间、组织内部各部门之间、组织与利益相关者之间三大维度，以道德素质评价、行为审查、利益相关者审查、企业道德管理制度和措施审查、解决道德困境方式审查、员工个人品质和所处环境评估六大方面，建立评价模型，对企业道德责任进行审计。

根据实际情况，我国企业道德责任审计内容采用利益相关者导向型审计是比较合理的。首先，伦理问题导向型审计过于注重伦理道德的问题，容易忽略企业的经济目标。其次，可持续发展导向型审计主要利用道琼斯可持续发展指数作为考核依据，而我国目前大部分企业并没有利用该指标，不符合我国实际。最后，多因素综合导向型审计综合性较强，我国目前相关测量技术与评价指标都不成熟，难以建立模型和进行运用。利益相关者导向型审计注重从利益相关者整体出发评价企业道德责任问题，符合利益相关者群体的需求，有利于企业在利益相关者群体中树立良好的企业道德形象。我国企业道德责任审计内容选择利益相关者导向型审计有其必要性与合理性。利益相关者导向型企业道德责任审计的具体内容主要有：对企业与投资者道德责任审计、对企业与供应商的道德责任审计、对企业与消费者的道德责任审计、对企业与企业员工的道德责任审计、对企业与自然资源和环境的道德责任审计、对企业与政府间的道德责任审计、对企业与社区的道德责任审计。

（三）审计目标

审计目标是企业道德责任审计想要达到的标准与目的。对企业自身来说，道德责任审计的基本目标是改善企业的业绩，树立企业道德形象，促进企业长远发展。企业必须遵从相关法律法规，接受既定的环境保护、健康安全、公平交易和社会福利等方面的规则、标准及规范，向利益相关者披露真实的、完整的企业道德责任履行信息。对利益相关者而言，通过道德责任审计能够鉴证与评价企业是否积极履行了企业对利益相关者的道德责任，是否保证了利益相关者的正当权益。利益相关者希望企业不仅在符合合法性的最低要求下进行企业经营，带来经济利益，而且更要主动承担社会道德责任。总之，企业道德责任审计目标是企业经济效益与社会效益有机结合，经济效益最大化与社会效益最大化相统一。

（四）审计程序

企业道德责任审计程序的设计是审计制度化建设的重要环节。

企业道德审计程序是指从审计工作开始到结束的整个过程。英国美体小铺国际公司完整的道德审计程序对我国企业道德责任审计程序构建有着重要的借鉴意义。其道德审计的基本程序如下：承诺；政策回顾；审计范围的确定；标准和业绩指标的一致；咨询与调查利益相关者；内部管理系统审计；报表与内部报告的编制；确定战略目标和区域目标；审核校验；发布报表；与利益相关者对话。

从逻辑上看，英国美体小铺国际公司完整的道德审计程序并不清晰，但从中可以发现基本的审计程序框架，那就是企业道德审计的准备阶段、实施阶段和结果报告阶段。

1. 企业道德审计的准备阶段

企业道德审计的准备阶段，审计人员要与企业高层管理人员协商，形成一份可以指导整个企业道德审计项目完成的工作计划，根据计划适当调整从事该项企业道德审计的人员。企业道德审计准备阶段的主要工作是成立企业道德审计小组，拟订审计计划和设定审计标准。

第一，成立企业道德审计小组。成立企业道德审计小组是审计工作的第一步，这样做既能汇集已有的审计职能，又有助于在公司内部正式地创造一些特定的职能。第二，制订企业道德审计计划。企业道德审计计划就是要明确企业道德审计的目标、任务以及实现目标和完成任务所需采取的行动。计划阶段的主要工作包括：研究相关政策、法律制度和确定审计范围等。主要的工作是审视企业的使命（企业存在的理由）和价值观；确定审计范围。企业道德审计的主要领域就是那些可以影响企业和被企业影响的利益相关者。第三，确定企业道德审计标准。企业道德审计标准是指审计人员评价审计对象，判断审计事实，提出审计意见，作出审计结论和审计决定的客观依据、准绳和尺度。其内容主要包括法律、法规、方针、政策、法令、规章制度、业务标准等。

2. 企业道德审计的实施阶段

企业道德审计的准备工作完成后就进入实施阶段，企业道德审计实施的工作量最大，耗费的资源最多。主要的工作就是根据企业道德审计的目的和任务，按照企业道德审计计划的要求，运用一定的企业道德审计方法，依据企业道德审计的标准，搜集和评价企业道德审计的证据，进而得出企业道德审计的结论。第一，企业道德审计证据的搜集。通过各种方式搜集审计证据，以企业道德审计指标体系为向导，对企业经营管理中的各个维度的道德行为及表现进行证据搜集整理。企业道德审计证据搜集可以从以下三方面进行：其一，对利益相关者核心群体的调查结果。在企业进行广泛的调研之前，从面对面的交谈中识别每一个利益相关者团体的突出问题尤为重要。其二，有一致的定量和定性的业绩标准的部门所提供的文件信息。检查相关的文件和记录，包括企业内部的各种成文文件、企业外部的公共机构记录及新闻媒体的报道。其三，与员工和管理者进行机密的审计座谈。审计人员可预先为座谈制定一份清单，并将座谈的结果用于对部门和分公司处理、了解与社会业绩有关的社会问题和公司政策的动态的描述。第二，企业道德审计证据的评价。企业道德审计证据的评价，是指对获取审计证据的充分性和适当性进行分析和研究，以判断、确定搜集起来的企业道德审计证据与审计对象有无联系、有何关系、能说明什么问题、能否支持审计结论。第三，企业道德审计证据充分性和适当性的评价。企业道德审计证据的充分性和适当性是指审计证据的数量和质量。企业道德审计项目的评估应该有足够数量的证据来支持，同时，审计证据的数量又受到审计证据的质量的影响。总之，对企业道德审计证据充分性和适当性的评价主要是确认企业道德审计质与量的平衡程度。第四，企业道德审计证据的再评价。企业道德审计证据的再评价主要是按照企业道德审计证据的标准对所搜集的证据做出更深入的评价，以推理出恰当的企业道德审计结论和建议。

3. 企业道德审计的报告阶段

完成了企业道德审计准备和实施阶段的工作，企业道德审计人员就可以开展企业道德审计报告阶段的工作，企业道德审计报告阶段的主要工作是出具企业道德审计报告及后续反馈。第一，企业道德审计报告的内容。一份完整的企业道德审计报告应该包括以下内容：标题、收件人、正文、附件、签章和报告日期等。企业道德审计报告的标题可以统一为"企业道德审计报告"；收件人。收件人是企业道德审计的委托人，即利益相关者群体，由于企业道德审计的复杂性和利益相关者对信息需求的多样性，企业道德审计报告中不可能载明所有的利益相关者群体，但在发布报告时必须保证每一个希望得到企业道德审计相关信息的利益相关者都能得到所需的信息；正文。企业基本情况及总裁的承诺；阐述为什么要执行企业道德审计；企业道德审计做什么；如何执行企业道德审计；针对审计发现的主要问题提出的改善企业道德状况的建议；附件。企业道德审计报告应当后附企业道德标准的相关内容，特别是行业道德规范和企业制定的道德标准，以便利益相关者能够更好地理解和使用企业道德审计报告所提供的信息。第二，后续反馈。企业道德审计结果公布之后，至关重要的是获得利益相关者的反馈，并使他们加入到对话中来谈论他们对道德报告的反应。这种对话方式由对利益相关者团体直接负责的部门来组织，同时审计小组也应协助和参与此对话过程以保证交流的持续公开。

二、我国企业道德责任审计存在的问题及原因

（一）存在的问题

1. 审计意识不足

从观念上看，我国不少企业还没有真正意识到企业道德建设的重要意义和建立、健全我国道德责任审计制度的重要作用。长期以来，我国企业在发展过程中片面追求企业内部效益和经济价值而忽视外部效益及社会价值，认为企业道德责任审计不会带来实际经济利益，常常以消极的态度对待其应履行的道德责任，极大地阻碍了企业道德责任审计工作的开展。

2. 审计内容不充分

我国部分企业尚未把企业道德责任放到企业发展的战略高度来抓，未能清楚意识到企业道德责任的积极履行，会为企业带来长远影响，实现企业可持续发展，提升企业良好社会形象。企业在进行道德责任审计时，往往根据眼前利益，进行选择性信息披露，导致审计内容不充分。刻意回避一些环境保护、能源消耗等方面的负面信息，强化对职工权益维护、政府税收贡献等正面信息的披露。更有甚者，有些企业为了使投资者对企业充满信心，诱导性地披露没有可信度的道德责任信息，违背企业信息披露的真实性原则。

3. 审计方式存在局限

我国其他道德责任审计主要选择利益相关者导向型审计，根据利益相关者成立道德责任审计小组，主要采取对企业财务报表分析，以及对相关人员采用问卷调查的方式进行。在实际审计工作中，往往会出现一系列的问题。对企业财务报表进行分析时，其材料的提供出自被审计对象，为隐瞒企业真实的不道德情况，被审计企业可能会提供虚假的材料与数据。而对企业领导层与相关者进行问卷调查，信息提供者也可能出于自身利益的考虑，选择性提供有关信息甚至提供不真实的信息，审计人员获得的审计

数据与材料，在客观性、公正性上大打折扣，影响道德责任审计的工作质量。

4. 审计成果运用不充分

审计整改是对审计成果的运用。部分被审计企业对于审计整改，或多或少存在故意拖延、敷衍了事、避重就轻的错误认识，有意识地将审计整改变成"选择性整改"，对不涉及自身利益的审计整改接受，而对涉及自身利益的问题就消极对待。影响审计成果的及时转化，审计整改被大打折扣。

（二）产生的原因

1. 内部原因

（1）道德责任认识不足。企业对道德责任的认可度不足，主要存在以下观点：其一，认为企业遵守道德责任对其自身的发展重要性不明显，在短期时间内会造成企业获利能力下降、造成经济负担。其二，认为企业只有发展到一定大的规模时，才具备履行道德责任的能力。当前，企业道德责任履行主要依靠企业自觉性与企业领导层自身的道德素质，同时企业对应该遵守的道德责任内涵不清楚，主要认识依旧停留在表面。这就对企业实施道德责任履行构成阻碍，更不用说开展道德责任审计工作。

（2）审计人员相关技能不足。审计人员自身专业技能不足以及缺乏职业谨慎性，是产生企业道德责任审计问题的原因之一。一般会计人员的专业技能结构，尚难以满足企业道德责任审计需求。企业进行道德责任审计与传统的财务审计具有一定差异性，不仅要求审计人员具备传统的审计知识，而且还要具备资源、环保等相关知识。审计人员专业素质存在差别，可能会造成审计证据的不恰当和不充分，增加审计工作的风险。审计人员个人职业谨慎性的强弱，会影响审计工作人员责任心的大小，从而影响审计风险的大小。企业在对相关审计工作人员的继续教育培训中，依旧是以财务报表相关知识为主，对企业道德责任审计的专业知识缺乏系统培训，导致审计人员审计技能不足。

2. 外部原因

（1）审计标准不清晰。当前，可供审计部门遵循的有关企业道德责任审计的标准尚不明确，这给审计工作进度的推进带来更大的困难。道德责任审计标准是审计人员在执行审计过程中，用来判定企业道德责任的基础，由于审计标准的不确定性，导致审计人员在道德责任审计时，无法发表客观、公正的审计意见。因此，依据我国国情与企业实际情况确立一套科学合理的道德审计标准体系，将有效推进企业道德审计工作的开展，减少审计风险，提高审计质量。

（2）审计制度不完善。审计制度的不完善，指标体系的不健全，导致企业道德责任审计难以顺利进行。如对环境环保来说，企业生产经营对资源的消耗与对环境造成的污染、环境治理与安全排污投入等，都难以实际运用数据衡量，缺乏审计所需数据，无法做出合理有效审计，难以对其道德责任履行做出准确评价。同时，企业道德责任信息披露虚假现象也难以遏制。因此，完善企业道德责任审计标准，形成科学审计制度，使审计工作有据可依、有准则可实施，是当前企业道德责任审计工作的重中之重。

（3）法律法规不健全。在法治建设上，尽管我国在规范企业生产经营活动的法律法规体系建设方面取得了长足的进步，规范企业进行生产经营的《公司法》；维护消费者权益的《消费者权益保护法》；保护员工合法权益的《劳动法》等相关法律法规也已经成形，但仍然缺乏约束企业道德建设的专门法律法规，企业道德责任缺乏相应的法律法规约束；在司法实践中，由于企业道德责任难以界定与经济利益的冲突，使执法者在追究企业基本道德责任时，往往重监管轻处罚，企业道德成本不高，导致企业忽略道德制度建设。

第五节　企业道德责任审计实证研究
——以上市公司为例

一、企业道德责任审计指标选取

考虑数据的效度性、系统性与可获得性，我们选取以下指标来评价审计企业道德责任履行情况。

（1）对股东的道德责任评价指标。该指标包括每股收益和净资产收益率两项。每股收益=净利润/股本，该指标反映股东的获利情况，数值越高，企业为股东派发的利润越多，说明企业对股东承担义务也更多。净资产收益率，该指标也称为股东权益报酬率，是企业净利润与企业净资产的比率。数值越高，反映企业净资产的利用效率越高，获利能力越强。

（2）对债权人的道德责任评价指标。该指标包括速动比率、流动比率和资产负债率三项。速动比率是企业速动资产与流动负债的比率。速动资产是企业的流动资产减去存货，流动资产包括货币资金、短期投资、应收票据、应收账款及其他应收款，可以在较短时间内变现。该指标衡量企业流动资产中可以立即变现，用于偿还流动负债的能力，也就是说比率越高，说明企业短期偿债能力越强，债权人的利益更容易得到保障；资产负债率指标是用以衡量企业利用债权人提供资金进行生产经营活动的能力，以及反映债权人发放贷款的安全程度的指标。该指标反映了企业长期本金和利息偿付能力，体现企业的资本结构是否合理。该指数较低时，企业偿债能力有保障，融资风险下降，说明企业能够满足长期的本金和利息安全，保护债权人的利益。

（3）对员工的道德责任评价指标。该指标包括员工人均薪酬、员工获利水平和员工劳动生产率三项。前两项指标越大，说明企业员工获得的权益越大，企业对员工的道德责任就越好。员工劳动生产率指标为企业主营业务收入与员工总人数之比，反映企业员工的工作能力与整体素质，可以从侧面反映企业对员工负责任。

（4）对供应商的道德责任评价指标。该指标包括应付账款周转率和现金应付账款比率两项。应付账款周转率反映企业对供应商的利益照顾程度，该指标越高，表明企业占用供应商资金的时间越短，是企业主营业务成本和应付账款平均余额之比，体现了企业对于供应商的道德责任。现金应付账款比率计算公式为现金资产比应付账款平均余额，现金资产是指现金及现金等价物，该指标反映了企业支付供应商现金的能力，指数越高，表明供应商能够受到保护的权利越大，企业支付供应商货款的担保能力越强。

（5）对消费者的道德责任评价指标。该指标包括成本利润率与研发投入比两项。研发投入比是研发投入费用金额比主营业务收入，该指标表明企业产品研发的投入情况，指标越高，越能反映企业向消费者提供更高品质的产品，消费者将会越受益。成本利润率是利润总额比（营业成本+管理费用+销售费用+财务费用），该指标反映了企业在制定价格时，对消费者利益的考虑程度，该指数越低，企业对消费者的道德责任越高。

（6）对政府的道德责任评价指标。该指标包括净利润纳税率、所得税比重和赋税比率三项。净利润纳税率＝（应交税费/净利润）×100%，所得税比重＝（所得税/主营业务收入）×100%，赋税比率＝（所得税/净利润）×100%，这些指标反映了企业对国家税收做出的贡献以及遵守国家法律法规情况，比例越高，企业对政府的责任越好。

（7）对社区的道德责任评价指标。该指标包括收入捐赠率和净利润捐赠率两项。收入捐赠率＝（捐赠支出/主营业务收入）×100%，净利润捐赠率＝（捐赠支出/净利润）×100%。这些指标能够用来评价企业对社区所做的公益事业，企业对于公益事业的反应能力和意愿。反映了企业每单位净利润对社会所做的贡献，指标比例越高，企业对于社区公益事业的道德表现越好。企业道德责任审计指标如表 5-2 所示。

表 5-2　企业道德责任审计指标

道德责任	选取指标	计算方法
股东	净资产收益率 X1	（年净利润额/净资产额）×100%
	每股收益 X2	净利润/股本
债权人	速动比率 X3	速动资产/流动负债
	流动比率 X4	流动资产/流动负债
	资产负债率 X5	（负债总额/资产总额）×100%
员工	员工获利水平 X6	应付职工薪酬/主营业务收入
	员工劳动生产率 X7	主营业务收入/员工总人数
	员工人均薪酬 X8	应付职工薪酬/员工总人数
供应商	应付账款周转率 X9	主营业务成本/应付账款平均余额
	现金应付账款比率 X10	现金及现金等价物余额/应付账款平均余额
消费者	成本利润率 X11	利润总额/（营业成本+管理费用+销售费用+财务费用）
	研发投入比 X12	研发投入费用金额/主营业务收入
政府	净利润纳税率 X13	（应交税费/净利润）×100%
	所得税比重 X14	（所得税/主营业务收入）×100%
	赋税比率 X15	（所得税/净利润）×100%
社区	净利润捐赠率 X16	（捐赠支出/净利润）×100%
	收入捐赠率 X17	（捐赠支出/主营业务收入）×100%

二、样本选取与数据来源

以 2018 年深沪 A 股上市企业作为研究样本,为能够得到有效数据,剔除信息不全、数据缺失的企业,同时考虑到企业是否对社区做出贡献,共选取了 169 家上市企业样本量,其中涉及制造业占比达到 49.1%,其次是农、林、牧、渔业,采矿业,电力、热力、燃气及水生产和供应业,建筑业,铁路和运输业,分别占比为 7.1%、7.7%、5.3%、7.1%、6.0%,以上共计样本数量已达到 82.3%,占比最少的是文化、体育和娱乐业,仅有 0.6%。具体分布如表 5-3 所示。所用数据主要来自国泰安数据库,以及相关研究样本上市公司披露年报,部分数据由简单数据统计得到,主要通过 EXCEL 与 SPSS20.0 完成。

表 5-3　样本行业分布

行业分布	公司数量(家)	占比(%)
A. 农、林、牧、渔业	12	7.10
B. 采矿业	13	7.70
C. 制造业	83	49.10
D. 电力、热力、燃气及水生产和供应业	9	5.30
E. 建筑业	12	7.10
F. 批发和零售业	6	3.60
G. 铁路和运输业	10	6.00
I. 信息传输、软件和信息技术服务业	7	4.10
J. 金融业	8	4.70
K. 房地产	4	2.40
M. 科学研究和技术服务业	2	1.15
N. 水利、环境和公共设施管理业	2	1.15
R. 文化、体育和娱乐业	1	0.60
合计	169	100

三、评价模型确定

如上所述，选取的企业道德责任审计指标体系由 7 个维度构成，各类指标在衡量过程中的重要性是不同的，所以必须先确定各个利益相关者对总的社会责任履行情况的贡献程度（即权重）。确定权重的方法主要有专家问卷、层次分析法、因子分析法等，由于专家问卷和层次分析法均带有一定的主观性，因此，采用因子分析法确定权重构建评价上市企业道德责任审计模型：

$$V_i = \sum a_{ij}F_{ij}$$

其中，V_i 表示第 i 个上市企业的道德责任综合得分；a_{ij} 表示第 i 个公司第 j 个指标的权重，即为对应的方差贡献率；F_{ij} 表示第 i 个公司第 j 个指标的得分，即为该因子得分。

根据模型，首先，确定该选取指标是否适合进行因子分析，才能进行下一步处理，其次，在确定能够运用因子分析方法后，对多个指标进行降维处理，通过相应的运算，把相关性程度较高的指标归纳为一类，我们称之为"因子"，然后通过旋转因子，使每一个因子更具解释意义，用于描述实际数据得出的结果。同时，因子分析法可以得出各个因子的贡献率，即权重，我们可以根据该权重，将各个因子表达为一个能反映各维度重要程度的综合指标。因此，因子分析可以在最少丢失原有观察变量下，构造少量因子表达基本数据结构。分成以下三步进行：①因子提取：在实证过程中，对搜集的相关数据进行分析，通过主成分分析法，从中抽取相关性较低的因子，得到因子符合矩阵与其特征值。选取特征根大于 1 的因子，作为该模型研究的因子。②因子旋转与命名：当获得主要因子后，各因子代表的典型变量并不显著，为了因子能够具有更强的解释意义，需要对因子进行选择。通过旋转因子提取出符合系数更加接近 1 的因子，这样能够对因子进行准确命名。③因子得分：通常用回归估计法、Bartlett 估计、Thomson 法估计因子得分，在实际运用中多通过回归估计法，对因子得分进行计算。根据原始的变量进行因子分析，得到各因子值，可以直接用因子值对样本进行评价，最终得到样本综合评价分数，用来评估研究对象道德责任履行情况。

四、因子分析实证

（一）KMO 和 Bartlett 球形检验

KMO 检验是比较选取数据之间的相关系数与偏相关系数的相对大小，为判断选取的样本数据是否能进行因子分析提供基础。其取值范围为0~1，一般情况下，当 KMO 大于 0.8 时，很适合做因子分析；当数值在 0.5~0.8，为适合；当数值小于 0.5 时，该组数据不适合做因子分析。而 Bartlett 球形统计值显著性概率小于等于 0.05 时，可以做因子分析。

对本书选取数据进行 KMO 和 Bartlett 球形检验结果如表 5-4 所示。从表 5-4 结果可知，KMO 大于 0.5，Bartlett 球形检验的近似卡方值为 2121.110，自由度为 136，显著性水平为 0.000，小于显著水平 0.05，因此，可以拒绝零假设检验，该组观察数据适合做因子分析。

表 5-4　KMO 和 Bartlett 球形检验

取样足够度的 Kaiser-Meyer-Olkin 度量	0.585
近似卡方	2121.110
df	136
Sig.	0.000

（二）因子解释方差

通过主成分分析确定因子数，其标准为选取特征值大于 1 的特征根。对样本数据进行主成分分析，结果如表 5-5 所示。7 个主因子的特征值分别为 2.817、2.804、1.974、1.824、1.765、1.597、1.445，选取这 7 个主因子来衡量企业道德责任，其累计百分比为 83.686%，这也就说明，该样本中所选的 7 个公共因子包含 17 个原始评价指标 83.686% 的信息量，能较全面地反映原指标所包含的信息。

表 5-5　解释的总方差

成分	初始特征值			提取平方和载入			旋转平方和载入		
	合计	方差贡献率（%）	累计百分比（%）	合计	方差贡献率（%）	累计百分比（%）	合计	方差贡献率（%）	累计百分比（%）
1	3.645	21.440	21.440	3.645	21.440	21.440	2.817	16.569	16.569
2	2.554	15.021	36.461	2.554	15.021	36.461	2.804	16.495	33.064
3	2.043	12.015	48.476	2.043	12.015	48.476	1.974	11.614	44.678
4	1.950	11.471	59.948	1.950	11.471	59.948	1.824	10.729	55.407
5	1.569	9.229	69.177	1.569	9.229	69.177	1.765	10.383	65.790
6	1.315	7.735	76.912	1.315	7.735	76.912	1.597	9.396	75.186
7	1.152	6.774	83.686	1.152	6.774	83.686	1.445	8.501	83.686
8	0.717	4.219	87.906						
9	0.541	3.184	91.089						
10	0.417	2.454	93.544						
11	0.297	1.746	95.290						
12	0.269	1.581	96.870						
13	0.239	1.405	98.275						
14	0.161	0.945	99.220						
15	0.086	0.507	99.728						
16	0.026	0.155	99.883						
17	0.020	0.117	100.000						

（三）公共因子命名

通过表 5-5 的结果可知，因子 1 中流动比率、速动比率、资产负债率有较大荷载，这涉及债权人的利益，将因子 1 命名为对债权人的道德责任，其对企业道德责任方差贡献率为 16.569%；因子 2 对净资产收益率、每股收益有较大载荷，涉及股东权益，将因子 2 命名为对股东的道德责任，其对企业道德责任方差贡献率为 16.495%；因子 3 对净利润捐赠率、收入捐赠率有较大载荷，涉及社区权益，将因子 3 命名为对社区的道德责任，其对企业道德责任方差贡献率为 11.614%；因子 4 对成本利润率、研发投入比有较大载荷，涉及消费者权益，将因子 4 命名为对消费者的道德责任，其对企业道德责任方差贡献率为 10.729%；因子 5 对净利润纳税率、所得税比重、赋税比率有较大载荷，涉及政府权益，将因子 5 命名为对政府的道德责任，其对企业道德责任方差贡献率为 10.383%；因子 6 对应付账款周转率、现金应付账款比率有较大载荷，涉及供应商权益，将因子 6 命名为对供应商的道德责任，其对企业道德责任方差贡献率为 9.396%；因子 7 对员工获利水平、员工劳动生产率、员工人均薪酬有较大载荷，涉及员工权益，将因子 7 命名为对员工的道德责任，其对企业道德责任方差贡献率为 8.501%。

（四）指标体系的应用

将上述结果整理成表 5-5，据此可以发现上市企业对各利益相关者的道德责任评价的影响权重不同。投资者（股东与债权人）作为上市企业发展的最大经济支柱，所占权重最大。而与之相比较，上市企业对供应商、员工、政府以及消费者的权重占比较小，但整体差异不大。同时，我们判断因子之间是否具有良好的结构效度与内容效度，主要从因子分析结果的因子载荷量与累计方差贡献率分析。当因子累计方差贡献率超过 50% 且因子荷载量超过 0.4 时，表明因子之间具有较好的结构效度与内容效度。从因子分析结果看，选取样本累计方差贡献率达到 83.686%，七个因子载荷量都超过 0.5，说明我们选取的因子构成较为合理。据此，可以得到上市企业道德责任综合得分公式：

$$Z_i = 0.1657 \times F1_i + 0.1650 \times F2_i + 0.1161 \times F3_i + 0.1073 \times F4_i + 0.1079 \times F5_i + 0.0940 \times F6_i + 0.0850 \times F7_i$$

其中，Z_i 为上市企业道德责任综合得分；$F1_i$ 为因子 1 得分，即对股东道德责任指标得分；$F2_i$ 为对债权人的道德责任指标得分；$F3_i$ 为对社区的道德责任指标得分；$F4_i$ 为企业对消费者的道德责任指标得分；$F5_i$ 为企业对政府的道德责任指标得分；$F6_i$ 为企业对供应商的道德责任指标得分；$F7_i$ 为企业对员工的道德责任指标得分。如表 5-6 所示。

表 5-6　企业道德责任审计指标体系因子分析结果

道德责任	选取指标	因子载荷量	累计方差贡献率（%）
因子 2 股东	净资产收益率 X1	0.896	16.495
	每股收益 X2	0.859	
因子 1 债权人	速动比率 X3	0.938	16.569
	流动比率 X4	0.846	
	资产负债率 X5	0.948	
因子 7 员工	员工获利水平 X6	0.758	8.501
	员工劳动生产率 X7	0.887	
	员工人均薪酬 X8	0.709	
因子 6 供应商	应付账款周转率 X9	0.550	9.396
	现金应付账款比率 X10	0.895	
因子 4 消费者	成本利润率 X11	0.798	10.729
	研发投入比 X12	0.744	
因子 5 政府	净利润纳税率 X13	0.912	10.383
	所得税比重 X14	0.701	
	赋税比率 X15	0.928	
因子 3 社区	净利润捐赠率 X16	0.990	11.614
	收入捐赠率 X17	0.990	

　　根据上述道德责任评价指标综合得分计算公式，可以得到 2018 年我国上市企业道德责任综合得分以及单一因子得分。对其综合得分与单一因子进行描述性统计分析，如表 5-7、表 5-8 所示。通过计算 2018 年 169 家上市企业样本，综合得分最大值为 11.7470，最小值为 -4.7683，均值为 2.31485，所以研究样本中有 56 家上市企业超过平均水平，占整体的 33.14%。综合得分标准差为 2.6458，说明各个企业道德责任履行状况存在较大差异。在单一因子得分中，各因子均值得分差异较大，说明企业对利益相关者履行道德责任存在较大区别，该分数大小是企业对利益相关者道德责任履行进行调整与改善的方向标。

表 5-7 综合得分描述性统计量

	N	极小值	极大值	均值	标准差
综合得分	169	-4.76831	11.74698	2.31485	2.64575140
有效的 N（列表状态）	169				

　　企业道德责任履行情况综合评价得分情况以及排名结果如表 5-8 所示。由于研究样本数量较多，综合显示排名前九与后九家企业综合得分情况。以研究样本宏观估计我国上市企业道德责任总体状况，综合得分越高，说明企业对相关道德责任履行越好。从所属行业的排名结果来看，制造业，信息传输、软件和信息技术服务业，以及采矿业得分较高，说明企业道德责任履行相对较好；排名后九的企业中，制造业对道德责任的履行情况堪忧；从某一企业角度看，企业各因子得分可以反映该企业对某一利益相关者道德责任履行情况，结果显示，各上市企业在道德责任的履行情况不均衡。企业道德责任履行不均衡的原因主要体现在以下几个方面：首先，企业所处行业会直接影响企业道德责任行为的偏重，例如当企业对环境造成严重污染时，在其进行生产经营活动时，可能会更加注重环境治理方面的投入。其次，也与企业经营者与所有者对企业道德责任认知水平有关，企业认为是否应该积极履行道德责任，企业道德责任履行应包含哪些方面等，这些认知都会直接影响企业的道德责任的履行。最后，企业的自身发展水平与经营状况也会对企业的道德责任行为造成一定影响。当企业运行良好时，企业会较多地考虑道德责任的履行；而当企业处于成长时期，需首要考虑企业自身能否存活下来，往往满足于基本的道德责任。

表 5-8 部分样本企业综合得分

股票代码	行业代码	F1	F2	F3	F4	F5	F6	F7	综合得分
601808	B	0.4217	-0.3114	-0.0095	0.6770	11.1583	-0.1913	0.0022	11.7470
600893	C	-0.0329	-0.3693	12.0334	-0.3885	-0.1061	-0.0508	-0.7579	10.3279
000858	C	0.8227	3.7523	-0.0050	1.3639	0.6092	0.8843	0.3219	7.7492
300059	I	-0.6661	-0.7341	0.0811	4.8826	-0.6314	5.8239	-1.0678	7.6881
600705	J	-1.7114	0.5306	-0.1146	-0.6720	0.0646	8.6130	0.2070	6.9171

股票代码	行业代码	F1	F2	F3	F4	F5	F6	F7	综合得分
600711	B	−0.0799	−0.5864	2.1235	−0.6726	−0.2827	−0.0545	6.1012	6.5486
600206	C	4.8634	−1.3826	−0.1608	−1.5015	0.1887	1.1896	2.7061	5.9029
601360	I	1.4326	0.6179	−0.1489	4.4100	−0.1706	−0.8373	0.4959	5.7997
600064	K	−1.2395	1.2776	−0.2069	2.8732	0.5485	0.0627	2.2303	5.5458
601177	C	−0.4762	−0.9516	−0.1279	0.4161	−0.3241	−0.2621	−0.8241	−2.5500
000050	C	−0.4971	−0.7072	−0.1409	0.4157	−0.6167	−0.3674	−0.6522	−2.5658
600184	C	0.3108	−0.8171	−0.1201	0.0178	−0.5387	−0.6004	−0.8895	−2.6372
002422	C	−0.2112	−0.2211	−0.1451	−0.1646	−0.5625	−0.5781	−0.7819	−2.6645
600063	C	−0.1879	−0.8801	−0.1466	−0.6444	−0.1616	−0.1797	−0.4818	−2.6822
603299	C	−0.4734	−0.4826	−0.1423	−0.5966	−0.3437	−0.1343	−0.6268	−2.7997
000768	C	−0.4072	−0.7415	−0.1543	−0.4259	−0.2068	−0.2741	−0.6527	−2.8625
600259	C	−0.2508	−2.1983	−0.1587	−0.6052	−0.5316	0.2716	−0.2967	−3.7697
600303	B	−0.4503	−1.1850	−0.1507	−0.4216	−0.9156	−0.0358	−0.8677	−4.0265

五、基本结论与建设路径

（一）基本结论

在实证研究中，由于环境方面的数据难以获取，以及非财务指标数据不全的原因，我们最终选取了17项指标进行实证分析。结合上市企业财务报告、相关信息以及企业社会责任报告数据，使用SPSS20.0进行因子分析与描述性分析。对169家上市企业道德责任履行情况进行分析，得出以下结论：上市企业道德责任审计因子可以分为股东、债权人、员工、消费者、供应商、政府、社区七个方面，累计方差贡献率达83.686%。从整体而言，上市企业道德责任履行情况处于不平衡状态，从单个企业来看，企业对各因子道德责任履行情况差异较大。

（二）我国上市企业道德责任审计制度建设路径

1. 确定审计主体

上市企业为谋求长期价值增长并健全运作，应围绕自身商业运作模式设立组织内部专门机构，也就是成立企业道德责任审计小组，识别和履行与利益相关者之间的道德责任。领导小组在成员构成上，需要选派董事会成员、高层管理人员任职，以及外聘若干名专家组成，使得审计小组能够协调各层级、各部门进行审计工作，统筹企业道德责任履行状况及对外道德事务披露。审计人员必须具备良好的职业道德素养、遵守法律准则要求、保质保量独立完成审计工作，保证道德责任审计客观、公正。审计人员必须深入了解企业文化、经营理念、道德规范，掌握审计基础知识以及熟悉企业伦理道德相关专业知识。

根据企业道德策略不同，确定企业道德责任审计主体。美国教授林恩·夏普·佩因（1999）将企业道德策略分为服从导向型与正直导向型两种。服从导向型道德策略是指以法律法规制定行为标准，强调避免非法经营，只要企业行为服从法律法规即为讲道德与履行道德责任。正直导向型道德策略强调企业在生产经营过程中不仅要遵守法律法规，也要遵守伦理道德规范，即使企业利益受到一定损害也要做符合道德的事情。我国上市企业应根据企业道德策略的不同，确定道德责任审计主体。当企业为服从导向型时，需要外部审计机构也就是注册会计师或政府审计人员，按照道德责任审计内容与要求进行道德责任审计，这样最终的审计结果报告会更加客观有说服力；当企业为正直导向型时，该类企业道德水平与意识较高，能够充分地履行道德责任并对外形成一定的良好形象，可以由企业内部审计人员作为审计主体进行自我审计，将审计结果定期向相关部门以及利益相关者报告。

2. 建立审计评价标准

建立适当的审计评价标准体系，才能保证企业道德责任审计有效进行，我们以169家上市公司作为研究样本，建立了一套较为合理的上市企业道德责任审计指标评价体系。在评价标准建立的实际过程中，应当考虑到利益相关者的实际需求与愿望。在评价企业对投资者的道德责任时，财务评价指标包括每股股利、净资产收益率、净利润增长率、速动比率、资产负债率等，非财务指标考虑年报信息公开程度、是否按规定时间披露相关道德信息、是否具备完善的道德监督体制等；在评价企业对员工的道德责任时，从员工薪酬福利、教育培训、劳动生产率、员工安全健康管理等多方面加以考虑，为员工提供完善薪酬制度、晋升机制，保证员工的安全生产、职业健康，提升员工对企业的满意度；在评价企业对供应商的道德责任时，考虑市场占有率、合同是否履行，合作中是否存在违约情况等。同时，为保障与供应商合作的效率和效益，以现金与应付账款比率、应付账款周转率等指标，反映企业对供应商货款是否存在拖欠情况；在评价企业对消费者的道德责任时，由于企业所提供的产品与服务，价格、质量等因素直接影响到消费者的选择。所以在财务指标上，考虑成本利润率、研发投入等指标作为反映企业对消费者权益的保护。而非财务指标，可调查消费者满意度、企业信用记录、企业是否建立消费者关系管理制度等体现企业对消费者道德责任的表现；在评价企业对政府的道德责任时，主要考虑企业纳税情况的履行，企业是否按时、按量进行纳税，是否提供就业机会、是否创造价值、是否遵守法律法规等多方面；在评价企业对环境的道德责任时，考虑企业在生产经营过程中，是否节约自然资源、是否控制污染排放、是否采取环境保护与改善措施等；在评价企业对社区的道德责任时，考虑企业是否参与慈善活动、是否支援社区经济文化各项事业发展等。将净利润捐赠率、捐赠收益率等作为企业社区道德责任评价指标。

根据以上上市企业道德责任审计指标体系进行审计数据的收集，将其数据代入综合公式进行运算，最终得出被审计企业相应道德责任综合得分与相应因子得分，这些数据能够客观体现被审计企业的道德责任在哪些方面做得好、哪些方面做得不够，以及整体上道德责任履行情况。当被审计企业综合得分与各因子得分低于整体平均水平时，说明企业对其道德责任履行较差，在审计报告中应针对不同履行责任对象提出相应改善建议与措施；当审计得分结果在平均水平时，被审计单位应当做出适当的改进，以追求履行更加积极的道德责任；当被审计企业得分结果高于平均水平时，企业应继续保持当前企业道德管理的良好状况。

3. 搜集与评价审计证据

以企业道德责任审计评价指标体系为指导，由审计主体对企业经营管理过程中的道德责任履行表现进行证据搜集与评价。在证据搜集过程中，首先，审计人员应当对利益相关者目标群体进行沟通与交流，此时应将企业管理者排除在外，以便准确了解利益相关者目标群体对企业道德责任相关问题的看法。以双向沟通的方式，使审计人员在审计中及时发现问题，有效协调审计工作的开展。其次，召开员工和管理者的审计座谈会，了解企业社会绩效相关的问题和企业道德政策动态。最后，通过企业内部相关部门与企业外部公共机构，获取企业相关文件与记录，整理出定量与定性相结合的道德业绩标准。

在完成证据搜集后，对证据进行评价在很大程度上会影响到企业道德责任审计的可信赖度。审计证据评价分为评价与再评价两个过程。在审计证据评价中，需要获取一定数量与质量的证据，以保障审计评价的充分性与适当性。企业道德责任审计证据的再评价是经过初步分析后按照审计标准，对所搜集证据做出更深入的评价，为编写审计报告服务，最终对企业道德责任履行情况做出结论与建议。

4. 完成审计报告

根据审计评价标准，完成审计证据的搜集与评价后，企业道德责任审计人员开展审计报告阶段工作，为企业道德责任履行情况出具审计报告。作为一份专业性文件，审计报告应当按照计划及时编写，应当对问题的陈述表达准确、措辞严谨、应当出具恰当的审计结论。同时，针对审计结果应与利益相关者进行沟通、征询他们对审计报告结果的看法与建议。一份完整的企业道德责任审计报告，应包括以下内容：①标题。将审计报告统一命名为"企业道德责任审计报告"。②明确收件人。由于审计委托人为利益相关者，而利益相关者组成部分比较复杂，审计报告必须向不同利益相关者提供其需要的相关信息，保证审计具有现实意义。③审计正文。正文部分需要撰写企业基本情况、阐明为什么需要进行道德责任审计、审计工作展开的具体情况以及在审计中发现的问题、提出的改善建议等。④附件。企业道德责任审计报告中应该附上企业道德标准、行业规范等相关文件，使得使用审计报告者能够准确理解审计结果。同时，还需要对相关审计事项进行具体说明与解释。

参考文献

［1］ Archie B. Carroll, George W. Beiler. Landmark in the Evolution of the Social Aduit ［J］. Social Work, 1975, 18（3）: 589-599.

［2］ Archie B. Carroll. Stakeholder Thinking in Three Models of Management Morality: A Perspective with Strategic Implications ［M］. Toronto: University of Toronto Press, 1995.

［3］ Archie B. Carroll. The Four Faces of Corporate Citizenship ［J］. Business and Society Review, 2011, 8（4）: 90-94.

［4］ Archie B. Carroll. Understanding Stakeholder Thinking: Themes from a Finnish Conference ［J］. Business Ethics: A European Review, 1997, 6（1）: 46-51.

［5］ Aupperle K. E., Carroll A. B., Hatfield J. D. An Empirical Examination of the Relationship between Corporate Social Responsibility and Profitability ［J］. Academy of Management Journal, 1985, 28（2）: 446-463.

［6］ Browne M. N., Hass P. F. Social Responsibilities of Business Corporations ［J］. Research and Policy Committee of the Committee for Economic Development, 1971: 56-57.

［7］ Brummer B. Corporate Responsibility and Legitimacy ［M］. New York: Greenwood Press, 1991.

［8］ Carroll A. The Four Faces of Corporate Citizenship ［J］. Business and Society Review, 1998, 100（1）: 1-7.

［9］ Cooper. A Theory of Interdependent Demand for a Communications Service ［J］. The Bell Journal of Economics and Management Science, 2011, 32（8）: 16-37.

［10］ Cornell . Business Ethics and a State－owned Enterprise in China ［J］. Business Ethics: A European Review, 1987, 5（8）: 64-77.

［11］ Domingo Garcia-Marza. Russian Environmentalists in Civil Society ［J］. Russian Civil Society: A Critical Assessment, 2010, 34 (7): 30-33.

［12］ Donaldson T., Preston L. E. The Stakeholder Theory of the Corporation: Concepts, Evidence, and Implications ［J］. Academy of Management Review, 1995, 20 (1): 65-91.

［13］ Elsa Dawson. The Relevance of Social Audit for Oxfam GB ［J］. Journal of Business Ethics, 1998 (17): 1457-1469.

［14］ F. Reamer. The Evolution of Social Work Ethics ［J］. Social Work, 1998 (6): 488-500.

［15］ Freeman R. E. Strategic Management: A Stakeholder Approach ［M］. Boston: Pitman Publishing, 1984.

［16］ Gael, Mc Donald. Network Externalities, Competition, and Compatibility ［J］. American Economic Review, 2006, 63 (3): 34-35.

［17］ Georges Enderle. International Perspectives on the Supply of Informal Venture Capital ［J］. Journal of Business Venturing, 2013, 7 (6): 59-75.

［18］ Goodpaster K. Business Ethics and Stakeholder Analysis ［J］. Business Ethics Quarterly, 1991, 1 (1): 53-73.

［19］ Harrison R., Mason C. International Perspectives on the Supply of Informal Venture Capital ［J］. Journal of Business Venturing, 1992, 7 (6): 459-475.

［20］ John Rosthorn. Business Ethics Auditing-More Than a Stakeholder's Toy ［J］. Journal of Business Ethics, 2000 (27): 9-19.

［21］ Liebowitz S. J., Margolis S. E. Are Network Externalities a New Source of Market Failure ［J］. Research in Law and Economics, 1995, 17 (1): 1-22.

［22］ Michael John McNamee, Scott Flemting. Ethics Audits and Corporate Ethics Audits and Corporate Sector Sports Organizations ［J］. Journal of Business Ethics, 2007 (23): 425-437.

［23］ Milton Friedman. Business Ethics: Readings and Cases in Corporate Morality ［M］. New York: Mc Graw-Hill Publishing Company, 1982.

［24］ Milton Friedman. The Social Responsibility of Business is to Increase its Profits ［J］. New York Times Magazine, 1970 (2): 122-126.

［25］ Milton Friedman. The Social Responsibility of Business is to Increase

Its Profits［M］. Berlin：Springer Berlin Heidelberg，1985.

［26］Mule Kaptein. Ethics Management：Auditing and Developing the Ethical Content of Organization［M］. Boston：Kluwer Academic Publishers，1998.

［27］P. B. Hofmann. Performing an Ethics Audit［J］. Health care Excutive，1995（6）：47.

［28］P. 普拉利. 商业伦理［M］. 洪成文等译. 北京：中信出版社，1999.

［29］Robbins. Guide to the Antitrust Economics of Networks，A［J］. Antitrust，2009（10）：36-37.

［30］Rohlfs J. A Theory of Interdependent Demand for a Communication Service［J］. The Bell Journal of Economics and Management Science，1974，5（1）：16-37.

［31］Ross. Corporate Social Performance and Stock Returns UK Evidence from Disaggregate Measures［J］. Financial Management，2006，35（3）：97-116.

［32］Steiner. Are Network Externalities a New Source of Market Failure［J］. Research in Law & Economics，2008（17）：63-64.

［33］Stephen P.，Robbins，Mary Coultar. Management［M］. New Jersey：Prentice-Hall International Inc.，1996.

［34］Zadeh L. A. Fuzzy Sets［J］. Information and Control，1965（8）：338-356.

［35］埃格特森. 经济行为与制度［M］. 吴经邦译. 北京：商务印书馆，2004.

［36］奥利弗·E. 威廉姆森，西德尼·G. 温特. 企业的性质［M］. 姚海鑫译. 北京：商务印书馆，2010.

［37］卜长莉. 工会与企业社会责任互动机制的构建［J］. 学习与探索，2012（11）：74-80.

［38］曹凤月. 企业道德责任的三重依据［J］. 哲学动态，2007（2）：35-39.

［39］曹刚. 道德难题与程序正义［M］. 北京：北京大学出版社，2011.

［40］陈炳富，周祖城. 企业伦理与企业经济效益关系［J］. 国际经济与贸易，2008（3）：48-50.

[41] 陈海波. 当前我国乡镇企业道德责任研究 [D]. 南华大学硕士学位论文, 2010.

[42] 陈卫红. 以职业道德建设助推企业科学发展 [J]. 社会主义论坛, 2013 (11): 37-43.

[43] 范丽群, 石金涛. 关于我国企业道德审计问题的探讨 [J]. 南昌航空工业学院学报 (社会科学版), 2005 (2): 14-16.

[44] 范丽群, 周祖城. 国外企业道德审计研究综述 [J]. 外国经济与管理, 2003 (11): 25-28.

[45] 高芳. 企业的道德责任与社会责任——斯密与弗里德曼观点的比较研究 [J]. 哲学动态, 2006 (4): 29-32.

[46] 龚磊. 企业社会责任能力评价研究 [D]. 武汉理工大学硕士学位论文, 2009.

[47] 哈罗德·孔茨. 管理学 [M]. 郝国华译. 北京: 经济科学出版社, 1993.

[48] 何朝晖. 中小企业社会责任与成长性关系研究 [D]. 中南大学博士学位论文, 2010.

[49] 侯健亮. 企业道德责任及其推进机制 [D]. 首都师范大学硕士学位论文, 2008.

[50] 姜涛. 企业社会责任、利益相关者响应与企业价值——基于投资者与消费者视角 [D]. 南京农业大学博士学位论文, 2013.

[51] 李维安, 王世权. 利益相关者治理理论研究脉络及其进展探析 [J]. 外国经济与管理, 2007 (4): 10.

[52] 林颖, 苏勇. 企业伦理的制度化 [J]. 道德与文明, 2005 (6): 33-37.

[53] 刘坤. 企业伦理审计研究 [D]. 东北财经大学硕士学位论文, 2005.

[54] 刘卫国, 高军. 民营企业社会道德责任探析 [J]. 思想政治教育研究, 2013, 29 (6): 104-106.

[55] 卢代富. 国外企业社会责任界说述评 [J]. 现代法学, 2001 (3): 137-144.

[56] 卢文超. 中西方企业社会责任跨文化比较研究 [J]. 河南社会科学, 2017, 25 (11): 82-88.

［57］陆丹. 构建有效的企业道德审计体系——基于利益相关者视角 ［J］. 企业导报，2012（24）：168-170.

［58］马克思，恩格斯. 马克思恩格斯文集（第一卷）［M］. 北京：人民出版社，2009.

［59］马克思，恩格斯. 资本论 ［M］. 北京：人民出版社，1972.

［60］马克斯·韦伯. 新教伦理与资本主义精神 ［M］. 苏国勋译. 北京：社会科学文献出版社，2010.

［61］马力，柳兴国. 企业治理的道德审计现状与发展趋势 ［J］. 现代财经，2005（8）：44-46.

［62］聂增民. 企业道德实践的价值及其实现路径 ［J］. 河北师范大学学报（哲学社会科学版），2015，38（5）：146-151.

［63］彭兰香. 社会责任导向型企业道德审计评价指标体系研究 ［J］. 财会通讯，2011（28）：35-37.

［64］戚文鑫. 企业道德责任问题研究 ［D］. 南京师范大学硕士学位论文，2015.

［65］齐善鸿，王寿鹏. 企业道德管理的制度化与道德审计 ［J］. 财经问题研究，2008（7）：109-112.

［66］孙明贵. 美国企业伦理管理的新措施 ［J］. 工厂管理，2001（5）：89-94.

［67］王建，黄煦，胡克，栗欣. 论矿山企业的道德责任与慈善责任 ［J］. 中国矿业，2017，26（4）：94-98.

［68］王琦. 基于利益相关者理论的企业社会责任实现机制研究 ［D］. 哈尔滨工业大学博士学位论文，2015.

［69］王小锡. 论道德的经济价值 ［J］. 中国社会科学，2011（4）：55-66.

［70］王欣悦. 基于企业社会责任的内部控制研究 ［D］. 吉林财经大学硕士学位论文，2017.

［71］王学龙. 道德审计初探 ［J］. 财会月刊，2003（10）：51-52.

［72］王毅. 基于因子分析法的格力电器财务绩效评价 ［D］. 河北师范大学硕士学位论文，2017.

［73］魏新强. 国外企业道德责任研究述评 ［J］. 西安电子科技大学学报（社会科学版），2013（6）：1-6.

［74］徐耀强. 企业社会责任和道德责任的异同（下）［J］. 当代电力文化，2019（9）：42-43.

［75］许敬媛. 论企业道德责任的实现路径［J］. 企业经济，2008（2）：62-64.

［76］许兰凤. 企业道德资本研究［D］. 南京师范大学博士学位论文，2008.

［77］薛玲艳，鲍雅倩，胡悦. 基于SWOT-PEST分析的"一带一路"企业道德责任建设研究［J］. 现代交际，2018（6）：254-256.

［78］亚当·斯密. 道德情操论［M］. 蒋自强等译. 北京：商务印书馆，2010.

［79］亚当·斯密. 道德情操论［M］. 王秀莉译. 南京：译林出版社，2016.

［80］杨青，王丽燕. 层次分析法（AHP）与功能评价［J］. 价值工程，1995（4）：28-29.

［81］杨时展. 审计的发生与发展［J］. 财会通讯，1986（4）：43-48.

［82］杨一凡. 企业道德责任重塑［J］. 人民论坛，2015（29）：71-73.

［83］易珉. 论企业道德风险产生的根源［J］. 求索，2008（7）：71-73.

［84］虞超群. 试论企业道德审计程序［J］. 科技经济市场，2010（1）：64-65.

［85］曾晖. 企业伦理规范的发展与建设［J］. 道德与文明，2005（1）：49-52.

［86］张世云，温平川. 公司治理：概念、模型及作用机理［M］. 成都：四川大学出版社，2009.

［87］赵悦. 企业社会责任对公司绩效影响研究——基于制造业与全行业比较［D］. 首都经济贸易大学硕士学位论文，2017.

［88］周祖城. 论企业伦理责任在企业社会责任中的核心地位［J］. 管理学报，2014，11（11）：1663-1670.